승리의 기술

이기는 선거전략 어떻게 만드는가

승리의 기술
이기는 선거전략 어떻게 만드는가

초판발행 2023년 10월 25일

지은이 | 서경선
발행인 | 이응석
디자인 | 문팀장
펴낸곳 | 리딩라이프북스
       (출판신고 2011년 9월 6일 제 2022-000077호)
주　소 | 서울시 강서구 양천로47나길7, 지층 4층
전　화 | 02-511-0178
전　송 | 070-4758-9842
인　쇄 | 정우인쇄(파주시 지목로 161-3)

잘못 만든 책은 서점에서 바꾸어 드립니다.
ISBN 978-89-97559-10-7

WIN
승리의 기술

이기는 선거전략 어떻게 만드는가

Leading
리딩라이프 북스 LifeBooks

머리말

선거는 심리 게임이다. 후보와 유권자 사이의 팽팽한 심리전이다. 선거에서 이기려면 유권자의 마음을 읽어야 한다. 유권자 마음을 캐치(catch)하려면 후보의 시각이 아니라 유권자의 시선에서 선거를 바라보아야 한다. 유권자는 후보에게 "당신이 나 같은 사람을 이해하고 신경 쓸까?"라고 묻는다. 후보는 유권자의 물음에 공감할 수 있는 답을 제시해야 한다. 유권자는 자신의 열망을 공유하는 후보에게 투표한다. 선거에서 잔기술로 간혹 이길 수는 있지만 그것이 언제나 승리를 보장하지는 않는다. 선거 캠페인은 시대의 흐름에 따라 변화하는 유권자 심리를 정확히 읽을 때 위력을 발휘한다. 승리의 열쇠는 유권자 마음속에 들어 있다.

필자는 2012년 『선거전략 노하우』를 펴내 과학적이고 체계적인 선거전략 방법론을 제시하고자 했다. 졸저는 유권자의 관점에 서서 유권자의 마음을 읽어내는 것이 선거 캠페인의 기본 원리임을 강조하고, 그 원리를 구현하는 전략과 방법을 설명했다. 다행히 후보, 선거 참모, 선거 전문가로부터 선거전략 수립에 실질적인 도움이 되었다는 평가를 받았다. 『선거전략 노하우』 이후 이번 신작을 출간하기까지 10여 년

이 흘렀다.

그동안 우리 정치는 질풍노도 같은 변화를 거쳐왔다. 헌정사상 최초의 대통령 탄핵, 두 번의 여야 간 정권교체, 민주당의 전국 선거 4연승, 20년 만의 다당제 등장, 최초의 관료 출신 대통령 당선 등 전례 없는 정치적 사건들이 잇달았다. 그 과정에서 정치 양극화와 양당 대결 정치가 심화하여 극단적 당파주의가 팽배해졌다.

선거는 거시적 환경의 변화와 떼려야 뗄 수 없다. 먼저 유권자의 정치 성향이 변한다. 진보적 유권자였던 2030 세대에서 남녀 간 정치 성향이 보수와 진보로 갈라지는 현상을 대표적인 사례로 들 수 있다. 변화하는 유권자의 정서에 맞게 후보의 메시지, 공약, 홍보, 조직 등 캠페인 전략을 새롭게 바꿔야 한다. 또한 선거 캠페인 방식이 달라진다. 스마트폰, 인공지능, 빅데이터 등으로 SNS와 디지털 기술을 이용한 캠페인이 확산하고 있다. 전통 방식과 첨단 기법을 통합적으로 활용할 줄 아는 후보가 승리하는 시대가 되었다.

필자 역시 지난 10여 년간 새로운 경험과 다양한 변화를 겪었다. 선거 참모와 선거 컨설턴트로서 후보를 돕다가 국회의원선거에 출마하여 후보로서 고단한 싸움을 직접 경험했다. 또한 인간의 의사 결정 과정을 탐색하는 행동경제학을 접하면서 행동경제학적 통찰력을 한국 정치와 선거에 접목하는 방안을 연구하고 있다. 후보로서의 선거 경험을 쌓고 새로운 이론을 연구하면서 『선거전략 노하우』에 미처 담아내지 못했던 새로운 선거전략론을 후보, 선거 참모, 선거 전문가 등과 공유해야 한다는 생각이 들었다.

필자의 새로운 졸저 『승리의 기술 : 이기는 선거전략 어떻게 만드는가』는 후보가 선거전략을 만들 때 숲과 나무를 동시에 볼 수 있도록 필자의 경험과 이론을 함께 녹여낸 결과물이다. 자칫 경험만 앞세워 선거 캠페인의 본질을 놓치거나 이론에 치우쳐 구체적인 캠페인 방법을 제공하지 못하는 일이 없도록 주의를 기울였다. 『승리의 기술』은 1부와 2부로 구성되어 있다. 1부는 선거 환경의 변화에 맞게 다시 정립한 선거전략 방법론을 제시한다. 전작 『선거전략 노하우』는 후보 분석을 상황 분석에 포함했었지만, 신작 『승리의 기술』은 별도의 항목으로 분류하여 후보 분석의 중요성을 강조한다. 경쟁후보에 비해 우월한 후보의 강점을 도출하고 이것을 유권자의 마음속에 자리 잡게 하는 것이 선거전략의 핵심이기 때문이다. 2부는 선거 실전 분석을 통해 승리의 법칙을 규명하고 선거 캠페인에 적용하는 방책을 담고 있다. 정치 양극화 심화와 양당제 강화라는 한국적 선거 현실에서 전략적 우선순위가 '지지층 결집'이냐 '중도층 확장'이냐를 두고 벌어지는 논쟁을 명쾌하게 정리한다. 선거는 스윙 보터(swing voter)가 좌우한다. 이들의 투표 행태를 분석하여 선거를 예측하는 선진 기법을 소개하고, 이를 적용하여 2024년 22대 국회의원선거를 전망한다. 경선전략과 본선전략, 이슈와 네거티브를 주도하거나 대응하는 방략, 유권자 마음을 사로잡는 메시지와 슬로건의 작성법을 제시한다. SNS, 인공지능, 빅데이터의 활용이 확산하는 흐름에 맞추어 전통 기법과 첨단 기술의 배합, 온오프라인을 결합한 크로스 미디어(cross media) 전략에 관해 설명한다.

1987년 민주화 이후 선거 민주주의가 본격화된 지 30년이 넘으면서 정치권에 선거 캠페인의 경험이 쌓이고 역량이 높아졌다. 그러나 선거 경험이 많지 않은 정치인이나 새롭게 정치에 입문한 신인들은 여전히 선거 캠페인과 선거전략이 익숙하지 않다. 체계적인 선거 캠페인 교육 프로그램이나 선거전략 전문 도서도 부족하다. 선거가 임박하면 시간에 쫓겨 제대로 된 전략을 마련하기가 어렵다. 졸저가 후보, 선거 참모, 선거 전문가는 물론 정치에 관심 있는 분들이 선거전략을 충분히 이해하고 수립하는 데 조금이나마 도움이 되기를 바란다. 졸저의 오류나 한계가 있다면 오로지 필자의 부족한 탓이다. 독자들의 비판과 질책을 바라 마지않는다. 『선거전략 노하우』에 이어 『승리의 기술』까지 출판 기회를 제공해 준 오랜 친구 이응석 사장에게 깊은 고마움을 표한다.

필자는 2016년 20대 국회의원선거를 겨우 1달 앞두고 아무 연고가 없는 서울의 한 지역에 전략공천을 받아 출마했다. 개인적인 연고가 없었을 뿐만 아니라 양당 구도 타파와 다당제 실현을 위해 새로 창당한 정당이어서 지역에 최소한의 당 조직조차 없었다. 그야말로 '맨땅에 헤딩하기'였다. 선거일까지 남은 1달은 이름 석 자 알리기는커녕 선거운동을 준비하기에도 벅찬 시간이었다. 선관위 제출 후보 등록 서류 준비, 선거사무소 개설, 선거조직 구축, 선거운동원 구성, 홍보물·현수막·유세차 등 선거홍보 준비, 그리고 유권자를 향한 선거운동으로 하루하루가 정신없는 나날이었다. 그런데도 한 달 만에 1만 5천 표가 넘는 득표를 했다. 득표율은 13.4%였다. 열악한 환경 속에서 함께 했던 동지들이 이루어 준 성과다. 이 책에 새겨진 글자 하나하나에는 다당제의 기치를 내걸고 어깨 걸고 뛰었던 동지들의 땀이 배어 있다. 동지들께 마음속 깊이 감사드린다. 응원과 도움을 주셨던 친지, 친구, 선후배, 지인들께 다시 한번 감사한다. 힘든 시간을 함께 견뎌온 아내와 아들에게 특별한 고마움을 전한다.

2023년 10월

서 경 선

CONTENTS

머리말   004

제1부
선거전략의 수립과 실행

01 선거전략의 이해	013
02 포지셔닝 전략	018
03 선거전략 수립 과정	030
04 선거전략 핵심 포인트	033
05 상황분석	038
06 후보분석	063
07 선거기본전략 (1) 선거목표 설정	070
08 선거기본전략 (2) 유권자 타깃팅	075
09 선거기본전략 (3) 선거테마 선정	090
10 선거기본전략 (4) 전략기조 수립	094
11 선거실행전략 (1) 메시지전략	102
12 선거실행전략 (2) 홍보전략	110
13 선거실행전략 (3) 조직전략	142
14 선거실행전략 (4) 자금전략	149

제2부
실전에서 배우는 승리의 기술

01	선거 구도, 정권 안정인가 정권 심판인가	157
02	선거의 승패, 구도인가 인물인가	167
03	승패의 관건, 지지층 결집인가 중도층 확장인가	175
04	22대 총선 예측 : 스윙 보터의 투표 분석을 중심으로	186
05	경선(공천)전략과 본선전략	193
06	이슈로 선거를 주도하라	204
07	네거티브 공격과 대응	218
08	유권자 사로잡는 메시지 작성법	230
09	강력하고 매력적인 슬로건 만드는 법	244
10	온라인으로 소통하라	254
11	인공지능과 빅데이터 활용법	262

참고문헌 278

제1부
선거전략의 수립과 실행

선거전략의 이해

1) 선거전략의 의의

선거전략은 왜 필요한가? 선거에서 전략·전술 없이 승리할 수 없다는 사실은 민주주의 국가의 수많은 선거에서 확인되었다. 선거전략은 승리의 필수요건이다. 그러나 일부 후보들은 전략을 마련하지 않은 채 경험이나 정치적 감각에 의지하여 선거에 임한다. 선거를 전쟁에 비유하여 선거전(選擧戰)이라고 한다. 선거는 유권자의 마음을 차지하기 위한 전쟁이다. 유권자의 마음을 경쟁후보보다 먼저 차지하기 위해 유권자의 마인드에서 벌이는 전쟁인 것이다. 군대는 나침반(현대전에서는 GPS가 대신한다)이 있어야 침로(針路)를 따라 승리의 고지를 향해 진군할 수 있다. 선거전에서 나침반 역할을 하는 것이 바로 선거전략이다.

정확한 전략이 있어야 유권자 마음의 고지를 먼저 차지할 수 있다. 유권자 마음의 지형은 울퉁불퉁하고 변화무쌍하다. 험난한 지형을 파악하지 못한 채 진군하다 보면 방향을 잃고 천 길 낭떠러지로 떨어지거나 적의 기습에 속수무책 당하기 쉽다. 패배로 가는 지름길을 가속페달을 밟고 달리는 격이다.

선거는 전략적 선택의 과정이다. 인간의 행동이 전략적 선택이기도 하다. 전략이란 선택과 집중이다. 목표를 설정하고 이를 달성하기 위해 일의 우선순위를 결정하는 것이다. 필요 없는 부분을 과감히 잘라내고 한두 개의 중요한 요소에 에너지를 투하하는 것이다. 후보는 시간, 자금, 사람이 절대 부족한 상황에서 전략적으로 중요한 일에 자원을 집중시켜야 한다. 효율적인 선거 캠페인의 방법을 제시하는 것이 바로 선거전략의 역할이다.

선거전략은 선거운동원들을 단결시키고 일사불란하게 한다. 목표와 방향이 없으면 사공이 많아진다. 사공이 많으면 배가 산으로 간다. 전략이 없으면 너도나도 자기 의견이 옳다고 다투다가 선거캠프는 분열하고 표류한다. 목표와 방향을 제시하는 전략이 없다면 요동치는 민심의 바다에서 우왕좌왕하다 패배의 수렁에 빠지게 된다.

전략이 없는 것이 나쁜 전략보다 더 나쁘다. 전략을 마련하라. 지고 있으면 이기는 전략, 이기고 있으면 확실하게 이기는 전략을 수립하라.

2) 선거전략 수립의 원칙

선거전략은 다섯 가지 원칙에 기초하여 수립한다.

첫째, **선거전략은 객관적이어야 한다.** 선거전략이 전략가의 이념 성향이나 주관에 의해 지배당하는 경우가 있다. 심지어 후보의 눈치를 살펴 유리한 전망만 제시하는 전략이 있다. 이러한 선거전략으로는 결코 좋은 결과를 장담할 수 없다. 전략가는 이념적 당위에서 벗어나 득표를 위한 실용적 접근을 구사해야 한다. 바늘로 찔러도 피 한 방울 나지 않는 냉정함을 유지할 필요가 있다. 전략이 후보의 심기를 불편하게 하더라도 객관적 시각과 실용적 자세를 잃지 말아야 하는 것이다. 객관성을 유지하기 위해서는 전략가의 입장보다 유권자의 시각에서 선거를 바라보아야 한다. 이를 위해 유권자들이 선거에 부여하는 의미, 후보를 선택하는 기준, 후보와 경쟁후보에 대한 인식 등을 여론조사로 분석하거나 여러 사람의 의견을 구하여 파악해야 한다. 또한 객관적인 데이터를 활용해서 선거구의 특성을 분석해야 한다.

둘째, **선거전략은 일관성을 유지해야 한다.** 상황분석부터 실행전략까지 수미일관(首尾一貫)해야 한다는 뜻이다. 상황분석을 거쳐 도출된 전략 방향이 기본전략과 실행전략에 이르기까지 일관되게 반영되어야 한다. 상황분석을 통해 '새 인물', '새 정치'의 필요성을 제시해 놓고 정작 후보 컨셉트를 '경륜의 정치인'이나 '준비된 후보'로 설정하는 경우가 있다. 서론과 결론이 모순된 전략은 혼선만 초래한다. 전략이 없는 것도 나쁘지만 전략이 너무 많은 것도 문제다. 7개의 다른 전략보다 하나의 완벽하지 않은 전략을 택하는 것이 좋다.

선거전략을 변경하는 것은 신중해야 한다. 흔히 입 가진 사람들이 자기가 옳다고 주장하는 곳이 '선거판'이라고 한다. 선거전략과 관련해서 갖가지 말들이 나오게 된다. 그러나 한번 결정된 전략을 이런저런 지적에 휘둘려 자주 변경하는 것은 배가 방향을 잃고 이리저리 떠돌아다니게 하는 것과 같다. 선거가 진행되고 있는 상황에서 선거전략을 바꾸는 것은 패배할 위험을 감수해야 할 만큼 치명적일 수 있다.

셋째, **선거전략은 문서로 작성되어야 한다.** 미국의 유명한 선거컨설턴트인 조셉 나폴리탄은 "전략이 문서화되어 있지 않다면 그것은 전략이 없다는 의미"라고 했다. 선거전략서의 전체 분량은 30쪽 정도가 적당하다. 상황분석은 10쪽을 넘기지 않게 정리하고 나머지 분량은 기본전략과 실행전략으로 풍부하게 채우는 것이 바람직하다. 상세 데이터나 근거자료는 첨부할 수 있다.

넷째, **선거전략은 행동으로 옮길 수 있어야 한다.** 러시아 속담에 "말하는 것을 믿지 말고 행동하는 것을 믿어라."라는 말이 있다. 선거전략도 마찬가지다. 말이나 문서로만 존재하고 행동으로 나타나지 않으면 믿을 수 없는 전략이 된다. 선거전략이 행동으로 옮겨지기 위해서는 먼저 선거전략이 후보에게 알맞아야 한다. 사람은 자신에게 맞지 않는 옷을 입게 되면 행동이 부자연스럽고 심리적으로 위축되기도 한다. 전략이 후보에게 들어맞아야 후보가 확신에 차서 전략을 행동으로 옮길 수 있다. 또한 선거전략은 서론은 간단하고 결론이 풍부해야 한다. 선거전략 수립은 상황을 분석하고, 상황분석을 토대로 선거테마와 전략기조 등 기본전략을 설정하고, 기본전략을 바탕으로 각종 실행전략을 마련하는 과정을 거친다. 그런데 상황분석은 장황하게 서술되어 있고 전략의 핵심이라 할 수 있는 기본전략과 각종 실행전략은 빈약하게 작성된 선거전략서를 종종 볼 수 있다. 이런 전략은 실제 선거에 적용하기 어렵다. 전략은 일종의 행동 지침이다. 전략은 참모와 선거운동원들의 행동 깊숙이 스며들어야 한다. 전략이 파워포인트 문서나 전략 기획 파일 속에 존재할 뿐 실천에 옮기는 순간, 제대로 작동하지 않는다면 무의미하다. 그저 이론에 불과하다. 따라서 상황분석은 핵심만 단순 명쾌하게 정리하고 기본전략과 실행전략에서 명확한 행동의 기준을 제시해야 한다. 이렇게 해야 후보와 선거운동원들이 전략 지침에 따라 행동할 수 있다.

다섯째, **피드백(feedback)하라.** 피드백을 통해 전략을 검증 보완하거나 심지어 변경할 수 있어야 한다. 심혈을 기울여 수립한 선거전략이 실전에 적용되지 않는 경우가 종종 있다. 예상하지 못한 변수 때문이라면 커다란 전략의 틀은 유지하면서도 세부적인 전술은 얼마든지 상황에 맞게 수정 보완할 수 있다. 그러나 여론조사, 선거운동원이나 유권자의 평가 등을 통해 선거전략이 명백히 잘못된 것으로 판단되면 더 늦기 전에 선거전략을 변경하는 것이 바람직하다. 현명한 전략가라면 선거전략이 한 점 한 획도 고칠 수 없는 바이블(bible)이 아닌 이상 언제든지 수정 보완되거나 바뀔 수 있다는 열린 자세로 피드백에 소홀함이 없어야 한다.

2 포지셔닝 전략

1) 선거 캠페인은 마케팅이다

선거 캠페인은 후보라는 상품을 유권자라는 소비자에게 판매하는 것이다. 마케팅의 원리와 유사하다. 그래서 마케팅의 원리를 선거 캠페인에 적용하여 선거마케팅 혹은 폭넓은 의미에서 정치마케팅이라고 일컫는다.

마케팅 전략에서 가장 기본적인 4가지 요소는 제품(Product), 촉진(Promotion), 유통(Place), 가격(Price)이다. 4가지 요소의 영문 머리글자를 따서 마케팅의 4P라고 한다. 각각의 요소에 맞는 전략을 수립해서 그것들이 잘 어우러져야 최적의 마케팅 전략이 수립될 수 있다. 또한 이 4가지 요소를 적절하게 결합해서 하나의 전략을 만들어 낼 수 있는데 이를 마케팅 믹스(marketing mix)라고 한다.

제품 전략이란 어떤 상품을 만들 것인지에 대한 전략이다. 마케팅의 핵심은 제품이다. 제품의 기능, 특징, 가격, 디자인, 패키징 및 브랜딩 등이 중요한 요소다. 촉진 전략은 제품 판매를 위한 광고, 보도자료 배포, 판촉, PR, 이벤트 등이다. 유통 전략은 백화점에서 팔지, 아니면 할인점이나 편의점 또는 온라인 쇼핑몰에서 판매할지 등을 결정하는 판매와 배송, 물류 등에 대한 전략이다. 가격 전략은 투자한 비용이나 경쟁제품의 가격을 고려해 상품을 얼마에 팔지 결정하는 것이다. 가격은 시장 경쟁력을 결정하며, 제품 수요에 영향을 미친다. 고가의 고급화 전략이나 저가의 대중적 전략 등이 있다.

선거전략도 마케팅의 이론과 방법을 적용하여 수립한다. 마케팅의 4P를 선거 캠페인에 대입(代入)하면 상품은 후보에 해당한다. 후보의 성장 과정, 경력, 특성, 장단점, 정치 성향, 비전 등이 있다. 판촉은 광고, 홍보, 연설, 이벤트 등의 선거운동과 유사하다. 유통은 유권자들에게 어떤 경로를 통해 후보를 알릴 것인가와 관련된다. 유권자에게 효과적으로 접근할 수 있는 매체나 수단이 선택된다. 가격은 선거 캠페인에 대입시키기 애매한 측면이 있으나 굳이 비교하자면 후보가 대중 친화적인 전략을 쓸 것인지, 신비주의적 전략을 쓸 것인지와 연관시킬 수 있다. 예를 들어 박근혜는 대통령에 당선되기까지 사생활을 철저하게 베일(veil) 속에 감춤으로써 신비주의 전략을 구사하였다고 볼 수 있다. 일종의 고급화 전략이다. 대중적인 전략은 대중들과 허물없이 함께 지내는 정치 프로그램이다. 정치인들이 틈만 나면 전통시장으로 달려가 음식을 먹고 장을 보는 행위를 대중 친화적인 전략의 일환으로 볼 수 있다.

미국 듀폴대의 브루스 뉴만(Bruce I. Newman) 교수는 마케팅의 4P를 정치마케팅에서는 상품(product), 푸시 마케팅(push marketing), 풀 마케팅(pull marketing), 여론조사(polling)로 정의할 수 있다고 주장한다. 그에 따르면 상품은 후보와 후보의 캠페인 정책, 장소(유통채널)는 일 대 일의 유권자 접촉인 푸시 마케팅, 판촉은 매스 미디어 활용 전략인 풀 마케팅과 유사하다. 그리고 네 번째 P인 가격은 아이디어의 개발과 전략의 수립·집행을 위한 여론조사로 대체된다. 가격이 정치와 직접적인 관련이 없으므로 여론조사로 대체될 수 있다는 것이다.

상업마케팅과 선거마케팅이 유사한 면이 많지만 몇 가지 다른 점이 있다.

우선 상업마케팅 영역에서는 2위나 그 이하도 생존할 수 있지만, 선거마케팅은 1위만 살아남는 승자독식의 게임인 선거에서 이루어진다. 1위를 차지하기 위해 총력을 쏟아야 한다. 우리나라 대통령선거와 국회의원선거는 다른 후보보다 한 표라도 더 받으면 당선될 수 있는 단순 다수 대표제 방식이다.[1]

다음으로 상업마케팅은 장기간에 걸친 캠페인이 가능하지만, 선거마케팅은 길어야 예비 후보 등록 시점부터 계산하면 대통령선거는 선거일 전 240일부터, 국회의원선거는 선거일 전 120일부터라는

---

[1] 단순 다수 대표제는 가장 많은 표를 얻은 후보를 당선자로 결정한다. 과반수를 넘거나 일정 기준 이상 득표해야 당선이 인정되는 절대 다수 대표제와 구별된다. 한국, 미국 등은 단순 다수 대표제를, 프랑스, 호주 등은 절대 다수 대표제를 채택하고 있다.

짧은 기간에 이루어진다. 일부 대선주자의 경우 수년간 캠페인을 펼칠 수 있지만, 이는 극히 예외적인 경우다.

또한 상업마케팅은 풍부한 자금과 나양한 수난을 활용할 수 있지만, 선거마케팅은 가용할 수 있는 자금과 수단이 매우 제한적이다.

하지만 상업마케팅과 선거마케팅의 기본 원리가 비슷하므로 오랜 경험과 연구성과들이 축적된 마케팅 전략을 활용하면 과학적이고 정확한 선거전략을 수립하는 데 큰 도움을 받을 수 있다.

2) 포지셔닝 전략 : 유권자의 마음을 차지하라

마케팅 전략 중 가장 주목받는 이론 중 하나가 잭 트라우트(Jack Trout)와 앨 리스(Al ries)가 1972년 처음 제안한 포지셔닝(positioning) 전략이다. 그들은 『포지셔닝: 당신의 마음을 차지하기 위한 전투(Positioning: The Battle for Your Mind)』라는 제목의 책을 출간하였다. 이 책은 수십 년 동안 마케팅 분야를 대표하는 베스트셀러로 자리 잡았다.

포지셔닝을 문자 그대로 해석하면 "어떤 대상을 적절한 위치에 자리 잡게 한다"는 뜻이다. 잭 트라우트 등에 따르면 포지셔닝이란 "잠재 고객의 마인드에 해당 상품의 위치를 잡아주는 것"이다. 그들은 마케팅에서는 '실제(reality)'보다는 '인식(perception)'이 더 중요하다고 강조했다. 따라서 광고가 폭증하는 커뮤니케이션 과잉 사회에서 마케팅에 성공하려면 기업이 잠재 고객의 마인드에 하나의 포지션을 창조해야 한다고 말했다. 특히 그 기업의 강점과 약점, 경쟁회사의 강점과 약점까지 염두에 둔 포지셔닝이 필요하다. 그 주장의 핵심은 잠재 고객의 마인드에 가장 먼저 들어가야 하고, 포지션을 공급자의 마인드나 제품 속에서 찾지 말고 소비자의 마인드에서 찾아내는 것이다. 포지셔닝 개념은 이후 시장세분화 및 표적시장 선정 개념과 결합하여 시장세분화-표적시장 분석-포지셔닝(Segmentation-Targeting-Positioning), 즉 STP 전략으로 요약되는 마케팅 전략 수립 프레임워크(framework)로 확립되었다.

포지셔닝 전략 이전에는 USP(Unique Selling Proposition) 전략이 있었다. USP 전략은 다른 제품과 차별화되는 독특한 상품 특성이나 소비자 이익을 찾아내서 대규모 광고를 통해 마케팅하는 전략이다. USP 전략은 1950년대 생산자 중심의 마케팅 시대에 등장했다. 그때는 세계 경제가 대호황을 누렸고 마케팅 경쟁이 치열하지 않았던 시기여서 상품이 출시되는 대로 팔렸다. USP 전략은 상품 특성을 대대적인 광고를 통해 각인시키면 소비자들이 그 상품을 사게 된다는 인식을 하고 있어서 소비자를 능동적 주체로 인정하지 않았다.

1970년대 세계 경제가 불황에 빠지자, 마케팅 경쟁이 치열해진다. 소비자들도 광고를 접하고 제품을 선택하던 수동적 존재에서 제품에 대해 연구하고 정보를 찾는 능동적인 주체로 진화한다. 포지셔닝 이론은 이런 시대적 상황을 배경으로 제품보다는 소비자 인식에 초점을 맞춘 마케팅 전략으로 태어났다. 마케팅 전략을 공급자 중심에서 소비자 중심으로 전환한 것이다. 포지셔닝 전략은 소비자 주권 시대에 알맞은 마케팅 이론이다. 따라서 유권자 주권 시대에 적합한 유권자 지향의 선거마케팅 이론으로 활용될 수 있다.

잭 트라우트는 "결혼이란 가장 좋은 사람과 하는 것이라기보다는 상대적으로 좋은 맨 처음의 사람과 하는 것이라고 봐야 옳다. 이는 비즈니스에서도 마찬가지다. 가장 좋은 대상과 거래하는 것이 아니라 상대적으로 좋은 첫 번째 대상과 거래를 트는 것이다. 연애든 비즈니스든 성공하려면 상대방 마인드에 최초로 들어가는 것의 중요성을 이해해야 한다"고 말한다. 즉 "우리 제품이 좋다"고 주장할 것이 아니라 "우리 제품이 첫 번째로 좋은 제품"이라고 인식시켜야 한다. 잭 트라우트는 이를 사다리의 법칙이라고 부른다. 그에 따르면 소비자의 선택을 받기 위해서는 소비자 마인드에 있는 '인식의 사다리'의 맨 첫 번째 칸에 상품을 위치시켜야 한다. 7Up(세븐업)은 청량음료 시장에서 선도자 브랜드였던 코카콜라(Coca-Cola)와의 직접적인 경쟁에서 승리할 가능성이 떨어진다는 사실을 깨닫고, 코카콜라와 동일한 제품 범주에 속하지 않는다는 점을 강조한 언콜라(Uncola) 광고 캠페인을 실행하였다. 콜라와의 직접적 비교를 하지 않도록 유도하며, 콜라가 아닌 청량음료 시장에서는 7Up이 최고임을 강조하였다. Uncola 광고 캠페인 이후 매출이 10%가량 증가했다고 한다. 7Up은 기존 사다리(Cola)의 하위권에 진입하는 것을 과감히 포기하고 새로운 인식의 사다리(Uncola)를 놓아 첫 번째 자리를 차지하는 데 성공한 것이다. "큰 연못 속의 작은 고기가 되는 것보다 작은 연못 속의 큰 고기가 더 낫다"는 잭 트라우트의 이론을 충실히 따른 결과다.

포지셔닝과 관련하여 가장 중요한 점은 소비자들이 중요하게 생각하는 속성을 찾아내 그 속성에서 자사 제품의 우월성을 강조하는 것이다. 소비자가 가장 중요하게 고려하는 속성에서 우위를 차지하지 못하면 그 제품 범주에서 지배적인 위상을 차지하기 어렵다. 그런 경우 소비자의 제품 평가 기준을 변화시켜서 우위를 차지할 수 있다. 경쟁 제품이 갖지 못한 새로운 속성을 추가하거나, 혹은 경쟁 제품보다 우수한 속성을 갖추어 시장 점유율을 확보할 수 있는 것이다. 소비자들은 "우리 제품은 어떤 특징을 가졌다"라는 식의 광고보다는 "우리 제품은 어떤 측면에서 최고이다.", "업계 1위 경쟁사와 비교해서 어떤 부분에서 더 우월하다"라는 형태의 메시지에 더 민감하게 반응한다. 소비자들은 가장 널리 알려지고 사용되는 제품, 범주 대표성이 가장 높은 제품을 선호한다. 정보나 지식이 없는 신제품을 굳이 불확실성을 감수하면서 선택할 이유는 없다. 따라서 강력한 선도자 브랜드가 자리 잡고 있는 범주에서 후발 진입자가 정면 승부로 승리하기는 매우 어렵다. 차별화를 통해 새로운 시장을 개척해야 한다. 소비자들은 제품들을 평가할 때 장점보다는 단점에 더 민감하게 반응한다. 따라서 기존 선도자의 약점을 부각하거나 새로운 평가 속성을 도입하는 방식으로 선도자의 위상을 무너뜨릴 수 있다. 이는 시장의 선도자를 이기기 위해 정면 공격이 아닌 측면 공격을 하는 전략이다. 진통제 시장에서 후발 진입자였던 타이레놀(Tylenol)은 선도자 브랜드인 아스피린(Aspirin)이 위장 장애를 일으킬 수 있다는 문제를 집요하게 공격하여 결국 아스피린의 견고한 위상을 무너뜨리고 시장의 선도자로 올라섰다. 트라우트와 리스는 강조한다. "가능하다면 시장에 먼저 진입해서 선도자가 돼라. 그것이 어렵다면 새로운 시장을 개척하거나, 선도자의 약점을 파고들어 선도자의 자리를 탈환하라."

선거마케팅 역시 마찬가지다. 특히 선거는 1등만 살아남는 승자독식의 전쟁이다. 후보가 유권자 인식의 사다리 첫 번째 칸에 자리 잡지 못하면 결코 승리할 수 없다. 예를 들어 정치 신인의 포지셔닝 전략을 세워보자. 3선 출신 A 의원에게 도전하는 정치 신인이 있다고 가정해 보자. 정치 신인이 유권자를 향해 "나는 A 의원보다 정치를 잘할 수 있다"고 주장하는 것은 유권자로부터 인정받기 어렵다. 정치 신인은 유권자의 인식을 파고들 틈새를 찾아야 한다. 새로운 인식의 사다리를 유권자의 마인드에 설치해야 한다. 유권자의 마음에는 A 의원이 정치 경험이 풍부한 큰 정치인으로 포지셔닝되어 있다. 정치 신인은 기성 정치인에 대한 불신이 높은 상황을 활용하여 새로운 정치, 새로운 인물을 바라는 유권자의 마음을 파고들어 가야 한다. 참신한 인물이라는 새로운 인식의 사다리를 설치하고 그 첫 번째 자리에 자신을 포지셔닝하는 전략을 구사해야 한다. "내가 A 의원보다 정치를 잘한다"가 아니라 "낡은 정치를 바꿀 새로운 인물"의 포지션을 새롭게 창출하는 것이다. 이것이 3선의 현역 의원에게 대항하는 정치 신인의 포지셔닝 전략이다.

2024년 미국 대통령선거를 앞두고 공화당 대선 경선이 한창이다. 디샌티스(DeSantis) 플로리다 주지사가 당내 경선에서 압도적 1위를 달리는 트럼프에 도전장을 내밀었다. 그러나 디샌티스의 결정적 약점은 '트럼프 키즈'라는 사실이다. 그는 트럼프에 대한 열렬한 지지를 통해 정치적으로 성장했다. 트럼프도 주지사 선거에서 드샌티스를 적극 지원했다. 이 때문에 디샌티스는 '스스로 빛나지 못하는 사람'이라는 한계에 부딪혀 있다. 그래서 그는 트럼프와 차별화하기 위해 낙태 금지, 중국에 대한 강경 대응, 재정 긴축, 총기 보유, 사형제 등 모든 영역에서 트럼프보다 훨씬 더 강한 보수주의를 내세울 거라고 한다. 그러나 트럼프보다 더 강경한 보수주의자가 되려는 전략으로 트럼프와 차별화된 새로운 포지션을 만들어 낼 수 있을까? 공화당원의 마음에 트럼프의 대안으로 자리 잡을 수 있을까? 가수에 비유하자면, 남의 노래를 불러서 오디션 프로그램 우승은 할 수 있을지 몰라도 가수왕이 될 수는 없다. 진정한 스타로서 가요계를 제패하려면 결국 자기 노래가 있어야 한다. 디샌티스의 전략은 '남의 노래로 가수왕이 되려는 가수'라고 지적받는다.

잭 트라우트는 다시 한번 강조한다. "고지를 미리 점령하여 확고히 자리 잡고 있는 강력한 선도자를 몰아내는 것은 거의 불가능하다. 사업을 계속하고 싶다면, 새로운 전선(front) 혹은 자리를 만들어 내는 것이 훨씬 낫다."

3) 포지셔닝 전략 수립 시 고려사항

포지셔닝 이론에 의해 선거전략을 수립하는 경우 다음 5가지를 반드시 고려해야 한다.

첫째, **유권자의 마인드를 들여다보라.** 후보 자신에서부터 시작하는 것이 아니라 유권자의 마인드에서부터 출발해야 한다. 자기 자신이 무엇인가를 묻기 전에 먼저 유권자의 마인드에서 자기 자신이 어떤 포지션을 점유하고 있는지 살펴야 한다. 잭 트라우드는 안에서 밖으로 향하는 사고방식이 아니라 밖에서 안으로 향하는 사고방식이 필요하다고 강조한다. 기업(후보)의 입장이 아니라 표적 고객(유권자)의 마인드에서 찾아야 한다는 뜻이다. 안에서 밖으로 향하는 사고방식은 승리를 방해하는 가장 큰 걸림돌이다. 반면에 밖에서 안으로 향하는 사고방식은 승리의 고지로 안내하는 길잡이가 된다.

둘째, **유권자가 이미 인정하는 곳에서 시작하라.** 유권자의 마인드를 바꾸려는 것은 거의 불가능한 일이다. 후보가 이미 유권자의 마인드에 자리 잡고 있는 그곳에서 포지셔닝을 시작하는 편이 훨씬 쉽다. 후보의 실제 인물상을 완전히 무시하고 전혀 다른 포지션을 만드는 것은 좋지 않다. 장기간에 걸쳐서 대규모 캠페인을 하는 경우 유권자 인식을 변화시킬 가능성을 기대할 수는 있다. 그러나 선거 캠페인은 짧은 기간에 한정된 자금과 수단을 이용할 수밖에 없다. 유권자의 인식을 바꾸기가 매우 어렵다. 따라서 유권자가 후보에 대해 인식하고 있는 바로 그 지점에서 포지셔닝해야 한다. 이후 포지셔닝을 확장, 변경하려고 하는 경우에도 유권자의 인식에서 출발해야 한다. 정치 신인이라면 유권자의 마인드에 그의 포지션이 아예 없을 수 있다. 정치 신인은 포지션이 없다는 사실에서부터 출발해야 한다. 현역의원의 경우 유권자의 마인드에 이미 존재하는 그의 포지션을 최대한 살려 이를 새로운 포지션과 연결한다.

셋째, **단순화하라.** 포지셔닝을 성공시키려면 포지션을 지지(支持)

하는 메시지를 지나치다 싶을 만큼 단순화시켜야 한다. 사람의 마인드에 파고들기 위해서는 메시지를 날카롭게 갈아야 한다. 애매하거나 불필요한 것을 없애야만 한다. 그렇지 않다면 아무리 후보에 관해 이야기해도 유권자의 마인드에 남는 내용은 거의 없다. 메시지가 전달되는 것을 방해하는 장애물은 커뮤니케이션 분량이다. 유권자들이 후보들에 대해서 기억하는 데는 한계가 있다. 정당과 후보들이 쏟아내는 메시지의 홍수 속에서 유권자의 마인드는 하나의 메시지를 기억하는 것조차 쉽지 않다. 이런 상황에서 후보가 던지는 메시지가 둘이나 셋 이상이 되면 쉽게 기억할 사람이 거의 없다. 하버드 대학의 심리학자 조지 밀러(George Miller) 박사에 따르면, 보통 사람의 마인드는 한 차례에 일곱 단위 이상을 다룰 수 없다. 누군가에게 특정 상품 범주를 정해주고 거기서 그가 기억하는 브랜드명을 열거해 보라 하면 일곱 개 이상을 열거하는 사람은 매우 드물다. 가장 많이 쓰이는 숫자가 일곱 자리인 것도 이 때문인지 모른다. 이를 매직 세븐(magic seven)이라고 하는데 일곱 자리 전화번호, 세계 7대 자연경관, 백설 공주와 일곱 난쟁이, 7음계, 7 요일 등이 그렇다.

넷째, **꾸준하라.** 기본적인 포지션을 결정하고 나면 그것을 계속 고수해야 한다. 꾸준히 홍보했다면 강력한 포지셔닝 프로그램이 될 수 있다. 포지셔닝은 점진적으로 누적되는 성질을 가진 컨셉트이다. 후보는 포지셔닝 전략을 가능한 한 바꾸지 말아야 한다. 장기적 전략을 구현하는 데 필요한 단기적 전술 변화에 그쳐야 한다. 눈앞에 밀려오는 파도 하나하나를 헤치는 데 급급해 뱃머리를 돌려서는 안 된다. 올바른 방향으로 뱃머리를 계속 유지해야 한다. 일단 바른 방향으로 포지셔닝하고 나면 얼마든지 변화의 조류를 타고 다가오는 기회를 활용할 수 있게 된다. 유권자의 마인드에 후보의 메시지 한 단어를 주입하고 나면 그것을 계속 반복해야 한다. 일관성을 유지하고 꾸준하게 지속해야 한다.

다섯째, **타깃을 좁혀라.** 후보가 저지르는 가장 큰 실수가 바로 모두에게 호소하려는 시도이다. 이것은 불필요할 뿐만 아니라 불가능하다. 모두에게 호소한다고 해서 승리가 보장되는 것도 아니다. 특히 이제야 포지션을 정립하려는 정치 신인인 경우 모두에게 호소하는 전략은 피해야 한다. 모두의 마음에 들려고 하면 할수록 그런 후보는 모든 사람으로부터 외면당하게 된다. 타깃을 좁힐 경우 후보의 포지션을 명확하고 단순하게 설정할 수 있다.

포지셔닝 전략의 핵심을 다시 정리해 보자.

첫째, 유권자의 마인드에 들어가라.

둘째, 유권자의 마인드에 들어가기 위해 유권자가 후보를 어떻게 인식하는지를 먼저 파악하라.

셋째, 유권자의 마인드에 손쉽게 들어가기 위해 경쟁후보에 앞서서 '첫 번째'가 될 수 있는 범주(속성 또는 기준)를 찾아라.

넷째, 유권자의 마인드에 경쟁후보가 이미 지배적인 위상을 차지하고 있다면 경쟁후보와 차별화된 새로운 범주(또는 기준)를 만들고 그 '첫 번째'가 되어라.

다섯째, 유권자의 마인드에 파고들기 위해서는 날카롭게 갈아서 극도로 단순화하라.

선거전략 수립 과정

1) 선거전략 4단계 수립 과정

선거는 특정한 지역에 살고 있는 특정한 사람들이 특정한 시기에 특정한 인물을 뽑는 행위이다. 그러므로 어느 지역, 어느 유권자, 어느 후보, 어느 시기에나 일률적으로 적용되는 선거전략이란 있을 수 없다. 선거전략은 특정한 선거환경이나 유권자의 특성에 따라 달라진다. 그러나 선거전략의 기본구조는 어느 선거에서든 비슷하다. 선거전략의 기본구조는 상황분석, 후보분석, 선거기본전략, 선거실행전략 등 4단계로 구성된다. 상황분석, 후보분석, 선거기본전략은 이성적이고 과학적인 접근이 필요하다. 반면 선거실행전략 중 홍보·이미지·메시지전략 등은 예술적·감성적 접근이 요구되기도 한다. 선거전략에는 과학과 예술의 만남, 이성과 감성의 조화, 차가운 머리와 따뜻한 가슴의 공존이 필요하다.

선거전략 수립의 첫 번째 단계인 상황분석은 선거전략의 기초자료를 수집하고 정리·분석하는 과정이다. 상황분석은 정세 분석, 선거구 분석, 유권자 분석, 경쟁후보 분석으로 구성된다. 두 번째 단계는 후보분석으로서 상황분석에서 정리된 내용을 바탕으로 후보의 강점(Strength)과 약점(Weakness), 기회(Opportunity)와 위협(Threat)을 분석(SWOT 분석)한다. 또한 SWOT 분석 결과를 바탕으로 후보의 포지션을 경쟁후보와 비교하여 분석한다. SWOT 분석과 포지셔닝 분석을 통해 확인된 문제점을 정리하고 이에 대한 대응 방안을 마련한다. 세 번째 단계는 선거기본전략 단계로서 앞의 상황분석과 후보분석 단계에서 도출된 전략적 시사점을 바탕으로 선거목표 설정, 유권자 타깃팅, 선거테마 선정, 전략기조 수립을 진행한다. 네 번째 단계는 선거실행전략 단계다. 선거실행전략은 메시지전략, 홍보전략, 조직전략, 자금전략으로 구성된다. 메시지전략과 홍보전략은 후보의 메시지, 이슈, 공약, 이미지 등을 수립·작성하고 유권자에게 전달하는 방법을, 조직전략과 자금전략은 선거운동의 인적 자원과 물적 자원을 확보·운용하는 방안을 제시한다. 마지막으로 선거일부터 역산하여 구체적인 시간표(단계별 실행일정)를 수립한다. 단계별 실행일정까지 작성하면 선거전략을 완성하게 된다.

2) 선거전략 프레임워크(framework)

선거전략은 상황분석, 후보분석, 선거기본전략, 선거실행전략의 4단계를 거쳐 수립된다. 또한 그 세부 내용으로 정세 분석, 선거구 분석, 유권자 분석, 경쟁후보 분석, SWOT 분석, 포지셔닝 분석, 문제점 및 대응방안, 선거목표 설정, 유권자 타깃팅, 선거테마 선정, 전략기조 수립, 메시지전략, 홍보전략, 조직전략, 자금전략, 단계별 실행일정 등 16개 항목이 있다. 선거전략 수립은 4단계, 16개 항목을 완성하는 것을 의미하며, 전 과정을 유기적이고 역동적으로 연결할 때 전략 효과를 극대화할 수 있다.

선거전략 프레임워크(framework)

단계	구분	항목
1단계	상황분석	1. 정세 분석 2. 선거구 분석 3. 유권자 분석 4. 경쟁후보 분석
2단계	후보분석	5. SWOT 분석 6. 포지셔닝 분석 7. 문제점 및 대응방안
3단계	선거기본전략	8. 선거목표 설정 9. 유권자 타깃팅 10. 선거테마 선정 11. 전략기조 수립
4단계	선거실행전략	12. 메시지전략 13. 홍보전략 14. 조직전략 15. 자금전략 16. 단계별 실행일정

선거전략 핵심 포인트

선거전략 수립에 들어가기에 앞서 전략의 핵심적인 포인트를 확인할 필요가 있다. 앞으로 선거전략 수립 과정을 탐색하는 과정에서 선거전략 핵심 포인트를 상기해야 한다. 아래에 제시되는 5가지 핵심 포인트를 주요 기준으로 삼아 선거전략을 수립하고 실행해야 한다. 선거전략 핵심 포인트는 30년 간 영국 자유민주당의 선거 캠페인을 이끌어 온 마크 팩이 숱한 선거 경험 속에서 제시한 것 중 특히 중요하다고 생각되는 내용을 한국 실정에 맞게 다듬어 보았다.

1) 일찍 시작하라

출마 준비에 너무 이르다는 것은 없다. 기획을 일찍 시작하면 여론조사 등 선거구를 조사하고 분석할 충분한 시간적 여유를 갖게 된다. 경쟁후보를 면밀히 연구하고 다양한 전략을 개발할 수 있다. 후보는 최고의 참모들을 선발할 수 있으며 정신적으로 스스로를 무장하게 해 준다. 늦게 시작했다고 해서 해야 하는 일들이 줄어드는 것이 아니다. 다만 시간이 더 줄어들 뿐이다.

2) 선거구를 철저히 이해하라

후보가 가장 먼저 해야 할 일은 출마하는 선거구를 이해하는 것이다. 객관적이고 과학적인 조사로 선거구의 분위기와 현안, 유권자의 정서와 잠재된 정치적 욕구를 알아보아야 한다. 선거구를 철저하게 이해하고 있어야 후보의 이미지나 입장을 다듬을 수 있다. 또한 지역 발전을 위한 정책 비전을 마련할 수 있다. 이를 통해 후보가 자신만이 비전을 실현할 수 있다는 점을 설득력 있게 제시할 수 있다.

3) 인지도가 최우선이다

후보는 무엇보다 이름을 알려야 한다. 소비자가 비슷한 제품들로 가득 찬 진열대 앞에서 듣지도 보지도 못한 상품을 선택할 확률은 매우 낮다. 선거도 마찬가지다. 유권자가 여러 명의 후보 가운데 이름을 모르는 후보를 지지할 리는 없다. 상품을 구매하는 소비자의 태도를 인지(cognition), 감정(affect), 평가(evaluation) 3단계로 나눈다. 이것을 후보를 선택하는 유권자의 측면에서 본다면 인지(후보에 대해 아는 것), 설득(후보에 대해 훌륭한 사람이라고 생각하게 하는 것), 동기 부여(투표장으로 끌어내 투표하도록 하는 것)로 생각할 수 있다. 인지도를 올리는 것이 선거 캠페인의 첫 번째 과제다.

인지도 상승을 위해서는 다양한 기법과 전술이 이용된다. 지역 순방, 언론 인터뷰, 이벤트 연출, 명함 배포, 홍보물 발송, 온라인 홍보 등을 통해 부지런히 후보의 이름을 알린다. 그러나 인지도 제고에 왕도는 없다(물론 인지도를 높일 기술은 있다. 앞으로 이 책을 읽으면서 자연스럽게 터득하게 된다). 인지도를 단기간에 올리는 것은 거의 불가능하기 때문이다. 인지도를 상승시키려면 출마 선언을 앞당기고 선거 캠페인을 일찍 시작해야 한다. 출마를 선언하고 언론의 포커스를 받는 기간이 길면 길수록 인지도 문제를 극복하게 된다.

4) 후보의 브랜드를 확립하라

미국의 선거컨설턴트 조셉 나폴리탄은 "퍼셉션(perception)이 리얼리티(reality)보다 훨씬 중요하다"고 말했다(앞에서 잭 트라우트가 마케팅에서 '실제'보다 '인식'이 더 중요하다고 말한 것을 기억할 필요가 있다). 후보의 실제 모습보다 유권자에게 어떻게 인식되고 있는가가 중요하다는 뜻이다. 인식, 또는 이미지는 한 번 자리 잡으면 변화시키는 데 엄청난 노력과 시간이 요구된다. 인지도를 높이는 것도 중요하지만 유권자에게 잘못 알려지는 것은 아예 알려지지 않는 것만 못하다. 후보의 이미지를 좋게 만들어 호감도를 상승시키기 위해서는 후보의 브랜드를 확립해야 한다. 이미지, 메시지, 정책 등을 통합적으로 브랜드화하여 다른 후보와 차별화시키기 위한 브랜드 캠페인을 전개한다. 박근혜는 '신뢰'라는 브랜드를 형성하여 18대 대통령선거를 성공적으로 이끌었다. 당시 박근혜의 '신뢰' 이미지는 문재인의 한미FTA, 제주 해군기지 등에 대한 말 바꾸기 논란과 대비되면서 큰 효과를 보았다.

5) 상대를 먼저 규정하라

선거를 정의하고 유권자의 선택을 프레임 한다. 사람들은 어떻게 프레임 하는가에 따라 선택이 바뀐다. 선거는 규정하기 게임이다. 선거의 의미와 상대후보를 규정하고 서로가 자신들이 만들어 놓은 프레임 안에서 유권자가 선택하기를 유도한다. 상대후보의 프레임 안에서 캠페인을 벌이는 것은 상대의 홈그라운드에서 경기를 치루는 것과 같다. 항상 상대편을 먼저 규정해야 한다. 또한 상대방이 우리 후보를 규정하지 못하게 해야 한다. 유권자는 후보에 대한 정보가 없으면 가장 먼저 듣는 정보를 수용한다. 최초로 듣는 것을 믿는 경향이 있고, 기존에 가지고 있는 견해와 일치하는 메시지에 더 많은 관심을 기울인다. 18대 대통령선거에서 박근혜는 문재인을 '친노 후보'로, 문재인은 박근혜를 '유신 공주'로 규정하려고 하였다. 하지만 박근혜는 '여성 대통령' 컨셉과 '부모를 비극적으로 잃은 소녀 가장'

이라는 '짠한' 스토리를 앞세워 '유신독재의 딸' 이미지를 희석시키는 데 성공했다. 그러나 문재인은 '친노 후보'의 딱지를 떼는 데 실패했다. 규정하기 게임에서 이긴 박근혜가 선거에서 승리했다.

5 상황분석

상황분석은 선거전략 수립의 첫 번째 단계다. 선거전략 수립의 기초 단계로서 정확하고 효과적인 선거전략을 수립하기 위해 다양한 자료와 정보를 과학적으로 조사하고 분석해야 한다. 상황분석은 정세 분석, 선거구 분석, 유권자 분석, 경쟁후보 분석 등 4개 항목으로 구성된다. 그렇지만 정세 분석과 선거구 분석을 유권자 분석에 포함하는 경우도 있다. 정세 분석은 유권자가 처한 정치 환경을, 선거구 분석은 유권자를 둘러싼 인문지리적·사회경제적 환경을 분석하는 것이기 때문이다.

상황분석, 전략 설정, 판세 전망, 선거 결과 예측을 위해서는 여론조사, 현장 관찰, 문헌조사의 세 가지 방법론을 모두 동원한다. 먼저 여론조사로 인지도와 호감도를 분석해 출마 여부를 결정한다. 현장 관찰을 통해 구체적이고 생생한 정보를 수집한다. 현장에서 유권자를 직접 인터뷰하여 그들이 원하는 것이 무엇이며 어떤 후보를 바라는지 확인할 수 있다. 선거기간 중에는 조직의 열기, 유권자의 반응 등 전반적인 상황을 들여다볼 수 있다. 정부, 지자체, 연구소, 시민단체 등에서 발표하는 통계, 보고서 등 선거전략 수립에 필요한 문헌 자료들이 곳곳에 방대하게 널려있다. 그러나 구슬이 서 말이라도 꿰어야 보배다. 막대한 자료를 수집·분석하기 전에 그 목적과 기준, 관점이 분명해야 한다. 그래야 자료를 효율적으로 분석할 수 있을 뿐만 아니라 그 분석 결과에서 중요한 전략적 시사점을 찾아낼 수 있다.

1) 정세 분석

정세 분석은 유권자를 둘러싸고 있는 정치적 환경을 분석하는 것이다. 정세 분석은 국내외 정치세력의 동향과 역학관계를 다룬다. 정세는 유권자가 선거에 부여하는 의미, 후보를 선택하는 기준 등에 커다란 영향을 미친다. 2007년 17대 대통령선거에서 노무현 정부가 부동산 등 민생경제 불안, 경제성장률 저하, 양극화 확대에 제대로 대처하지 못하자 유권자들은 차기 대통령으로 '경제 대통령'을 선호하였다. 2022년 20대 대통령선거는 문재인 정부 심판과 정권교체가 화두인 선거였다. 문재인 정부는 박근혜·최순실 게이트에 대한 국민적 분노를 배경으로 탄생했다. 그러나 문재인 정부가 '촛불 개혁'은 별로 진전시키지 못한 가운데 조국 사태에서 촉발된 '내로남불' 논란이 엄청난 파장을 일으키고 부동산 등 민생 정책에서 실책을 거듭하자 민심이 불과 5년 만에 돌아서 버렸다. 결국 야당 후보인 윤석열의 당선으로 귀결되었다. 출마할 지역의 국회의원이나 자치단체장이 부패 범죄로 처벌되거나 자치단체의 청렴도가 하위권을 맴돌 때 가장 중요한 후보 선택 기준으로 도덕성이 주목받는다. 이때 자치단체의 청렴도 순위는 국민권익위원회가 매년 실시하는 '공공기관 종합청렴도'에서 확인할 수 있다.

정세 분석은 국제정세 분석과 국내정세 분석으로 나누고, 국내정세 분석은 정치정세 분석과 경제정세 분석으로 나눌 수 있다. 국내정세 분석은 전국정세 분석과 지역정세 분석으로 구분하기도 한다. 정세 분석은 언론보도, 여론조사 자료, 정부·공공기관·정당·연구소·사회단체 등의 정세 분석 보고서나 통계자료, 인적 정보 등을 종합해서 통찰력, 정무적 감각과 판단력을 동원하여 이루어진다. 정세 분석은 그 자체가 목적이 아니다. 전략 방향이나 전술 활동을 도출하는 데 필요한 내용을 파악하기 위한 것이다. 정세를 정밀하고 세세하게 분석하는 것이 바람직하지만 그렇다고 분석한 내용을 선거전략에 모두 담을 필요는 없다. 선거에 중대한 영향을 미칠 핵심 사항만 기술하고 선거전략 수립에 고려해야 할 시사점과 대응방안을 제시한다.

2) 선거구 분석

선거구 분석에서는 유권자가 거주하는 선거구의 인문·지리적 환경, 사회·경제적 환경, 지역 현안 등을 분석한다. 이는 유권자 타깃팅(targeting), 선거 이슈 개발, 선거공약 수립 등에 활용된다.

인문·지리적 환경은 역사, 지리적 특성, 기후 등을 가리킨다. 지리적 조건은 선거 전술을 정하는 데 도움을 준다. 지역의 크기, 인구밀도, 위치는 가장 중요한 지리적 조건이다. 지역의 지형에 따라 후보자의 활동이 결정된다. 선거구를 순방하는 형태가 규정되고 이에 따라 실행할 수 있는 선거운동의 활동 범위가 정해진다. 또한 선거사무소의 위치도 인구밀도가 높거나 유동 인구가 많은 곳으로 정한다.

사회·경제적 환경에는 경제지표, 재정, 산업구조, 사회기반시설, 교통, 교육, 문화, 복지, 보건의료, 상가(재래시장, 쇼핑센터, 대형마트 등), 공공기관, 주민조직, 주민거주 형태 등이 있다. 집값과 전셋값 동향을 파악할 필요도 있다. 대체로 고가 아파트 단지는 국민의힘이 강세이고, 저가 아파트단지나 빌라·다세대 지역은 민주당이 우세하다. 20대 대통령선거에서 서울 유권자는 문재인 정부의 부동산 정책을 심판하였다고 해도 과언이 아니다. 국회입법조사처 분석에 따르면, 아파트 평균 가격이 높은 지역일수록 당시 여당인 더불어민주당 이재명 후보 득표율이 낮았다. 반대로 야당 후보인 국민의힘 윤석열 후보는 아파트 가격이 높을수록, 가격 증가 폭이 클수록 득표율이 높았다. 이러한 경향성은 세금 부담과도 관련되었다. 2020년 21대 총선과 2022년 20대 대선에서 모두 국민의힘을 더 지지했던 지역의 2017년 대비 2021년 재산세 부담 증가율은 89%였다. 이는 양 선거에서 민주당을 더 지지했던 지역의 증가율 24%에 비해 3배 이상 높다. 21대 총선에서 민주당 지지율이 더 높았지만 20대 대선에서 국민의힘 우세 지역으로 바뀐 경우 2017년 대비 2021년 재산세 부담이 평균 42% 증가한 것으로 나타났다. 이를 통해 세 부담 증가가 윤석열 후보 지지로 연결되었을 개연성을 확인할 수 있다.

또한 지역 현안이 무엇인지 파악해야 한다. 지역별·연령별·계층별로 현안을 조사하고 분석한다. 현안이 중앙정부 또는 국회에서 해결되어야 할 문제와 지방정부 또는 지방의회에서 해결될 수 있는 문제를 구분한다. 현안별로 현황, 문제점, 대책을 일목요연하게 정리한 1~2쪽짜리 이슈 브리프(issue brief)를 작성한다. 현안에 대한 상세 자료가 있으면 첨부한다. 후보는 이슈 브리프를 들고 다니면서 지역 현안을 숙지할 수 있다. 선거구 분석을 위해 정부, 지방자치단체, 공공기관에서 제공하는 통계자료, 업무계획, 백서와 연구소, 시민단체의 정책보고서, 여론조사기관, 언론사의 각종 여론조사 자료 등을 기초 데이터로 활용한다. 특히 후보 캠프가 유권자를 대상으로 직접 정책 여론조사를 실시할 경우 유권자 의견 파악, 유권자 데이터 확보, 후보 홍보 등 다양한 효과를 거둘 수 있다.[2]

3) 유권자 분석

유권자 분석에서는 유권자의 인구통계학적 특성과 사회심리학적 특성을 파악하고, 역대선거 결과와 여론조사 자료 등을 이용해 유권자의 정치 성향을 분석한다. 유권자 분석은 선거기본전략의 근거 데이터로 활용된다. 후술하겠지만 유권자 세분화를 통해 표적 유권

---

[2] 후보 명의로 실시하는 여론조사는 선거일 전 60일부터 금지된다.

자를 선정하는 근거가 된다. 또한 광고 표현전략, 매체 전략, 이슈, 공약 개발 등에 활용된다.

(1) 유권자 특성 분석

인구통계학적 분석은 성별, 연령, 직업, 교육수준, 소득수준, 종교, 주거지역, 결혼상태, 자녀수 등에 대해 그 특징과 변동 추이를 분석한다. 특히 인구구성 현황과 인구이동 동태를 분석할 필요가 있다. 인구통계학적 분석은 표적 유권자를 세분화하는 데 활용되며 지역 현안 파악에 도움을 준다. 예를 들면 영·유아가 많이 사는 지역은 보육 문제, 초·중·고생 비율이 높은 지역은 교육 문제가 지역 현안일 가능성이 높다. 아파트 거주자, 집 가진 사람, 대학 이상 학력자, 고령층이 많은 지역은 대체로 투표율이 높다. 반대로 단독주택·연립주택 등 비아파트 거주자, 무주택자, 저학력자, 1인 가구와 젊은층이 많은 곳은 투표율이 떨어진다. 유권자들이 선거구에서 오래 살아왔는지, 혹은 오래 살고 싶어 하는지 등 정주의식을 파악할 필요가 있다.[3] 지역에 애착이 있는 유권자가 많을 경우 대체로 투표율이 높다. 자기 집을 소유한 사람은 지역에 애착을 가질 가능성이 크다. 또한 자가 소유자는 생활이 안정되어 있어서 정치에 대한 관심이 많다. 반면 집이 없는 유권자는 언젠가 지역을 떠날 확률이 높고 거주하는 곳에 대한 관심이 적어 투표율이 낮은 편이다.

---

[3] 지방자치단체에서 거의 매년 실시하는 '사회조사 보고서'에서 주민의 정주의식을 확인할 수 있다.

연령별 인구 및 유권자 구성을 파악하고, 동(洞) 단위까지 분석해야 한다. 또한 10세 단위로 연령별 인구 및 유권자 구성의 변화를 확인해야 한다. 인구통계 자료로는 중앙선거관리위원회(이하 '선관위')가 발표하는 인구 및 유권자 현황, 통계청의 인구센서스, 행정안전부의 주민등록인구통계, 지방자치단체의 통계연보 등이 있다.

선거전략 보고서에 기재된 유권자의 직업별 특성 분석 (예시)

□ **직업(산업별 종사자)**
- 제조업 종사자가 많음 : ○○시 28.8% 〉 경기도 19.0% 〉 전국 17.2%

구 분	합계	농임어업	광업·제조업	건설업	도소매·음식숙박업	전기·운수통신·금융	사업·개인공공서비스 기타
○○시	89,220 (100%)	0	25,717 (28.8%)	4,297 (4.8%)	17,823 (20%)	9,152 (10.3%)	32,231 (36.1%)
경기도	6,019 (100%)	73 (1.2%)	1,144 (19.0%)	439 (7.3%)	1,316 (21.9%)	797 (13.2%)	2,252 (37.4%)
전 국	24,962 (100%)	1,167 (4.7%)	4,281 (17.2%)	1,755 (7%)	5,799 (23.2%)	3,067 (12.3%)	8,894 (35.6%)

※ 출처 : ○○시 「2022 통계연보」, 통계청 경제활동인구조사(국가통계포털 KOSIS, 지역통계)

[시사점]

□ **제조업 종사자(블루칼라) 집중 공략 필요**
- 블루칼라가 많이 사는 공업도시로서 일자리 등 경제 관련 이슈(issue) 준비
- 블루칼라는 정부·여당 지지 성향이 강한 편
  (○○시민 여론조사) 대통령 긍정평가 52% vs 전체 41.4% / 새누리당 지지 31.0% vs 전체 25.6%
- 일자리 등 경제 문제에 민감하여 기업인 출신 국회의원 선호
  (○○시민 여론조사) ○○○후보 11.5% vs 전체 4.9% / 기업인 출신 54.3% vs 전체 48.4%
⇒ **일자리 창출에 기여하는 '기업인 출신' 부각**

선관위가 발간한 『제8대 동시지방선거 투표율 분석』에 따르면, 연령대별 선거인 비율은 50대가 19.6%를 차지하여 가장 많고, 이어 40대 18.5%, 60대 16.5%, 30대 15.0%, 20대 14.6%, 70대 8.7%, 80세 이상 5.1%, 18세·19세는 각각 1.1%로 나타났다. 보수성향이 강한 60대 이상이 전체 유권자의 30%, 진보성향이 높은 50대 이하가 70%를 차지했다. 그러나 고령층일수록 투표율이 높아서 60대 이상이 전체 투표자에서 차지하는 비중이 높아졌다. 60대 이상이 투표자의 40%, 50대 이하가 60%를 차지했다. 60대 이상의 투표자 비중이 선거인 비중보다 10%포인트 정도 올라갔다.

연령대별 선거인·투표자 비율 비교

*출처: 제8회 동시지방선거 투표율 분석(중앙선거관리위원회, 2022)

세대투표는 우리나라의 대표적인 투표행태다. 연령에 따라 지지 정당과 정치성향이 극명하게 엇갈린다. 전통적으로는 청야노여(靑野老與) 또는 청진노보(靑進老保)였다. 그러나 2010년대부터 20~30

대 젊은 층에서 청진노보 현상에 균열이 발생했다. 20~30대에서 남녀 가리지 않고 민주당 지지도가 전반적으로 떨어졌다. 또한 남녀간 투표성향이 뚜렷이 갈라졌다. 20대 대통령선거에서 20~30대 남성은 보수 야당 후보인 윤석열을, 여성은 이재명을 더 많이 지지했다. 국민의힘의 20대 대선 전략인 소위 '세대포위론'이 들어맞은 것이다. '세대포위론'은 2030 세대, 그중에서도 2030 남성층과 국민의힘의 전통적 지지층인 60대 이상 노년층이 연합해 민주당 주 지지층인 40~50대 중장년층의 지지세를 압도하여 대선에서 승리하겠다는 전략이다. 그러나 윤석열 대통령이 취임한 지 1년도 채 지나지 않아 2030 남성이 국민의힘 지지층에서 이탈하기 시작했다. 세대포위론이 무너지는 형국이다. 투표자에서 60대 이상이 차지하는 비중은 여전히 50대 이하보다 20%포인트 작다. 유권자 구성은 물론 노년층의 높은 투표율을 반영한 투표자 구성 역시 국민의힘에 구조적으로 불리하다. 국민의힘으로서는 2024년 22대 총선을 대비하여 세대포위론을 복구하든지 이를 대체할 다른 전략을 준비해야 한다.

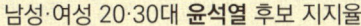
20대 대선 2030 남녀간 투표성향 비교

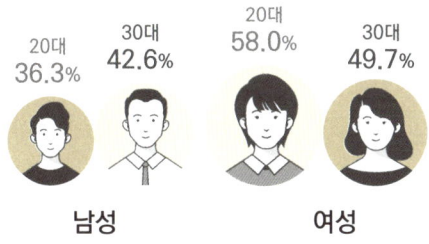

*출처: 제20대 대선 결과 분석, 국회입법조사처, NARS info 제18호, 2022년

    사회심리학적 분석은 유권자의 개성, 의견, 흥미, 라이프스타일 등을 분석하는 것이다. 라이프스타일 분석은 유권자의 투표 행동 과정을 설명해 주며 유권자 세분화에 유효한 자료를 제공한다. 후보 측이 직접 여론조사를 실시하거나 광고회사, 기업연구소, 여론조사기관 등에서 발간하는 라이프스타일 보고서를 이용할 수 있다.

    유권자들이 선거에 대한 정보를 어떻게 취득하는지, 즉 정보 취득 경로를 파악하는 것이 중요하다. 유권자들은 선거와 후보에 대한 정보를 텔레비전, 라디오 등의 방송, 신문, 인터넷, SNS, 선거홍보물, 가족·친구 등 주변 사람 등을 통해 얻는다. 정보 취득 경로를 성별, 연령별, 직업별, 지역별 등으로 상세히 파악하면 메시지전략, 매체 전략, 유세 전략 등을 정확하게 수립하는 데 도움이 된다.

선관위가 발간한 『21대 국회의원선거 유권자 의식조사』를 보면, '후보자 선택에 필요한 정보 획득 경로' 조사 결과 유권자가 후보 정보를 가장 많이 취득한 경로는 포털·홈페이지 등 인터넷(43.4%)이었다. 이어서 TV(30.9%), SNS(9.3%), 주변 사람들(6.5%), 신문(3.9%) 순이었다. 후보 정보 획득 경로는 연령별로 차이가 있다. 20~30대 유권자의 60%는 후보 정보를 인터넷으로 취득하는 것에 비해 60대의 43%, 70대 이상의 60%는 TV를 통해 접한다. 또한 60대 이상 고령층은 주변 사람을 통해서 후보에 대해 알게 되는 비율(60대 9.6%, 70대 이상 8.5%)이 상대적으로 높다.

(2) 역대선거 결과 분석

과거 대통령선거, 국회의원선거, 지방선거 등의 투표실태를 조사하여 투표율과 정당별 득표 결과를 분석한다. 투표실태 통계자료는 유권자 세분화, 특히 타깃 지역 선정에 직접 활용된다. 분석자료로는 선관위에서 발표하는 『선거별 개표자료』, 『투표율 분석자료』, 『유권자 의식조사』 등을 활용한다. 선거별 개표자료는 투표구 단위까지 투표율과 후보별·정당별 득표수와 득표율이 기재되어 있다. 후보 캠프는 개표자료를 분석하기 편리한 양식으로 가공하여 선거 결과 분석에 활용할 수 있다. 선관위가 선거 이후 발표하는 투표율

분석자료는 시·군·구 단위까지 성별·연령별 투표율을 분석하는 데 유용하다. 선관위가 선거 전후에 실시하는 『유권자 의식조사』는 투표 참여 여부 및 불참 이유, 지지 후보 선택 시 고려사항 등에 대한 연령별·지역별 자료를 제공한다.

역대 선거 결과 분석에 사용하는 자료는 지나치게 과거의 것은 시의성이 떨어지므로 최근 10년간 실시된 선거통계를 활용한다. 후보가 2024년 국회의원선거를 준비한다면 2012년 총선부터 2022년 지방선거까지 9차례 실시된 전국 단위 선거의 투표 결과를 분석한다.

먼저 투표율과 그 추이를 분석한다. 2012년 이후 국회의원선거 투표율이 상승하는 경향을 보인다. 국회의원선거 투표율은 18대(2008년) 46.1% → 19대(2012년) 54.2% → 20대(2016년) 58.0% → 21대(2020년) 66.2%를 기록했다. 지방선거 투표율도 오름세다. 4대(2006년) 51.6% → 5대(2010년) 54.5% → 6대(2014년) 56.8% → 7대(2018년) 60.2%를 기록했다. 다만 2022년 8대 지방선거는 3개월 전 실시된 20대 대통령선거 결과에 실망한 민주당 지지층이 투표에 대거 불참하여 투표율이 50.9%로 직전 지방선거 대비 9.3%포인트나 떨어졌다.

최근 10여 년간 투표율이 상승하는 이유는 2013년 도입된 사전투표와 무당파 유권자의 높은 투표 참여 때문으로 분석된다. 사전투표는 본투표보다 투표하기가 편리하다. 따라서 사전투표로 군 복무 중인 병사뿐 아니라 직장, 학업 등의 이유로 타지에 나가 있는 사람들의 투표가 부쩍 늘었다. 지역적으로 민주당 강세 지역에서 사전투표율이 높다. 2020년 국회의원선거에서 사전투표율은 전남(35.8%), 전북(34.7%), 세종(32.4%), 광주(32.2%) 순으로 높았다. 이처럼 사전투표는 민주당 지지층이 국민의힘 지지층보다 더 많이 참여한다. 실제 개표 결과를 보더라도 사전투표에서 민주당 지지표가 월등히 많다.

무당파는 지지 정당이 있는 당파적 유권자(비무당파)보다 투표율이 떨어지지만, 예상보다는 투표율이 높은 편이다. 가상준(2020년)은 20대 대통령선거에서 비무당파 투표율은 98.1%, 무당파 투표율은 81.6%라고 밝혔다. 19대 대선 투표율은 비무당파 90.9%, 무당파 64.1%였다. 그는 최근 한국 정치가 무당파 비율이 높은 편이고 전반적인 투표율은 상승하는 특징을 보이는데 이는 무당파 유권자들의 높은 투표 참여 때문이라고 설명한다. 이처럼 무당파의 투표율이 예상보다 높아 이들의 투표 참여와 선택이 투표 결과에 크게 영향을 미친다. 특히 국민의힘과 민주당이 치열한 접전을 벌이는 수도권에서 무당파 유권자의 선택은 결정적이다. 수도권에서 승리하는 정당이 전국적으로도 이길 확률이 높다는 점에서 무당파가 사실상 전체 선거 결과를 좌우한다고 해도 지나치지 않다. 투표율은 정권이나 정당을 심판하려는 민심의 분노가 폭발할 때 높아진다. 2004년 18대 국회의원선거에서 노무현 전 대통령을 탄핵한 야당을 심판하려는 유권자의 분노 투표로 인해 투표율(60.6%)이 높았다. 2024년 22대 국회의원선거의 투표율도 분노 투표 발생 여부를 고려하여 예측할 필요가 있다.

또한 정당별·후보별 득표 현황을 분석한다. 특정 정당의 득표 현황과 추이를 전국, 시·도, 시·군·구, 선거구, 읍·면·동, 투표구 단위까지 비교 분석한다. 선거 결과 분석을 토대로 시·도, 시·군·구, 선거구, 투표구를 각각 절대 강세지역, 상대 강세지역, 경합지역, 상대 열세지역, 절대 열세지역으로 구분한다. 우열을 판별하는 기준은 상대 당과의 득표율 격차다.

득표율 격차를 구하기 위해 먼저 최근 10년간 전국 단위 선거에서 A당과 B당이 얻은 평균 득표율을 각각 산출한다. 즉 A당이 2012년 총선, 2012년 대선, 2014년 지방선거, 2016년 총선, 2017년 대선, 2018년 지방선거, 2020년 총선, 2022년 대선, 2022년 지방선거 등 9차례 선거에서 각각 얻은 득표율을 합산하고 이를 9로 나누면 평균 득표율을 산출할 수 있다. 그런데, 2024년 총선에서 국민의힘과 민주당의 양당 구도가 지속된다고 가정하면 3~4자 구도로 치러진 2016년 총선, 2017년 대선, 2018년 지방선거는 득표율 산정에서 제외하는 것이 바람직하다. 즉 2012년 총선, 2012년 대선, 2014년 지방선거, 2020년 총선, 2022년 대선, 2022년 지방선거 등 6차례 선거의 득표율만 적용하여 평균 득표율을 산정한다.

각 당의 평균 득표율을 산정한 다음 A당과 B당의 득표율 차이를 계산한다. A당이 B당보다 10%포인트 이상 득표율이 앞서는 지역은 A당의 절대 강세지역, 5~10%포인트 앞서는 곳은 상대 강세지역, 5%포인트 이하로 앞서거나 뒤지는 지역은 경합지역, 5~10%포인트 뒤지는 곳은 상대 열세지역, 10%포인트 이상 뒤지는 지역은 절대 열세지역이 된다. 이를 바탕으로 우세, 경합, 열세 지역을 표기한 선거 지도를 만든다. 예를 들어 아래 표 '서울시 역대 선거 결과'를 이용해 국민의힘과 민주당의 평균 득표율을 각각 계산하여 서울에서의 양당 간 우열을 분석해 보자. 평균 투표율이 국민의힘 47.9%, 민주당 48.6%다. 이는 2012년 총선, 2012년 대선, 2014년 시장선거,

2020년 총선, 2022년 대선, 2022년 시장선거 등 6차례 선거에서 국민의힘과 민주당이 각각 얻은 득표율의 평균치다. 민주당이 국민의힘을 불과 0.7%포인트 앞서고 있다. 서울은 민주당과 국민의힘의 초경합 지역으로 분류된다.

역대 선거 결과 분석 양식(서울시)

구분		19대 총선 (2012.4.11)	19대 대선 (12.12.19)	6대 시장선거 (14.6.4)	20대 총선 (16.4.13)	19대 대선 (17.5.9)	7대 시장선거 (18.6.13)	21대 총선 (20.4.15)	20대 대선 (22.3.9)	8대 시장선거 (22.6.1)
선거인수		8,379,354	8,393,847	8,441,594	8,423,654	8,382,999	8,380,947	8,465,419	8,346,647	8,378,339
투표수		4,649,579	6,307,869	4,948,897	5,034,474	6,590,646	5,019,098	5,773,098	6,502,820	4,455,161
투표율		55.5%	75.1%	58.6%	59.8%	78.6%	59.9%	68.2%	77.9%	53.2%
1위	후보		문재인	박원순		문재인	박원순		윤석열	오세훈
	정당	민주통합당	민주통합당	새정치민주연합	더불어민주당	더불어민주당	더불어민주당	더불어민주당	국민의힘	국민의힘
	득표수	2,096,045	3,227,639	2,752,171	2,131,907	2,781,345	2,619,497	3,049,272	3,255,747	2,608,277
	득표율	45.2%	51.4%	56.1%	43.0%	42.3%	52.8%	53.5%	50.6%	59.1%
2위	후보		박근혜	정몽준		안철수	김문수		이재명	송영길
	정당	새누리당	새누리당	새누리당	새누리당	국민의당	자유한국당	미래통합당	더불어민주당	더불어민주당
	득표수	2,048,743	3,024,572	2,109,869	1,821,825	1,492,767	1,158,487	2,386,630	2,944,981	1,733,183
	득표율	44.4%	48.2%	43%	36.8%	22.7%	23.3%	41.9%	45.7%	39.2%
3위	후보			정태흥		홍준표	안철수		심상정	권수정
	정당	무소속		통합진보당	국민의당	자유한국당	바른미래당	무소속	정의당	정의당
	득표수	211,827		23,638	792,248	1,365,285	970,374	100,514	180,324	53,840
	득표율	4.6%		0.5%	16.0%	20.8%	19.6%	1.8%	2.8%	1.2%
4위	후보					유승민	녹색당			
	정당	통합진보당			무소속	바른정당	신지예	정의당		
	득표수	157,207			131,883	476,973	82,874	68,861		
	득표율	3.4%			2.7%	7.3%	1.7%	1.2%		

(3) 여론조사 분석

객관적이고 과학적인 여론조사는 사회의 분위기, 국민의 정서와 잠재된 정치적 욕구를 파악하고 후보자의 이미지나 입장을 다듬을 수 있도록 해 준다.

공직선거법에 여론조사 실시 횟수를 제한하는 규정은 없다. 다만 후보가 실시하는 여론조사에 느는 비용은 예비후보자등록 신청 개시일부터 선거일까지 4회 초과분부터 선거비용에 산입한다. 또한 여론조사비용은 선관위에서 보전해 주지 않는다. 선거운동 기간에 실시하는 여론조사 비용은 전체 선거비용의 5~10% 수준을 유지하는 것이 바람직하다. 아직 선거운동을 시작하지 않은 상황, 즉 공천을 확보하기 위한 과정, 장래 선거에서의 위상이나 인지도 점검 수준, 지역구 현안 파악 등 선거운동과는 무관하게 이뤄지는 선거 준비를 위한 조사일 경우 선거비용에 포함하지 않고 선거 준비비용으로 책정할 수 있다.

● **여론조사의 목적 및 활용법**

여론조사는 일종의 엑스레이 사진 촬영이다. 후보와 후보의 조직이 신체라면 어느 부분이 약하고 어느 부분이 건강한지 보여준다.

현대적인 선거 여론조사는 1936년 미국인 갤럽에 의해 개발되었다. 우리나라에서는 1987년 대통령선거에서 처음 실시된 것으로 알려져 있다. 선거 여론조사는 선거전략 수립에 없어서는 안 될 필수품이 되었다. 여론조사 분석은 언론에서 보도하는 여론조사 자료, 과거의 조사자료, 후보 측이 직접 실시하거나 여론조사기관에 의뢰한 여론조사 자료 등을 활용한다. 여론조사를 통해 투표 참여 여부, 정당 지지도, 후보와 경쟁후보의 인지도·지지도·이미지, 유권자의 후보 선택기준 및 관심 사항 등을 분석한다. 포커스 그룹 인터뷰

(FGI) 등의 정성 조사를 이용하면 유권자의 인식 속에 있는 이상적인 후보의 기준이나 이미지, 후보와 경쟁후보의 포지션(position)을 심층 분석할 수 있다. 선거 여론조사는 조사의 기동성(피드백 속도)이 필요하며, 설문 내용이 선거 캠페인의 전체 시나리오에 알맞게 작성되어야 한다. 정확하고 신빙성 있는 조사를 위해 과학적 조사기법(적절한 표본크기, 표본추출기법, 설문지 작성법, 인터뷰 방법, 자료 분석법 등)을 준수해야 한다.

여론조사에는 두 가지 형태가 있다. 경마식 여론조사와 전략용 여론조사가 그것이다. 언론에 발표되는 조사 결과는 주로 경마식 여론조사에 의존한다. 우리나라뿐만 아니라 외국의 언론도 엎치락뒤치락하는 후보들의 지지도만 선정적으로 보도하는 경향이 있다. 후보가 경마식 조사를 보고 전략적 결정을 내리면 치명적인 실수를 범할 수 있다. 후보는 전략의 성공 여부를 전략적 여론조사 기법에 따라 검증해야 한다. 전략이 과학적 여론조사에 기반하여 수립되어야 성공할 확률이 높다.

여론조사가 대세론을 전파하는 수단으로 활용되기도 한다. 여론조사 효과는 불확실성이 높은 기간에 큰 영향력을 나타낸다. 당내 경선 초기에 이루어지는 후보 지지도 조사 결과 보도는 유권자의 후보 선택에 큰 영향을 미친다. 지지율이 높은 후보는 언론의 주목을 받게 되고 이것이 다시 후보의 지지율을 높이는 선순환 효과가 일어난다.

여론조사는 객관성을 유지해야 하지만 가능하면 후보에게 좀 더 유리한 결과가 나올 수 있도록 질문할 수 있다. 예를 들면 지지층의 충성도가 낮은 후보에게는 선호도를 묻고 지지층의 충성도가 높은 후보의 경우 지지도를 묻는 것이 유리하다. 여기에서 선호도와 지지도의 차이를 이해할 필요가 있다. 선호도는 여론조사에서 호감이 가는 인물을 묻는 말에 긍정적으로 답변하는 비율이다. 지지도는 당장 투표할 경우 지지할 후보를 묻는 말에 긍정적으로 답변하는 비율이다. 선호도는 높은데 지지도가 낮을 수 있다. 호감을 느끼고 있지만 당선 가능성이 떨어져 그 후보에게 투표하는 것이 망설여지는 경우다. 이처럼 선호도가 높다고 해서 반드시 지지도가 높다고 할 수는 없다. 그러나 선호도가 낮은데 지지도가 높을 수는 없다. 알지 못하는 후보를 좋아할 수 없고, 좋아하지 않는 후보를 지지할 수 없다. 지지도를 높이기 위해서는 선호도를 높여야 하고, 선호도를 높이기 위해서는 인지도를 높여야 한다.

● **여론조사의 종류**

여론조사는 조사 목적에 따라 몇 가지 종류로 구분된다.

첫째, **당선 가능성 타진 조사(feasibility surveys)** 를 들 수 있다. 후보가 출마 여부를 결정하기 위해 당선될 확률이 어느 정도 되는지 사전에 파악하기 위한 여론조사다.

둘째, **벤치마크 조사(benchmark surveys)** 가 있다. 후보가 출마를 결정한 뒤 장기적인 계획(master plan)이나 전략을 수립하기 위해 실시하는 조사다. 후보, 선거구, 유권자와 관련된 상황을 깊이 있게 파악한다. 10여 개의 질문밖에 할 수 없는 전화 면접조사보다 20개 이상의 질문을 할 수 있는 대면 면접조사가 바람직하다.

셋째, **후속 조사**(follow-up surveys)다. 후속 조사는 전략을 점검하고 전략의 수정, 보완을 위한 정보를 얻기 위해 실시한다. 대면 면접조사가 바람직하지만, 우리나라에서는 비용 문제로 인해 전화조사가 많이 이용된다.

넷째, **추적조사**(tracking surveys)다. 선거의 진행 상황을 점검하기 위해 똑같은 질문을 두고 주기적으로 실시하는 여론조사다. 지지도 추이를 탐지하고 그 원인을 파악하여 선거전략의 수정, 보완을 위한 정보를 제공한다. 신속성이 중요하기 때문에 전화 면접조사나 자동응답 시스템(ARS) 조사를 많이 이용한다. 후보들은 추적조사에서 드러난 특정 시점의 지지도에 매우 민감하게 반응하는 경향이 있다. 그러나 추적조사는 지지도 추이를 파악하기 위한 조사라는 점을 명심할 필요가 있다. 표본오차가 있는 특정 시점의 지지도에 집착하기보다 중장기적인 추이와 그 이유를 분석하는 것이 중요하다. 추적조사의 일종으로 패널조사(pannel studies)가 있다. 이 조사의 특징은 매번 같은 응답자를 대상으로 조사를 실시한다는 점이다. 이 조사 방법을 이용하면 특정 사건이 후보의 지지도에 미치는 영향 등을 매번 다른 응답자에게 질문하는 일반적인 추적조사보다 정확하게 파악할 수 있다. 그러나 응답자들이 모집단을 대표하지 못할 가능성이 단점이다.

다섯째, **푸시 조사**(push polls)다. 일반적인 여론조사처럼 보이지만, 실제로는 특정 후보에 대한 호의적인 정보만을 응답자들에게 전달하여 응답자들이 그 후보를 지지하도록 유도하는 조사를 말한다. 푸시 조사는 목적에 따라 두 가지로 나눌 수 있다. 첫 번째는 특정 후보의 인지도를 높이기 위한 조사다. 처음부터 끝까지 한 후보에 대해서만 집중적으로 질문함으로써 응답자들이 자신도 모르는 사이에 그 후보를 인지하고 친근감을 느끼게 한다. 두 번째는 특정 후보의 지지도를 높이기 위한 조사다. 응답자에 특정 후보에 대해서 좋은 정보를 제공하고, 경쟁후보들에 대해 나쁜 정보를 제공하여 특정 후보를 지지하게끔 유도한다. 푸시 조사를 할 경우 선거법을 유의해야 한다.

여섯째, **선거 후 조사**(postelection surveys)가 있다. 선거가 끝난 다음에 후보가 선거전략을 평가하고 선거운동의 정확성과 효율성 등을 점검하기 위하여 실시하는 조사다.

● **여론조사의 방법**

선거전략 조사에 활용되는 여론조사 방법에는 대인 면접조사, 전화 면접조사, ARS 조사, 온라인(인터넷·SNS 등) 조사, FGI 등이 있다.

가장 많이 사용되는 조사 방법은 전화조사다. 최근 전화조사는 신뢰도가 많이 떨어졌다. 휴대전화나 070 인터넷 전화만 쓰거나 유선 전화가 있더라도 전화번호부에 등록하지 않은 가구가 많기 때문이다. 그러나 무선전화 안심번호제가 도입되면서 전화조사의 신뢰도가 대폭 개선되었다. 20대 총선 때는 집 전화에 기반한 전화조사가 많아 여론조사의 오차가 컸다. 21대 총선에서 안심번호를 활용해 조사하는 방식으로 바뀌어 실제 유권자 분포를 더 정확하게 반영할 수 있게 되었다. 이에 따라 여론조사의 정확도가 많이 올라갔다. 그런데 안심번호제의 허점을 악용한 여론조사 조작 논란이 종종 발생한다. 이동통신사가 여론조사에 사용할 안심번호를 실제 거주지가 아닌 요금 청구지를 기준으로 추출하기 때문에 특정 지역으로 요금 청구지만 옮겨 놓으면 아무나 여론조사에 참여해 여론 조작이 가능하다는 것이다. 군 단위처럼 인구수가 적은 지역에서는 요금 청구지를 이전하면 여론 조작 효과가 상당할 것이라는 분석이다. 핸드폰을 악용한 여론 조작을 원천 차단할 수 있도록 제도적인 보완이 필요하다.

다음으로 인터넷 조사, SNS 조사, FGI에 대해 알아보자. 미국에서는 선거전략 수립에 인터넷(온라인) 여론조사의 활용이 성행하고 있다. 그러나 우리나라에서는 표본의 대표성 문제 등 때문에 이용이 저조하다. 온라인 여론조사도 일반 여론조사와 같이 유형이 다양하다. 사람들이 많이 이용하는 포털 사이트, 커뮤니티 사이트 등에서 실시하는 방법이 흔하게 사용된다. 정치인의 경우 자신의 홈페이지나 블로그, 페이스북 등에서 실시하기도 하지만 대개 참여율이 저조하다. 지지자나 회원을 대상으로 이메일(e-mail)로 조사하는 방법이 있지만 응답률이 낮다. 조사의 정확성을 높이기 위해 여론조사에 참여할 사람들을 모집하여 모집단의 인구통계학적 비례를 맞추어 선정한 후 조사를 위해 마련된 웹페이지나 이메일을 통해 실시하는 방식을 사용한다.

온라인 조사는 비용이 저렴하고, 시간과 공간의 제약이 적으며, 조사 및 결과의 확인이 비교적 신속하게 이루어지는 장점이 있다. 하지만 인터넷 특성상 젊은 사람들이 상대적으로 많이 참여하는 등 조사 대상자 선정에 문제가 있을 수 있고, 본인 확인이 불가능한 무기명 조사의 경우 중복조사나 조작 등의 문제가 발생한다. 페이스북, 엑스(구 트위터) 등 소셜 미디어(SNS)를 이용하면 거의 무료에 가까운 비용으로 실시간으로 여론조사를 할 수 있다. 한 유명 방송 진행자가 SNS를 이용해 여름 휴가지나 마감 뉴스용 의상에 대한 가벼운 내용으로 여론조사를 했는데 몇 시간 만에 수백 명이 투표에 참여하기도 했다. SNS를 이용한 여론조사는 표본이 해당 SNS 사용자로 한정되는 문제가 있지만 오히려 SNS에 정보가 공개된 사용자를 대상으로 하므로 더 적극적이고 정확한 반응을 얻을 수 있는 장점이 있다. 트위터에서는 트윗폴(Twitpoll), 퀄트릭스(Qualtrics) 등의 설문조사 도구를 이용하여 빠르고 편리한 여론조사가 가능하다. SNS 여론조사는 인터넷 조사와 다른 특징이 있다. 첫째, 설문에 응하는 사람이 매우 적극적이다. SNS 이용자들은 자신이 좋아하는 사람이 시행하는 설문이기 때문에 즐거운 마음으로 참여한다. 둘째, 왜곡이 적다. 일반적인 인터넷 설문조사는 익명으로 이루어지기 때문에 조작이 쉽다. 반면에 SNS는 한 계정 당 한 번의 투표가 부여되므로 조작의 위험이 낮다. 따라서 공정하고 객관적인 설문조사가 가능하다. 다만 SNS 여론조사를 할 경우 선거법에 저촉되지 않는지 유의할 필요가 있다.

최근에는 후보들에 대한 구글(Google) 검색 수나 트윗 빈도수가 실제 득표율과 비슷한 추세를 보이는 것에 착안해 구글이나 SNS의 검색 트렌드 분석을 선거판세 분석 도구로 활용하고 있다. 소셜 데이터를 분석하는 전문 조사 서비스업체들이 SNS상의 버즈(buzz) 분석을 기반으로 선거 결과를 예측하는 예측 모델을 제공하기도 한다. 구글의 구글 트렌드(Google Trends)를 활용하면 후보와 상대후보에 대한 관심도를 시·군·구 단위까지 시계열 분석이 가능하다. 아래 그래프는 20대 대통령선거 기간 중 구글 트렌드를 이용하여 이재명, 윤석열, 심상정 후보의 검색 트렌드를 비교 분석한 것이다. 투표일(3.9일) 전후에 윤석열 후보의 관심도가 이재명 후보보다 더 높게 나타났다.

구글 트렌드를 이용한 후보별 검색 추이 비교(제20대 대통령선거)

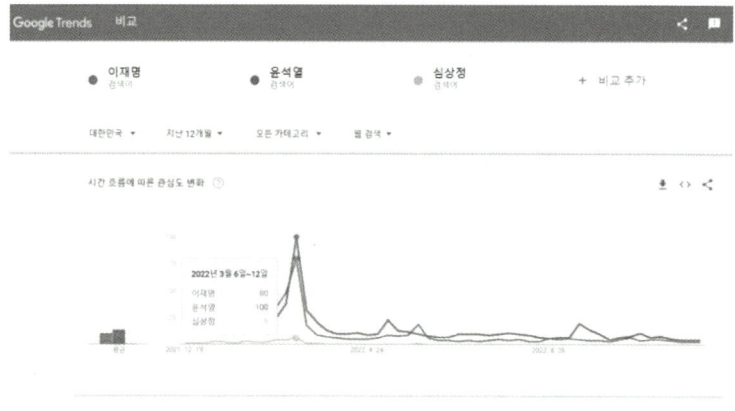

FGI 조사는 유권자 의식을 심층적으로 분석하기 위한 조사기법이다. 일종의 좌담회 형식으로 8명 내지 12명 정도의 유권자를 한 장소에 초청하여 2~3시간 가량의 긴 좌담을 통하여 여러 가지 정보를 찾아낸다. FGI에 참여하는 사람들은 후보를 적극 반대하거나 적극 찬성하는 사람은 배제하고 소극적으로 찬성 혹은 반대하거나 부동층 유권자 중에서 선정한다. 일반 여론조사에서는 한 주제에 대해서 피상적인 답변을 얻는 데 비하여 FGI는 왜 그렇게 되었는가, 또는 왜 그렇게 생각하느냐 등 유권자 마음속에 있는 동기와 이유를 파악할 수 있다. 후보와 경쟁후보가 유권자의 마인드에 어떻게 포지셔닝되어 있는지를 찾아내고 이를 2~3차원의 인식도(포지셔닝 맵)로 만드는데 매우 유용한 자료를 제공한다. 또한 참석자들의 생생한 대화 내용을 참관하거나 살펴보는 과정에서 컨셉트, 슬로건, 홍보물 등에 사용될 표현 문구나 새로운 아이디어를 개발하는 데 도움을 얻을 수 있다. 후보가 한쪽으로만 보이는 유리 뒤에서 FGI의 과정과 반응을 관찰할 필요가 있다.

이밖에 미국에서는 시청자 반응측정기 또는 인식분석기라는 전자도구를 사용하여 후보들의 TV 토론, 연설, 광고 등에 대한 유권자들의 평가를 얻어내는 방법이 이용된다. 후보가 말하는 동안 응답자(유권자)들이 수시로 그들의 반응을 손바닥만 한 작은 전자기계에 기록함으로써 후보의 말과 표현이 잘 되었는지를 측정하는 기법이다. 메시지의 효과를 평가하고 이후 메시지를 수립하는 데 활용된다.

● **당내 경선 또는 후보단일화를 위한 여론조사**

당내 경선이나 후보단일화를 위한 여론조사는 설문 내용보다는 대상자 선정이 더 큰 변수로 작용한다. 2002년 대선을 앞두고 이뤄진 노무현-정몽준 단일화에서 정몽준이 여론조사에서 패배한 원인은 역선택(이회창 지지자가 이회창 후보에게 좀 더 쉬운 노무현을 전략적으로 선택하는 것)이 아니라 대상자 선정에 있었다. 이회창 지지자나 한나라당 지지자에서는 정몽준 지지율이 노무현 지지율에 비해 상대적으로 높았다. 따라서 당시 후보단일화 여론조사에서 이회창 지지자를 제외하면 당연히 노무현 지지율이 높을 수밖에 없었다. 조사대상자 선정은 당내 경선 여론조사에서도 중요한 문제다. 조사 대상을 정당 지지층으로만 하느냐, 무당층이나 다른 정당 지지층을 포함하느냐에 따라 조사 결과에 엄청난 차이가 발생할 수 있다. 당내 경선에 참여하는 후보는 이 점을 잘 살펴보아야 한다.

4) 경쟁후보 분석

경쟁후보 분석은 유권자의 인식 속에 경쟁후보가 어떻게 포지셔닝되어 있는가를 파악하는 것이다. 특히 경쟁후보를 후보 자신과 비교하여 분석해야 한다. 이를 위해 경쟁후보의 고향, 가족관계, 개성(성격, 스타일 등), 정치적 입장, 인적·물적 자원 등을 파악한다. 또한 강점과 약점, 예상 선거전략을 분석한다. 경쟁후보의 프로필(학·경력), 도덕성(재산 상황, 세금 납부 실적, 병역 사항, 범죄기록, 주소이전 내역, 가족 내 특이사항 등), 사회활동, 특정사안에 대한 의견 및 말 바꾸기 여부 등에 대한 자료와 정보를 수집 분석한다. 경쟁후보가 현역의원이면 의정활동, 공약 이행 실적, 지역발전 기여도, 정치행적 등을 파악한다. 이러한 내용들은 경쟁후보와의 차별적 우위점을 포착하기 위해 꼭 필요하다. 또한 선거 과정에서 경쟁후보 검증을 위한 네거티브 전략의 소재로 활용할 수 있다.

6 후보분석

상황분석을 완료하면 후보를 분석할 차례다. 상대후보를 조사하듯 후보에 대해서도 개성, 경력, 정견, 인격, 강·약점 등을 철저하게 조사해야 한다. 후보분석은 선거전략 수립의 두 번째 단계로서 SWOT 분석, 포지셔닝 분석, 문제점 및 대응방안을 정리한다. 후보가 당면한 문제 속에 그 해결 기회가 들어있다. 문제 속에 기회가 있고 기회 속에 문제가 있다. 선거 캠페인으로 해결해야 할 문제점, 즉 선거전략의 과제를 도출하고 그에 대한 대응방안을 정리한다. 이를 바탕으로 다음 단계에서 선거 캠페인의 목표와 전략 방향을 정확히 설정할 수 있다.

1) SWOT 분석

지금까지 유권자를 둘러싼 상황과 경쟁후보를 분석하여 선거구의 특성, 유권자의 후보 선택 기준, 유권자의 주요 관심 사항, 경쟁후보의 강·약점 등을 파악했다. 이제 후보의 강·약점을 경쟁후보의 강·약점과 비교하여 SWOT 분석을 할 차례다. SWOT 분석은 기업의 내부 환경을 분석하여 강점(Strength)과 약점(Weakness)을 발견하고, 외부 환경을 분석하여 기회요인(Opportunity)과 위협요인(Threat)을 찾아내는 작업이다. 이를 토대로 강점은 살리고 약점은 제거하며, 기회는 활용하고 위협은 억제하는 마케팅 전략을 수립한다. 선거마케팅에서도 SWOT 분석이 널리 이용된다. 강점은 경쟁후보와 비교하여 유권자로부터 강점으로 인식되는 것, 약점은 경쟁후보와 비교하여 유권자로부터 약점으로 인식되는 것을 말한다. 기회는 외부 환경에서 유리한 기회요인은 무엇인지, 위협은 외부 환경에서 불리한 위협요인은 무엇인지를 찾아내는 것이다. SWOT 분석은 선거전략 수립 1단계인 상황분석에서 조사 및 분석된 결과를 활용하여 강점 부각, 약점 제거, 기회 활용, 위협 억제를 위한 전략적 방안을 도출한다. SWOT 분석을 할 때 강점과 기회, 약점과 위협을 혼동하는 경우가 있다. 강점과 약점은 후보가 가지고 있는 내부 요인 또는 주체적 요소이고, 기회와 위협은 후보를 둘러싸고 있는 외부 요인 또는 객관적 요소이다.

2) 포지셔닝 분석

SWOT 분석이 이루어지면 유권자의 마인드에서 후보가 차지하고 있는 포지션(position)을 확인한다. 후보가 유권자에게 어떻게 인식되고 평가받는지, 유권자의 눈에 비친 후보의 이미지는 어떠한지 분석한다. 후보가 정당 후보라면 소속 정당의 포지션도 분석한다. 중요한 점은 후보의 포지션을 경쟁후보와 비교해서 분석하는 것이다. 이렇게 해야 경쟁후보와 차별화하고 우위를 확보할 수 있는 포인트를 추출할 수 있다.

포지셔닝 분석은 1단계에서 파악한 '유권자가 후보를 선택하는 기준'을 중심으로 이루어져야 한다. 뒤에서 설명하겠지만, 선거전략의 핵심인 선거 테마는 후보가 공략하고자 하는 유권자, 즉 표적 유권자(target audience)에게 후보가 제공할 수 있는 이익과 경쟁후보와의 차별적인 우위를 동시에 포괄하여 압축적으로 표현하는 것이다. 말하자면 "다른 후보가 아닌 바로 내가 유권자의 요구와 이익을 채워줄 수 있다"라는 점을 설득력 있게 만드는 것이다.

먼저 후보 인식도(포지셔닝 맵, positioning map)를 작성한다. 포지셔닝 맵은 유권자의 마음속에 있는 후보와 경쟁후보들의 위치를 2차원 혹은 3차원의 도면으로 작성한 것이다. 포지셔닝 맵을 작성할 때 가장 중요한 것이 지표 선정이다. 만약 유권자들이 지지 의사를 결정할 때 별로 중요하지 않게 생각하는 지표를 적용하여 포지셔닝 맵을 작성하고 여기에 기초해서 전략을 수립한다면 그 전략은 유권자에게 호소력을 갖기는커녕 외면당할 가능성이 높다. 예를 들어, 유권자들이 지지 후보를 선택할 때 '변화와 새로움'을 가장 중요한 기준 또는 지표로 생각하는데, 강인함과 친근함을 양축으로 놓고 포지셔닝 맵을 작성하고 이를 바탕으로 포지셔닝 전략을 '친근한 후보'의 이미지를 구축하는 방향으로 설정한다면 선거 캠페인은 실패할 가능성이 높다. 유권자가 중요하게 생각하는 중요한 기준도 정치적 환경 변화 등의 외부 요인에 따라 달라진다. 따라서 다양한 기준 중에서 유권자들이 지지 후보를 선택할 때 가장 중요하게 간주하는 기준을 선정하되, 후보나 참모의 생각에만 의존하는 데서 벗어나 정확한 유권자 조사를 거칠 필요가 있다. 이처럼 포지셔닝 맵은 유권자의 머리와 가슴을 이해한 뒤에 작성해야 한다.

포지셔닝 맵은 다음 5가지 측면에서 유용한 정보를 제공한다.

첫째, 후보의 현 위치를 파악해준다. 후보가 유권자에게 어떻게 인식되고 있는지 보여준다.

둘째, 유권자 마인드의 빈 곳을 밝혀준다. 동일 범주에 있는 모든 후보와의 차이를 빠르고 정확하게 인식할 수 있게 한다. 또한 후보들이 유권자의 욕구를 충족시켜 주지 못하는 빈 곳을 확인하게 해준다.

셋째, 경쟁 상황을 알려준다. 후보의 위치와 가까운 경쟁후보가 누구이며 후보 주변에 얼마나 많은 수의 경쟁후보가 있는지를 알려준다. 포지셔닝 맵에서 가장 가까운 거리에 있는 후보일수록 서로 경쟁 관계에 있다.

넷째, 이상점(ideal point)을 파악해 준다. 유권자가 가장 이상적으로 생각하는 후보의 속성을 파악해 줌으로써 테마 선정, 컨셉트 개발, 후보 이미지 개선을 위한 기준점으로 삼을 수 있다.

다섯째, 선거 캠페인의 효과를 측정할 수 있게 해준다. 후보의 위치를 추적·조사하며 포지셔닝 맵을 작성함으로써 의도한 대로 포지셔닝이 되었는지 확인할 수 있다. 이를 통해 캠페인 전략의 정확성과 효율성을 확인할 수 있다.

포지셔닝 맵의 예시를 아래에 제시하였다. 아래 포지셔닝 맵을 보면 유권자의 후보 선택 기준이 '변화' 대 '안정'이라는 가로축과 '새로운 리더십'과 '경륜의 리더십'이라는 세로축으로 설정되어 있다. '포지셔닝 맵 1'에서 재선 현역의원인 D의 입장에서 전직 국회의원 C가 가장 가까운 경쟁자다. 그런데 '포지셔닝 맵 1'에 '새로운 리더십/안정'의 사분면이 비어 있다. 따라서 D는 '포지셔닝 맵 1'의 비어 있는 공간인 '새로운 리더십/안정'의 사분면으로 포지션을 재설정('포지셔닝 맵 2' 참조)할 필요가 있음을 알 수 있다. 이처럼 경쟁 상황과 유권자 욕구(후보 선택 기준)의 변화에 따라 후보의 포지션을 다시 설정하는 것을 재포지셔닝(repositioning)이라고 한다. 후보는 당초 포지셔닝에 안주하지 않고 철저한 조사를 통해 포지션을 추적해 보고 상황 변화에 맞춰 새로운 포지션을 개발하는 재포지셔닝 전략을 수행할 수 있다. 그러나 유권자의 머릿속에 각인된 후보의 이미지를 단기간에 바꾸기는 매우 어려운 일이므로 재포지셔닝은 최초의 포지셔닝에 비해 성공하기가 훨씬 어렵다.

👉 포지셔닝 맵 1

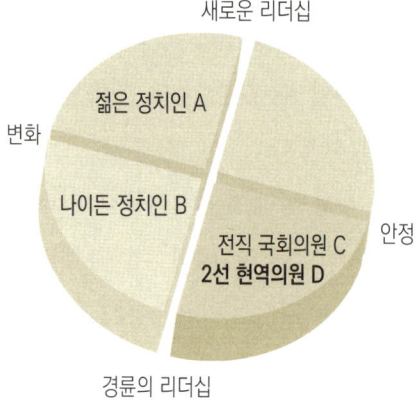

👉 포지셔닝 맵 2

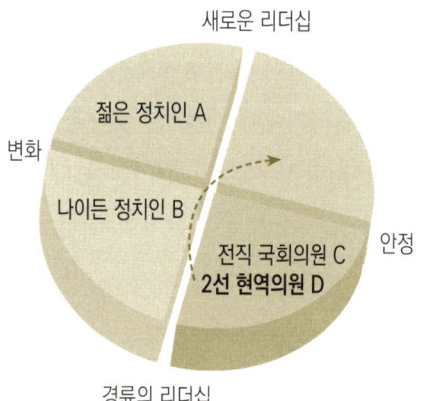

68 승리의 기술

3) 문제점 및 대응방안

SWOT 분석을 거쳐 문제점을 도출하고 그 문제점별로 대응방안을 정리한다. 이제 선거전략 수립의 2단계가 마무리되었다. 후보분석에서 정리된 내용을 근거로 하여 선거전략의 목표와 과제, 전략 방향을 수립하는 단계, 즉 선거기본전략 수립 단계로 들어갈 차례다.

 현역의원인 후보의 '문제점 및 대응방안 (예시)

문제점	대응방안
현역의원 물갈이론	**〈큰 인물론〉 확산** - 다시 당선되면 '힘 있는 정치인'으로서 지역발전의 큰 일꾼이 된다는 논리 전파 **〈대세론〉 확산** - 여론조사 지지도 1위 조사 결과 확산으로 본선 경쟁력 부각 - 주요 인사의 릴레이 지지 선언으로 밴드웨곤 효과 창출 **의정활동 및 지역발전 성과 집중 홍보**

선거기본전략 (1)
선거목표 설정

선거기본전략은 선거전략 수립의 세 번째 단계다. 선거전략 수립의 기초 단계인 상황분석 및 후보분석에서 도출된 시사점을 바탕으로 수립한다. 선거기본전략 수립 단계는 선거목표 설정, 유권자 타깃팅, 선거테마 선정, 전략기조 수립 등 4개 항목으로 구성된다. 선거기본전략은 선거 캠페인의 목표와 방향을 제시하며 선거실행전략 수립의 기준점이 된다. 선거 캠페인의 모든 과정이 선거기본전략이 제시하는 목표와 방향에 따라 실행되어야 기대하는 캠페인의 효과를 거둘 수 있다.

선거목표는 선거 캠페인의 기획부터 집행까지 전 과정에 통일성을 부여하며 선거 캠페인 실시 후 그 효과를 정확하게 평가할 수 있도록 해준다. 선거목표는 정치적 목표와 득표목표로 구분할 수 있다. 후보가 선거에서 달성하려는 정치적 목표에는 당선을 목표로 하는 경우, 차기 선거를 목표로 하는 경우, 이념 전파를 목표로 하는 경우 등이 있다. 대부분의 후보에게 선거목표는 당연히 당선이다. 차기를 목표로 하는 경우에는 선거 이후 자신에게 정치적 영향력을 보장해 주기에 충분한 득표 획득을 목표로 한다. 20대 대통령선거 안철수, 17대 대통령선거 이회창, 15대 대통령선거 이인제 등이 여기에 해당한다. 국회의원선거에서 당선되지 못하더라도 꾸준하게 출마하여 인지도와 조직 기반을 확보하여 마침내 당선되는 사례들이 있다. 국민의힘 이정현 전 의원은 보수정당의 불모지인 광주와 전남 순천에서 4번 출마한 끝에 지역구 국회의원에 두 번 당선되었다. 이념 전파를 목표로 하는 경우는 후보나 정당의 명성을 높이고 이미지를 제고하며 이념을 전파하거나 다음 선거에 대비하여 자신의 열성 지지자를 확보하는 기회로 간주한다. 주로 진보정당 후보들이 이 경우에 해당한다. 19대 및 20대 대통령선거 심상정, 16대 및 17대 대통령선거 권영길, 14대 대통령선거 백기완 등이 이념 전파를 목표로 선거에 임했다고 볼 수 있다.

정치적 목표를 설정하면 그 목표를 달성하는 데 필요한 득표목표를 수립한다. 소선거구제에서는 일반적으로 당선을 목표로 할 경우 과반수를 득표해야 하지만 선거 구도가 양자 구도인지, 다자 구도인지 등에 따라 득표목표가 달라질 수 있다. 흔히 득표목표를 과장되게 수립하는 경향이 있다. 그러나 대외 홍보용 목표와 실제 전략용 목표는 구분하여 설정한다. 전략 수립을 위한 득표목표는 과학적이고 세밀한 검토를 거쳐 현실성 있게 수립한다. 전략용 득표목표를 설정하고 나면 대외 홍보와 지지자 사기 진작을 위해 목표를 적절하게 높인 홍보용 득표목표를 내세울 수 있다. 득표목표는 예상하는 전체 득표수와 득표율을 제시하고 이를 토대로 대통령선거의 경우 읍·면·동 단위까지, 국회의원선거에서는 투표구 단위까지 목표 득표수와 득표율을 설정한다. 득표목표를 설정하는 방법에는 탑 다운(top-down) 방식과 바텀 업(bottom-up) 방식이 있다. 탑 다운 방식은 전체 득표목표를 세워놓고 지역별, 부문별로 목표 득표수를 할당하는 방식이고, 바텀 업 방식은 지역별, 부문별 목표 득표수를 먼저 세우고 이를 합산하여 전체 득표목표를 설정하는 방식이다.

득표목표를 설정하는 방법을 구체적으로 알아보자. 득표목표 설정을 위해 예상투표율과 당선에 필요한 득표수를 산출한다. 먼저 선거연도가 다른 동일한 선거 3개의 투표율 평균을 계산하여 예상투표율을 추정한다. 예를 들어 다음 총선의 예상투표율을 산출하기 위해서는 최근 실시된 3차례 총선의 투표율을 합산하고 이를 3으로 나누어 평균 득표율을 계산한다. 그런데 2013년 사전투표제가 실시된 이후 총선 투표율이 급상승했다. 서울시의 경우 사전투표제 도입 전 총선 투표율(2012년 19대 총선 투표율)이 55.5%였는데 사전투표제 도입 이후인 2016년 20대 총선에서 59.8%를 기록하여 직전 총선보다 4.3%포인트 올랐다. 2020년 21대 총선 투표율은 68.2%로 직전 총선에 비해 무려 8.4%포인트 높아졌다. 총선 투표율이 8년만에 거의 13%포인트나 상승했다. 따라서 사전투표제 도입 전인 19대 총선 투표율을 제외하고 대신 2014년 6대 지방선거(자치단체장선거) 투표율을 포함하여 평균 득표율을 계산한다.

22대 총선 예상 투표율 =

(6대 지방선거 투표율 + 20대 총선 투표율 + 21대 총선 투표율) ÷ 3

아래 표 '투표율 추이 분석'을 이용하여 위 공식을 적용하면 서울시 22대 총선 예상투표율이 62~63% 가량 된다. 같은 방식대로 산정하면 용산구의 22대 총선 예상투표율은 60~61% 정도 된다(앞에서 투표율을 예측할 때 정권, 정당, 현직자를 심판하려는 유권자의 분노투표 여부를 고려할 필요가 있다고 설명한 것을 상기해 보자).

투표율 추이 분석 양식(서울시/용산구)

구분	19대 총선 (12.04.11)	19대 대선 (12.12.19)	6대 시장선거 (14.06.04)	20대 총선 (16.04.13)	19대 대선 (17.05.09)	7대 시장선거 (18.06.13)	21대 총선 (20.04.15)	20대 대선 (22.03.09)	8대 시장선거 (22.06.01)
전국(A)	54.2%	75.8%	56.8%	58.1%	77.2%	60.2%	66.2%	77.1%	50.9%
서울(B)	55.5%	75.1%	58.6%	59.8%	78.6%	59.9%	68.2%	77.9%	53.2%
B-A	1.3%	-0.7%	1.8%	1.7%	1.4%	-0.3%	2%	0.8%	2.3%
용산(C)	52.0%	71.5%	57.8%	57.7%	74.8%	58.0%	66.5%	76.4%	52.6%
C-B	-3.5%	-3.6%	-0.8%	-2.1%	-3.8%	-1.9%	-1.7%	-1.5%	-0.6%

예상투표율을 산출한 다음 예상 선거인 수에 예상투표율을 곱하여 예상 투표자 수를 계산한다.

예상 투표자수 = 예상 선거인수 × 예상투표율

당선에 필요한 득표수는 후보자간 경쟁양상을 고려하여 산정한다. 가령 선거인수가 10만명이고 예상투표율이 50%인 선거구에서

2명이 경쟁할 경우 당선에 필요한 득표 수는 2만 5,001표가 된다. 그런데 유력 후보 2명이 경합하고 다소 처진 후보 1명이 경쟁하는 것처럼 경쟁 구도가 복잡할 경우 당선에 필요한 득표수가 줄어들 것이고, 득표수 계산에는 정치적 지혜와 판단이 요구된다.

선거기본전략 (2)
유권자 타깃팅

표적집단(target audience)은 후보의 메시지에 가장 강하게 반응하는 유권자층이다. 표적집단은 선거 캠페인으로 공략해야 할 유권자 집단으로서 대체로 강한 지지층뿐만 아니라 잠재적 지지층(약한 지지층, 부동층, 약한 반대층)까지 포괄한다.

유권자 타깃팅은 표적집단 선정(target group selection)을 뜻한다. 유권자에 대한 인구통계학적·심리학적 분석과 행동적 세분화를 통해 핵심 목표 유권자층을 찾아내는 작업이다. 정확한 유권자 타깃팅은 선거전략의 가장 핵심적인 사항 중 하나이다. 전쟁터에서 표적을 잘못 선정하여 발포(發砲)하는 경우를 상상해 보라.

유권자 타깃팅이 필요한 이유는 첫째, 후보나 정당이 활용할 수 있는 시간이나 자원이 한정되어 있기 때문이다. 부족한 자원과 수단으로 모든 유권자를 대상으로 선거 캠페인을 전개하는 것은 불가능하고 불필요하다. 따라서 후보를 지지할 만한 유권자층을 선별해서 이들에게 자원을 집중하는 것이 선거 캠페인의 효율성을 높인다. 후보가 자신을 강하게 반대하는 유권자에게 지지를 호소하는 것은 헛된 수고에 불과하다. 강력한 반대자들은 반대하는 후보는 물론이고 그 후보의 모든 것을 미워한다. 그 후보가 아무리 훌륭한 일을 해도 강력한 반대자의 눈에는 그것이 훌륭한 일로 보이지 않는다. 반면 강력한 지지자들은 지지 후보로부터 푸대접받고 있다고 느끼지만 않는다면 절대로 다른 후보에게 눈길을 돌리지 않는다. 따라서 정확한 유권자 타깃팅은 강력한 반대자나 강력한 지지자에게 쏟을 수 있는 에너지의 낭비를 막아준다. 그 노력을 자신을 지지할 가능성이 있거나 태도가 분명하지 않은 유권자에게 쏟는다면 선거 캠페인의 효과를 2배 이상 높일 수 있다.

둘째, 유권자의 요구와 관심이 다양해지고 정치 불신 심화로 부동층이 증가하고 있기 때문이다. 다양한 유권자의 성향과 요구를 정확히 파악하고 이를 바탕으로 일정한 기준에 의해 집단을 분류함으로써 이들을 상대로 맞춤형 캠페인을 전개해야 선거 캠페인의 정확성이 높아진다. 그러나 후보들은 대개 모든 유권자를 상대로 호소하려는 유혹에 빠져들기 쉽다. 1960년 미국 대통령선거에서 닉슨은 자신이 나라의 지도자로서 전국 모든 지역에 관심이 있음을 알리려는 의도에서 전국 방방곡곡을 찾아다니겠다고 선언했다. 닉슨은 전국을 돌아다니느라 여러 차례 찾아가 집중적으로 유세해야 하는 주요 유권자들과 접전 지역을 소홀히 하게 되었다. 이미 수중에 들어있던 표를 관리할 시간을 확보하지 못하고 50개 주를 여행하느라 심신이 지쳐 버렸다.

유권자 타깃팅은 마케팅 전략의 핵심인 STP(Segmentation, Targeting, Positioning) 전략을 활용한다. STP는 유권자 세분화(Segmentation) → 표적 유권자 선정(Targeting) → 포지셔닝(Positioning)의 과정에 따라 이루어진다.

👉 STP 전략을 이용한 유권자 타깃팅 과정

유권자 세분화 (Segmentation)	• 일정한 기준에 의해 몇 개의 동질적인 유권자 집단으로 구분 • 세분화된 유권자 집단의 욕구 파악
표적 유권자 선정 (Targeting)	• 집중적으로 공략할 유권자집단 선정
포지셔닝 (Positioning)	• 후보가 표적 유권자 마음속 어디에 위치하고 있는가? • 후보를 표적 유권자 마음속 어디에 위치시킬 것인가? • 누가 경쟁후보인가? • 표적 유권자의 머릿속에 어떻게 남겨질 것인가? • 표적 유권자에게 어떤 모습으로 보이고 싶나?

1) 유권자 세분화(Segmentation)

유권자 세분화는 타깃(표적집단)을 좁히기 위한 과정이다. 타깃 선정을 위해서는 먼저 유권자를 일정한 기준에 따라서 몇 개의 동질적인 집단으로 나눈다. 전체 유권자를 동일하거나 비슷한 욕구를 가진 유권자들로 구성된 몇 개의 집단으로 세분화하는 것이다. 유권자 세분화는 상황분석 단계에서 유권자 분석을 통해 파악한 내용을 활용한다. 유권자를 인구통계학적 기준, 지리적 기준, 행동적 기준 등을 적용하여 세분화한다.

> **유권자 세분화 기준**
>
> - **인구통계학적 변수**
>   - 연령, 성별, 직업, 소득 수준, 교육 수준, 가족 규모, 거주 형태, 종교 등
> - **지리적 변수**
>   - 지역, 인구밀도, 인구수, 도시 규모(대도시·중소도시·시골 등), 생활권 등
> - **행동적 변수**
>   - 정치 관심도, 투표 참여도, 후보 인지도, 후보 지지도, 정당 충성도, 지지 성향 등

인구통계학적 세분화는 연령, 성별, 직업, 소득수준, 교육수준, 가족 규모, 거주 형태, 종교 등으로 유권자를 구분한다. 지리적 세분화는 지역, 인구밀도, 인구수, 도시 규모 등으로 유권자를 세분화하는 방법이다. 대통령선거에서는 광역자치단체 또는 광역자치단체 내의 생활권을 기준으로 지역을 구분한다. 국회의원선거는 선거구 내의 시·군·구(2개 이상의 시·군·구를 포함하는 복합선거구의 경우), 읍·면·동, 생활권 등을 기준으로 분류한다. 행동적 세분화는 정치에 대한 관심도, 투표 참여도, 후보 인지도, 후보 지지도, 정당 충성도 등의 정치적 태도와 성향에 따른 분류이다. 유권자를 지지 강도에 따라 크게 고정표(fixed voter), 반대표(dissenting voter), 미결정표(undecided voter)로 나눌 수 있다. 고정표에는 적극 지지표와 소극

지지표가 있고 반대표 역시 적극 반대표와 소극 반대표가 있다. 미결정표는 지지 후보를 결정하지 못한 유권자다. 소극 지지표와 소극 반대표는 지지 후보를 변경할 가능성이 있는 스윙 보터(swing voter), 즉 유동표(floating voter)다. 부동표는 스윙 보터(유동표)와 미결정표를 포함한다. 부동층의 규모와 특성을 분석하는 것이 중요하다. 선거는 대체로 부동층이 승패를 결정하기 때문이다.

부동층은 누구인가?

부동층에는 유동표(swing voter 또는 floating voter)와 미결정표(undecided voter)가 있다. 유동표는 정당에 대한 충성도나 지지 강도가 낮아서 선거 상황에 따라서 지지하는 정당 또는 정당 후보가 달라지는 표를 뜻한다. 최종적으로 결정한 것은 아니지만 지금 같아서는 어느 후보를 찍겠다고 대답하는 유권자다. 여론조사 때마다 지지 후보를 바꾸게 되는 경우가 많다. 또한 마음으로는 이미 지지 후보를 결정했으면서도 개인적 또는 정치적·사회적 이유로 여론조사에서 밝히지 않는 경우도 있다. 이러한 침묵의 지지 부동표를 정확하게 파악해 내야 한다. 침묵의 지지 부동표를 흔히 샤이표(shy voter)라고 한다. 언론사의 선거 당락 예측 여론조사에서 종종 잘못된 결과가 나타나는 이유는 샤이표를 파악하지 못하기 때문이다.

미결정표는 여론조사 실시 당시 찍을 후보가 정해지지 않았다고 대답하는 사람이다. 여기에는 선거에 전혀 관심이 없거나 투표를 기권하려는 유권자가 다수 포함된다. 미결정표는 주로 젊은 유권자에게서 발견된다. 중앙선거관리위원회가 2020년 21대 국회의원선거, 그리고 2022년 20대 대통령선거와 관련하여 실시한 '유권자 의식조사'에서 투표 1주일 전부터 선거일 사이에 지지 후보를 결정한 유권자가 21대 국회의원선거는 34.2%, 20대 대통령선거는

20%를 차지한 것으로 나타났다. 이들은 주로 20~30대와 학생층에서 많이 나타나는데 야권(진보) 성향이 높은 편이다. 반면 선거일 3주 이상 전에 이미 지지 후보를 결정한 응답자는 22대 국회의원선거는 41.8%, 21대 대통령선거는 56.1%였다. 이들은 주로 60대 이상과 자영업자들로 여권(보수) 성향이 강하다. 선관위 조사는 부동층 공략이 주로 젊은 층을 상대로 이루어져야 한다는 점을 시사한다. 선거전략을 수립할 때 이들의 태도와 욕구를 분석하고 대책을 마련하는 것이 무엇보다 중요하다.

지지후보 결정 시기(20대 대통령선거)

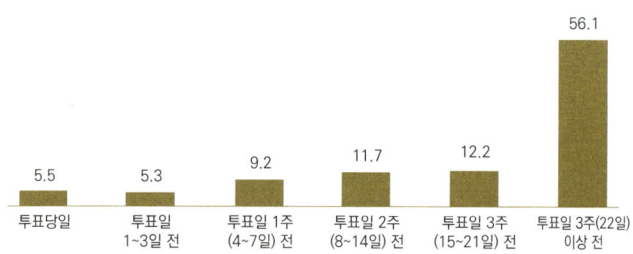

* 출처 : 제20대 대통령선거 유권자 의식조사(중앙선거관리위원회, 2022년)

지지후보 결정 시기(21대 국회의원선거)

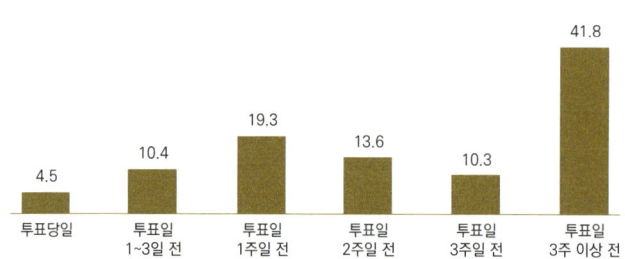

* 출처 : 제21대 국회의원선거 유권자 의식조사(중앙선거관리위원회, 2020년)

2) 표적 유권자 선정(targeting)

유권자 타깃팅은 승부를 결정짓는 표(deciding vote)를 찾아내는 것이다. 타깃팅의 핵심은 시간과 자원의 불필요한 낭비를 줄이면서 선거운동의 정확성을 높이는 데 있다. 제1순위 공략 대상은 지지자이지만 투표에 적극적이지 않은 유권자와 투표에 적극적이지만 지지가 약한 유권자다. 제2순위는 중도층이다. 이들은 진보적 생각과 보수적 관점의 두 가지 가치관이 내면에서 충돌하는 유권자다. 제3순위는 상대후보를 약하게 지지하는 사람들이다.

(1) 표적 유권자 선정 기준

세분화한 유권자 집단 가운데 집중적으로 공략할 표적(target)을 선정할 차례다. 표적집단 선정은 3가지 기준으로 이루어진다.

첫째, **집단의 매력**도다. 공략하고자 하는 집단이 지지율, 투표율 등에 있어서 노력을 기울일 만한 규모가 되거나 의미가 있어야 한다. 후보를 강하게 반대하는 집단, 유권자 수가 너무 적거나 투표율이 낮은 집단은 선정할 필요가 없다.

둘째, **후보와의 적합성**이다. 매우 진보적인 후보가 매우 보수적인 집단을 공략하는 것은 의미가 없다. 유권자 집단이 후보의 성향이나 특성과 어울리는지, 경쟁후보와 비교하여 우위에 있거나 그럴 가능성이 있는지 등의 적합성을 고려해야 한다.

셋째, **집단의 경쟁 정도**이다. 선거의 승패를 좌우하는 집단에 대해서는 후보 간 경쟁이 치열하게 벌어진다. 전략적으로 중요한 집단은 반드시 차지해야 한다. 그런데 가끔 유권자 세분화를 통해 매력도가 있는데도 경쟁후보들이 놓치고 있는 틈새 집단을 발견할 수 있다. 지지기반이 취약하고 확고한 포지션을 확보하지 못한 정치 신인일수록 경쟁이 치열한 집단보다 경쟁이 치열하지 않은 틈새집단을 공략하는 것이 초기 지지층 확보에 큰 도움이 된다.

집단의 매력도, 후보와의 적합성, 집단의 경쟁 정도를 측정하여 후보에게 중요하다고 생각하는 부분에 가중치를 부여한 뒤 이들의 점수를 합쳐 가장 높은 점수를 받은 집단을 표적집단으로 선정한다.

(2) 역대선거를 활용한 공략지역 선정

서울, 인천, 경기 등 수도권을 중심으로 대규모 개발로 새로운 입주민이 과거 주민과 완전히 다른 경우가 있다. 이런 지역은 유권자 구성이 바뀌므로 투표성향도 바뀐다. 그러나 이러한 경우를 제외하면 지역의 투표성향은 시간이 흘러도 대체로 유지된다. 투표율이 높은 도시는 8년 후에도 높은 투표율을 보여준다. 개인은 변하지만, 공동체는 그대로 있게 된다. 따라서 역대선거 결과를 분석하면 공략지역을 선정할 수 있다.

역대선거 결과를 분석하여 강세 지역, 경합 지역, 약세 지역으로 구분하고, 이를 통해 공략 지역을 선정하는 방법으로써 TS(Ticket Splitter) 분석이 활용된다. TS 분석은 양당제가 정착된 미국에서 이용되고 있다. 우리나라도 기본적으로 양당 구도가 유지되어 왔기 때문에 유용하게 적용할 수 있다. TS 분석은 적어도 2개 이상의 과거 선거를 비교하여 지지 정당을 바꾼 유권자가 많은 지역, 즉 유동표(swing voter 또는 flaoting voter)가 많은 지역을 타깃으로 설정하는 방법이다. TS 분석은 정당을 기준으로 투표하는 유권자들은 지지 강도가 강하기 때문에 타깃으로 선정할 필요가 낮다는 가정에 근거하고 있다. 정당보다 후보를 기준으로 투표하는 유권자들이 타깃이 되어야 한다는 뜻이다. TS 비율은 특정 정당이 과거 선거들에서 '가장 많은 득표를 한 비율에서 가장 적게 득표한 비율을 뺀 것'으로서, 이 수치가 가장 높은 지역을 먼저 공략해야 할 타깃 지역으로 선정한다.

TS 분석 공식 =
(과거 선거 중 A당의 최고 득표율) − (과거 선거 중 A당의 최저 득표율)

A 정당의 TS 비율

지역	2020년 총선	2022년 대선	22년 시장선거	(순위) TS비율
'가' 동	20%	45%	35%	① 45-20 = 25%
'나' 동	40%	30%	50%	② 50-30 = 20%
'다' 동	30%	35%	40%	③ 40-30 = 10%
'라' 동	40%	35%	40%	④ 40-35 = 5%

위 표에서는 가, 나, 다, 라 동으로 구성된 국회의원선거구를 대상으로 과거 이 지역 대통령선거, 국회의원선거, 광역단체장선거에서 기록한 A당의 득표율로 TS 지수를 산출하였다. A당이 '가'동에서는 2022년 대선에서 가장 높은 득표율을 기록하였고 2020년 총선에서

득표율이 가장 낮았으므로 2022년 대선 득표율에서 2020년 총선 득표율을 뺀 수치가 TS 비율이다. A당의 입장에서 '가'동은 최저 득표율, 즉 정당 기본표가 20%이고 A당 후보의 경쟁력과 선거 상황에 따라 지지를 보내거나 지지하지 않는 25%의 유동표가 있는 곳이다. 따라서 유동표 비율이 가장 높은 '가'동이 첫 번째 타깃이 된다. 모든 지역에서 TS 지수를 계산한 결과 '가'동, '나'동, '다'동, '라'동의 순으로 공략할 순서가 정해졌다.

TS 분석을 할 때 유의할 사항이 있다. 첫째, 지나치게 과거의 자료는 시의성이 떨어지므로 최근 10년 안에 실시된 선거들을 대상으로 분석한다. 둘째, 비교되는 선거의 경쟁 구도가 같아야 한다. 예를 들면 한 선거에서는 A당과 B당의 후보가 출마하고, 다른 선거에서는 A, B, C 당 등 세개의 유력 정당 후보가 출마했다면 경쟁 구도가 다르기 때문에 정확한 TS 분석이 어렵다. 셋째, 정당보다 인물 위주로 투표가 이루어지는 선거구에서는 TS 분석을 적용하기 어렵다. 농촌 선거구의 경우 후보의 출신 지역에 따라 지역별 표 쏠림 현상이 강하게 나타나 정당 득표율의 부침이 매우 심하다. 이런 지역에서는 TS 분석이 정확하지 못하다.

그렇다면 후보에 따라 정당 득표율이 들쭉날쭉한 인물 위주의 투표가 이루어지는 선거구에서는 TS 분석을 어떻게 할 수 있을까? 우선 특정 정당이 일정 기간(예를 들면 10년 동안) 실시된 여러 차례의 선거에서 기록한 각각의 득표율을 합산하여 평균 득표율을 산출한다. 정당의 평균 득표율을 구하면 후보에 따라 정당 득표율이 선거 때마다 춤추듯 편차가 과도하게 발생하는 것을 어느 정도 통제할 수 있다. 따라서 인물 위주의 선거구에서는 특정 정당의 평균 득표율에서 그 정당이 기록한 최저 득표율을 뺀 수치가 TS 지수가 된다.

TS 분석 수정 공식 =

(과거 선거에서의 A당 평균 득표율) − (과거 선거 중 A당의 최저 득표율)

※ A당의 평균 득표율 = [(a 선거에서 A당 득표율)+(b 선거에서 A당 득표율)+
(c 선거에서 A당 득표율)+(d 선거에서 A당 득표율)] ÷ 4

아래 표에서는 수정 공식을 적용하여 TS 비율을 산출하였다. '나' 동, '가' 동, '다' 동, '라' 동의 순으로 타깃이 설정되었다.

A정당의 TS 비율(수정공식 적용)

지역	2020년 총선	2022년 대선	22년 시장선거	(순위) TS비율
'가' 동	60%	50%	55%	② 55-50 = 5%
'나' 동	40%	30%	45%	① 38.3-30 = 8.3%
'다' 동	30%	25%	30%	③ 28.3-25 = 3.3%
'라' 동	40%	20%	25%	④ 21.7-20 = 1.7%

(3) 지지 강도에 따른 유권자 타깃팅

지지 성향 또는 지지 강도라는 행동학적 기준으로 선거 상황에 따라 타깃을 다르게 선정할 수 있다. 유권자는 후보를 지지하는 강도(强度)에 따라 적극 지지층, 소극 지지층, 미결정층, 소극 반대층, 적극 반대층으로 분류한다. 만약 선거에서 우세한 입장에 있다면 적극 지지층과 소극 지지층, 나아가 소극 반대층에서까지 폭넓게 지지를 받고 있다고 볼 수 있다. 이 경우 제1 타깃은 아직 지지 후보를 결정하지 못한 미결정층(undecided voter)을 겨냥하면 된다. 판세가 경합 상황, 즉 백중 우세나 백중 열세, 또는 초경합인 경우 타깃을 보다 넓혀 소극 지지층과 미결정층은 물론 소극 반대층까지 공략해야 승산이 생긴다. 현저하게 열세인 경우 차기를 겨냥하는 정치적 목표를 갖고 있다면 적극 지지층에게만 뚜렷한 인상을 남기고 그것을 기반으로 차기를 노릴 수 있다. 당장은 열세에 있지만 역전 가능성이 있다고 판단할 경우 우선은 적극 지지층과 소극 지지층까지 타깃을 설정하고 이를 기반으로 미결정층과 소극 반대층까지 공략하는 단계별 전략을 쓸 수 있다.

3) 포지셔닝(Positioning)

유권자 세분화와 표적 유권자 선정이 끝나면 STP 전략의 마지막 단계인 포지셔닝 차례다. 포지셔닝은 표적 유권자의 마음에 후보를 어떻게 인식시킬 것인가를 뜻한다. 포지셔닝은 유권자의 마음속에 그려져 있는 후보의 이미지를 확인하는 데서 출발한다. 이를 위해 FGI, 대인면접조사 등이 활용된다. 포지셔닝 분석을 통해 유권자가 바라는 이상적 위치와 후보의 현재 위치 사이에 거리가 있다면 그 이미지 간격을 좁히기 위하여 어떠한 이미지를 강화하거나 새롭게 추가할 것인가 하는 캠페인 전략이 나오게 된다.

포지셔닝 사례로 13대 대통령선거에서 노태우 후보의 전략을 살펴보자. 노태우 측은 먼저 유권자의 욕구 분포를 파악하였다. 당시 유권자들의 욕구(needs)를 강한 지도력과 권위적이지 않은 친근한 지도자를 세로축으로, 변화·개혁과 보수·안정을 가로축으로 하여 나누어 볼 수 있었다. 그리고 사분면별로 집단의 규모와 특성을 파악했다. 강한 리더십과 보수·안정을 추구하는 집단이 35%로 가정주부(35세 이상), 안정층, 기득권층이었다. 비권위적이고 보수·안정을 원하는 집단이 30%로 남자 장년층(35세 이상), 안정층, 기득권층이었다. 비권위적이고 변화·개혁을 바라는 집단이 10%였고 주로 30대 대졸 출신 지식인이 많았다. 강한 리더십과 변화·개혁을 바라는 집단은 25%로 사회 불만층이 많은 것으로 나타났다.

13대 대선 시 유권자의 욕구 구조

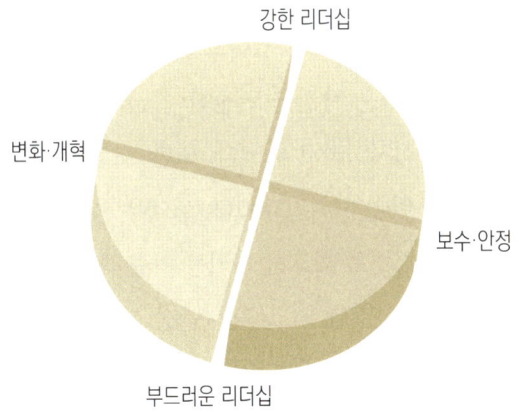

유권자 욕구의 크기 분포도

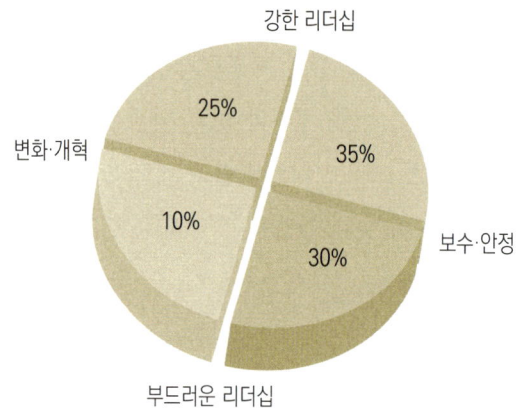

당시 노태우는 유권자 욕구의 크기가 가장 큰 보수·안정층에 위치하고 있었지만, 군부 출신이라는 부정적인 이미지를 안고 있었다. 같은 보수·안정층의 지지를 받으면서 부드러운 이미지의 김영삼이 껄끄러운 상대일 수밖에 없었다. 노태우는 본인의 이미지를 좀 더 부드러운 쪽으로 확대할 필요가 있다고 보았다. 그래서 어린 소녀를 안고 귓속말을 듣고 있는 사진을 연출하여 군 출신의 딱딱하고 강압적인 이미지를 불식시키려고 하였다. 또한 '보통사람의 시대'라는 슬로건으로 친근한 이미지를 전달했다. 노태우 측은 이미지를 확장하면서도 자신의 포지션을 확고히 지키는 가운데 부족한 부분을 보완하는 선에서 균형을 잡았다. 그래서 '안정 속의 변화'를 강조했다. 신문광고에 "변화를 바라십니까? 안정도 원하십니까? 노태우가 바로 그 안정 속의 변화입니다"라는 헤드라인을 내세웠다.

👉 **유권자의 욕구구조에 따른 후보의 이미지 포지션**

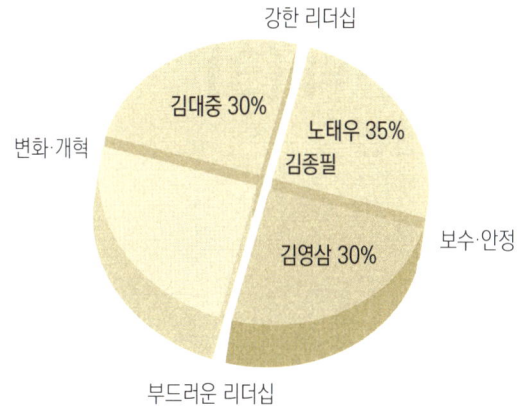

👉 **후보별 이미지 포지션**

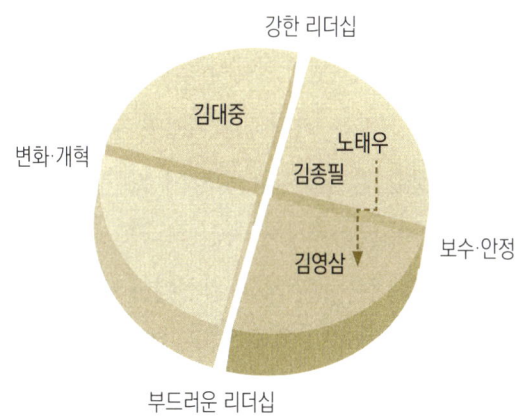

선거기본전략 (3)
선거테마 선정

1) 선거테마

선거테마는 선거 캠페인의 중심 개념으로서 선거 캠페인이 나아갈 기본 방향이다. 후보가 선거 캠페인을 통해 유권자에게 전달하고자 하는 단 하나뿐인 중심적인 생각으로서 후보가 당선되어야 하는 이유에 대한 대답이다. 테마는 이해하기 쉬워야 한다. 유권자는 복잡한 것보다 단순한 것을 받아들이는 경향이 있다. 테마는 복수명사가 아니다. 선택할 것이 많다면 유권자는 하나도 선택하지 않는다.

선거테마는 후보에 대한 유권자의 관심이나 이미지 형성을 주도한다. 또한 메시지의 길잡이 역할을 한다. 13대 대통령선거에서 노태우가 내세웠던 '보통사람들의 시대', 16대 대통령선거 노무현의 '낡은 정치 청산', 17대 대통령선거 이명박의 '경제 살리기', 19대 대통령선거 문재인의 '적폐 청산', 20대 대통령선거 윤석열의 '정권교체' 등이 대표적이다.

선거테마는 3가지 기준으로 설정한다.

첫째, **표적집단과의 관련성**이다. 타깃으로 선정한 유권자들의 지각과 욕구에 알맞은 테마를 선정해야 한다. 이러한 테마만이 후보가 타깃으로 삼는 유권자의 관심과 호의를 유발하여 지지를 끌어낼 수 있다. 유권자의 눈높이에서 그들의 마인드를 들여다보라. 캠페인 테마는 후보가 아니라 유권자의 마인드에서 찾아야 한다.

둘째, **후보와의 관련성**이다. 선거테마 개발은 유권자가 후보에 대해 인식하고 있는 바로 그 지점에서 시작한다. 유권자가 관심을 가지고 좋아하더라도 후보와 관련이 없는 테마를 내세운다면 설득력을 갖기 어렵다. 유권자들이 새로운 인물을 요구한다고 해서 다선의 나이 든 현역의원이 '새로운 정치'를 내세운다면 대다수 유권자가 동의하지 않을 것이다.

셋째, **경쟁후보와의 차별성**이다. 경쟁후보와 뚜렷이 구별되면서도 우위(차별적 우위)를 차지하는 특성을 강조해야 한다. 경쟁후보와 유사한 테마를 설정하고 비슷한 메시지를 전달하면 유권자의 마인드에 들어갈 수 없다. 특히 경쟁후보가 이미 유권자 인식의 사다리 맨 첫 번째 칸에 자리 잡고 있는 경우에는 더욱 그러하다.

2) 선거슬로건

선거슬로건은 선거테마를 유권자들이 이해하고 기억하기 쉽게 압축적으로 표현한 것이다. 단순하고 명확한 언어와 짧은 문장으로 선거를 규정한다. 후보의 강점을 돋보이게 하고 경쟁후보와 대비되는 점을 부각하면서 복잡한 선거 메시지를 간결하게 표현한다. 슬로건을 선정할 때는 선거테마의 세 가지 요건, 즉 표적집단과의 관련성, 후보와의 관련성, 경쟁후보와의 차별성에 덧붙여 독창성과 대중성 등 2가지 요건을 더 고려한다.

선거슬로건은 **독창적**이어야 한다. 유사한 테마를 사용하더라도 경쟁후보와 완전히 다른 독창적인 표현의 슬로건을 사용한다면 유권자의 마음속에 쉽고 강력하게 자리 잡을 수 있다. 내용이 같아도 표현이 다르면 호감을 보이거나 기억하는 경우를 자주 목격할 수 있다.

대중성이란 말하기 쉽고, 듣기 쉽고, 기억하기 쉬운 슬로건이어야 한다는 뜻이다. 중학교 2학년 정도의 지적 수준을 가진 사람이 이해할 수 있을 정도로 쉬워야 한다. 가끔 선거슬로건에 이해하기 어려운 표현이 담겨 있는 경우가 있다. 이는 십중팔구 유권자의 마음속에 들어가는 데 실패한다. 만약 타깃이 교육 수준이 높은 유권자라면 사자성어 등 다소 어려운 표현을 사용할 수는 있다. 그러나 일반적으로는 대중적이고 서민적인 표현을 사용해야 한다. 1956년 3대 대선에서 신익희 후보 측이 내세웠던 '못살겠다 갈아보자', 1963년 5대 대선에서 민주공화당 박정희 후보의 '새 일꾼에 한 표 주어 황소같이 부려보자', 1997년 15대 대선에서 김대중 후보의 '준비된 대통령' 등이 쉬우면서도 독창적인, 탁월한 슬로건이었다.

선거슬로건은 메인 슬로건(main slogan)과 네임 슬로건(name

slogan)으로 구분할 수 있다. 메인 슬로건은 선거 캠페인의 방향과 후보가 당선되어야 하는 이유를 간결하게 제시한다. 네임 슬로건은 후보의 이름(name) 앞에 사용하는 슬로건으로 후보의 개인적 특성을 표현하거나 메인 슬로건을 반복 강조 또는 보완하는 역할을 한다. 20대 대선에서 윤석열은 메인슬로건으로 '국민이 키운 윤석열 내일을 바꾸는 대통령'을, 이재명은 '위기에 강한, 유능한 경제대통령'을 내세웠다. 네임 슬로건은 별도로 사용하지 않았다. 이재명의 슬로건은 '정치 초보' 윤석열과 대비하여 성남시장, 경기도지사로서의 성공적인 행정 경험을 부각하며 코로나19 팬데믹과 경제난 등 위기를 극복할 리더십을 강조하였다. 윤석열의 슬로건에는 문재인 정부의 '부당한 억압'에 대항한 '정의감'과 '강직함'으로 국민의 부름을 받아 제1야당의 대선후보가 되었다는 점과 정권교체를 바라는 유권자의 호응을 불러일으키기 위한 의도가 담겨 있었다. 16대 대선에서 노무현은 낡은 정치 청산과 새로운 정치를 천명한 '새로운 대한민국'을 메인 슬로건으로 내세웠다. 또한 국민참여경선 및 정몽준과의 후보 단일화를 통해 국민의 선택을 받은 후보라는 점과 국민이 주인인 정치를 실현하겠다는 후보의 정치철학을 담아서 '국민후보'를 네임 슬로건으로 사용했다. 선거슬로건을 만드는 자세한 방법은 제2부의 '09. 강력하고 매력적인 슬로건 만드는 법'에서 설명한다.

선거기본전략 (4)
전략기조 수립

선거목표 설정, 유권자 타깃팅, 선거테마 선정을 완료하면 이를 토대로 전략 방향과 핵심 추진방안 등 전략기조를 수립한다. 전략기조까지 완성하면 선거기본전략 수립 단계가 완료되고 선거실행전략 수립 단계로 넘어간다. 선거실행전략은 전략기조에서 제시된 전략 방향과 핵심 추진방안을 실현할 전술과 아이디어들을 담는다.

전략기조는 선거의 성격, 시기, 규모와 후보의 상황 등에 따라 달라질 수 있다. 전략기조를 수립할 때 반드시 고려해야 할 일곱 가지 핵심 사항을 살펴보자.

첫째, **선거의 성격을 규정해야 한다.** 선거는 프레임의 전쟁이다. 프레임(frame)은 세상을 보는 마음의 창이다. 『코끼리는 생각하지 마』의 저자인 미국 언어학자 조지 레이코프가 말했듯이 사람들은 프레임에 근거하여 후보를 판단한다. 프레임을 구성하는 것은 자신의 세계관에 부합하는 언어를 취합하는 것이다. 그런데 단순히 언어가 문제가 아니다. 본질은 언어 안에 있는 생각이다. 언어를 통해 생각이 지배당하는 것이다. 행동경제학4에서 말하는 기준점 편향도 프레임의 중요성을 가리킨다. 닻내림 효과(anchoring bias)라고도 불리는 기준점 편향은 배가 어느 지점에 닻을 내리면 그 지점에서 크게 벗어나지 못하고 근처를 맴도는 것처럼 사람도 미리 각인된 정보를 기준점으로 삼아 판단하려는 경향이 있다는 이론이다. 어떤 문제에 대한 기준점을 제시할 때 똑같은 문제라도 제시된 기준점에 따라 선택이 바뀔 수 있다. 예를 들어, 당신이 생존확률 80%의 어떤 수술을 해야 하는 상황에 있는데 의사가 당신에게 ① 이 수

---

4 행동경제학(behavioral economics)은 경제 주체를 이성적이며 합리적인 경제적 인간(homo economicus)을 전제로 하는 주류 경제학이 설명하지 못하는 인간의 행동을 연구한다. 인간은 늘 합리적으로 행동하는 것은 아니다. 오히려 비합리적이고 감정적으로 행동하는 경우가 종종 있다. 행동경제학은 마케팅이나 커뮤니케이션은 물론 건강, 교육, 재정, 금융 등 국가 정책에 적용되고 있다. 오바마 전 미국 대통령은 2009년 저명한 행동경제학자인 캐스 선스타인 교수를 연방정부의 규제를 감독하는 규제정보국 책임자로 발탁해 상당한 성과를 냈다. 영국은 2010년 데이비드 캐머런 정부 때 행동경제학 연구 조직인 '행동통찰팀(BIT)'을 내각 기구로 편성해 정부 예산 절감과 경제 활성화 등에 활용하였다. 행동경제학자들이 선거 캠프에 참여하여 전략을 조언하기도 한다. 2008년 미국 대선에서 행동경제학자들이 오바마 선거를 돕기 위해 '행동과학자 컨소시엄'을 만들었다. 여기에는 베스트셀러 『넛지』의 공동 저자인 리처드 탈러 교수와 캐스 선스타인 교수, 『설득의 심리학』이라는 책으로 유명한 로버트 치알디니 교수, 노벨경제학상 수상자인 대니얼 카너먼 교수 등이 참여하였다. 이들은 행동경제학 연구에 근거하여 흑색루머 대응, 상대후보의 이미지 포지셔닝, 유권자 투표참여 등 많은 이슈에 대해 신속한 조언을 제공해 주었다. 필자는 인간의 심리를 바탕으로 사람의 행동을 유도하는 행동경제학의 통찰력을 정치, 선거 등에 적용하는 방안을 연구하고 있다.

술을 할 경우 100명 중 20명은 죽는다, ② 이 수술을 할 경우 100명 중 80명은 산다는 두 가지 방식으로 설명한다고 하자. ①번과 ②번 모두 수술로 살거나 죽을 확률이 똑같다. 그런데도 의사가 1번처럼 '죽는' 기준점을 제시할 때보다 2번처럼 '사는' 기준점을 제시할 때 수술에 동의하는 사람이 압도적으로 많았다고 한다. 1980년대 미국 공화당이 감세를 '세금 구제(tax relief)'라는 용어로 표현하기 시작했다. '구제(relief)'라는 단어의 프레임을 통해 세금은 고통으로 규정된다. 그것을 없애 주는 사람은 영웅이고 그것을 방해하는 자는 나쁜 놈이다. 민주당이 '세금 구제'를 반대하거나 '세금 구제'라는 말을 쓰는 것은 자기 발등을 자기가 찍는 격이 된다. 한국 보수세력은 '세금 구제'를 참고해 '세금 폭탄(tax bomb)'이라는 용어를 사용했다. '종부세 폭탄'은 문재인 정부의 부동산 정책 실패를 대표하는 단어로 회자하여 정권이 5년 만에 민주당에서 국민의힘으로 넘어가는 데 상당한 영향을 미쳤다.

정당이나 후보가 선거를 앞두고 이슈, 슬로건, 어젠다를 선점하려는 것도 같은 맥락이다. 그래서 선거의 성격을 먼저 규정해야 한다. 이것이 과거 우리나라 선거에서 '민주 대 반민주'로 규정할 것이냐 아니면 '혼란 대 안정'으로 규정할 것이냐에 사활을 걸었던 이유다. 한국 선거에서 '민주 대 반민주' 구도의 위력이 사라진 이후 '정권 안정' 대 '정권 심판'이 선거의 성격을 규정하는 프레임으로써 강력한 힘을 발휘하고 있다. 선거의 성격 규정을 후보들에 대한 프레임으로 구성할 수도 있다. 후보들 간 대결을 도덕적인 인물 대 사익을 취하는 인물의 대결로 규정한다. 자신을 신념에 의해 움직이는 도덕적인 인물로, 상대를 사익을 위해 움직이는 정략적인 인물로 규정지을 수 있다면 승리는 가까운 곳에 있다. "제가 MB의 아바타입니까?" 2017년 4월 23일 19대 대통령선거 3차 후보 토론회에서 안철수가 문재인에게 던진 질문이다. 당시 안철수는 'MB 아바타'라고 공격받고 있었다. 문재인 측에서 퍼뜨리는 것으로 생각했다. 그래서 TV 토론회를 빌려 'MB 아바타'라는 공격에서 벗어나야겠다고 마음먹었다. 그러나 안철수는 전 국민이 보는 공개토론회에서 'MB 아바타'를 언급함으로써 오히려 'MB 아바타' 프레임을 뒤집어쓰고 말았다. 그래서 조지 레이코프가 상대의 프레임을 무시하고 상대의 단어를 잊어버리라고 한 것이다.

제19대 대통령선거 후보 토론회에서 안철수와 문재인이 설전을 벌이는 장면

2017년 4월 23일 TV로 중계된 19대 대선 후보자 3차 토론회에서 안철수(왼쪽) 당시 국민의당 후보가 문재인 더불어민주당 후보에게 "제가 MB의 아바타입니까"라고 묻고 있다.
(2017. 4. 23 유튜브캡처) 출처 : 서울신문 2018.4. 19일자

제1부. 선거전략의 수립과 실행 97

둘째, **집토끼부터 먼저 잡아야 한다.** 선거전이 본격화되기 전에는 지지층부터 다져야 한다. 보수든 진보든 자기 성향의 표를 우선 결집해야 상대와 경쟁할 수 있는 지지율을 확보할 수 있다. 그래야만 중도표도 따라온다. 당내 경선에서는 지지층 결집에 주력하고 본선에서는 중도층으로의 확장에 중점을 두는 건 선거의 철칙이다. 지지층으로부터 인정받지 못하는 상황에서 중도층을 공략한다면 지지층의 반발을 초래하게 된다. 결국 중도층 공략에도 실패하는 악순환으로 이어진다. 중도층은 대세나 분위기에 따라 움직이는 경향을 보인다. 밴드 왜건(band wagon) 효과는 중도층에서 가장 크게 나타난다. 지지층 결속에 실패해 안정적인 지지율을 확보하지 못한 후보를 중도층도 지지할 이유가 없다. 지지층 결집을 위해서는 경쟁후보나 상대 정당과의 차이점을 부각해야 한다. 집토끼 먼저 잡고 산토끼를 잡아라. 산토끼를 잡기 위해서라도 집토끼부터 먼저 잡아야 한다.

셋째, **중간층을 잡아야 승리한다.** 선거전이 본격화되면 중간층을 잡아야 한다. 지지층 없이 이길 수 없지만 지지층만으로 승자가 되는 것도 어렵다. 승리의 열쇠는 중간층이 쥐고 있다. 전통적 지지층만으로 승리할 수 있지만 그것은 예외적인 경우다. 영·호남 지역에서는 특정 정당의 공천을 받기만 하면 선거가 시작하기도 전에 사실상 당선이 결정된다. 이러한 지역에서는 정당 지지층이 워낙 두꺼워서 지지층만 결집해도 충분히 당선될 수 있다. 그러나 지역주의가 약화하고 있다. 특정 지역에 특정 정당이 막대기만 꽂아도 당선되던 사례는 점점 줄어들고 있다. 또한 중간층이 늘고 있다. 이들은 예전과 달리 높은 정치의식과 SNS로 무장하고 있다. 성질이 까탈스러워서 쉽게 마음을 열지 않는다. 후보들이 최선을 다하는 수밖에 없다. 현재 여론 지형은 보수 대 진보 대 중도가 대략 3대 3대 4의 지지세를 나타낸다.[5] 어느 정당도 절반이 넘는 지지를 확보하지 못한다. 정당표에 인물표가 더해져야 승리가 보장되는데 인물표는 주로 중간층에서 나온다. 사실 전통적 지지층도 중간층으로의 확장성을 보유한 후보를 선호한다. 지지층이 본선 진출 후보를 선택할 때 가장 중요하게 고려하는 기준의 하나가 본선에서의 승리 가능성, 즉 본선 경쟁력이기 때문이다.

넷째, **정권 안정이냐 정권 견제냐다.** 국회의원선거나 지방선거는 현직 대통령에 의해 선거 구도가 결정된다. 대통령 지지율에 따라 선거 구도가 달라진다. 대통령 임기 초반에는 대통령 지지율이 높아 '정권 안정론'이, 임기 중반이나 후반에는 대통령 지지율이 낮아 '정권 견제론'이 확산한다. 여당 후보는 '정권 안정론'을 최대한 활용한다. 반면 야당은 '정권 견제론'으로 맞선다. 현직에 도전하는 신인은 현역의원 심판론과 물갈이를 이슈화한다. 현직은 신인에 맞대응하기보다 경륜과 지역발전론을 앞세우며 대세론을 확산시킨다.

다섯째, **정당이냐 인물이냐다.** 영남과 호남 등 특정 정당의 지지세가 우세한 곳은 소속 정당을 강조하는 것만으로도 당선 가능성이

---

[5] 한국보건사회연구원이 2022년 3~7월에 7,865 가구를 대상으로 면접 조사한 '한국복지패널 조사'에서 우리나라 국민은 자신의 정치 성향을 보수적 28.5%, 진보적 29.4%, 중도적 37.3%라고 답변했다.

높다. 그러나 서울, 인천·경기, 충청 등 중도층이나 부동층 비중이 높은 지역은 인물 경쟁력에 의해 선거 판세가 좌우될 수 있다는 점을 고려해야 한다.

여섯째, **투표율이 낮은 선거인가 투표율이 높은 선거인가다.** 선거 규모에 의해 투표율이 높거나 낮을 수 있고 이에 따라 타겟 유권자가 달라진다. 큰 선거는 투표율이 높다. 이를 고관여 선거라 한다. 반대로 작은 선거는 투표율이 낮다. 저관여 선거다. 대통령선거는 투표율이 높은 고관여 선거이고, 지방선거는 투표율이 낮은 저관여 선거다. 국회의원선거는 대통령선거와 지방선거의 중간에 위치한다. 높은 투표율은 후보 또는 정당의 고정 지지층 이외에 부동층이나 중도층이 투표에 많이 참여한다는 것을 뜻한다. 그런데 부동층은 정치적 목적의 단체나 활동에 관심이 적거나 소극적이어서 이들을 조직화하려는 시도는 효율적이지 못하다. 따라서 고관여 선거에서는 부동층을 대상으로 홍보에 집중할 필요가 있다(이념 성향상 보수적 유권자나 진보적 유권자는 지지 후보를 일찍 선택하는 경향이 있고 중도적 유권자는 지지 후보 결정이 늦은 편이다. 따라서 부동층에는 중도층이 많이 분포되어 있다). 반면 투표율이 낮은 저관여 선거는 조직력을 갖춘 후보가 유리하다. 투표율이 떨어지는 것은 부동층이 기권하기 때문이므로 이 경우에는 고정 지지층이 투표에 적극 참여해야 후보의 득표력을 높일 수 있다. 따라서 고정 지지층의 투표 참여를 독려할 수 있도록 조직력을 최대한 가동하는 것이 중요하다.

일곱째, **홍보전이냐 조직전이냐다.** 유권자 수가 많고 선거구의 면적이 넓을수록, 즉 선거구 규모가 클수록 홍보가 중요하다. 대통령선거에서 후보의 부족한 시간과 인적·물적 자원으로는 전국에 분포된 수많은 유권자를 조직화하는 것이 불가능하다. 대중매체, SNS 등 다양한 홍보 수단을 활용하여 전국 유권자에게 후보의 메시지와 이미지를 전달하는 것이 훨씬 효율적이다. 반면 시·군·구의원 선거와 같이 유권자 수가 적고 선거구 면적은 좁으면서도 대중매체, SNS 등 다양한 홍보 수단을 활용하기 어려운 선거에서는 짧은 선거운동 기간에 후보의 이름을 알리는 것조차 쉽지 않다. 이런 조건에서는 평소 조직력을 잘 갖춘 후보가 유리할 수밖에 없다. 좁은 지역에서 소수의 유권자를 대상으로 하는 선거에서는 조직원 몇 명으로도 선거구를 반복해서 돌아다니며 유권자에게 후보를 알리고 유권자를 지지자로 끌어들이기가 용이하다. 정치 신인이나 도전자는 대체로 자금과 조직이 취약하기 때문에 홍보전에 집중한다. 현직이거나 기반이 탄탄한 후보는 유리한 선거 판세를 지속하기 위해 쟁점 없는(issueless) 선거를 바란다. 따라서 홍보전보다는 물밑으로 조직을 움직여 선거전을 조용히 이끌어간다.

선거실행전략 (1)
메시지전략

 이제 선거전략 수립의 마지막 단계인 선거실행전략 수립 단계에 도착했다. '상황분석'과 '후보분석'을 바탕으로 수립된 '선거기본전략'은 '선거실행전략'에 의해 구현된다. 홍보, 조직, 자금은 선거의 3대 요소다. 선거실행전략은 선거기본전략에서 제시된 전략 방향에 근거하여 홍보, 조직, 자금의 구체적인 추진계획과 실행방안을 담는다. 홍보전략은 효율적인 메시지 제작과 전달 방법, 조직전략과 자금전략은 선거전략을 실행하기 위한 인적·물적 자원의 확보와 운영방안을 제시한다. 또한 시기별로 수행해야 할 추진업무를 선거일을 기준으로 역산해서 시간표(timetable)로 작성한다. 이렇게 추진 일정까지 정리하면 선거전략을 완성하게 된다.

 메시지전략은 크게 보면 홍보전략에 포함된다. 홍보전략은 무엇을 말할 것인가를 결정하고(메시지), 어떻게 말할 것인가(매체)를 결정하는 것이기 때문이다. 그러나 메시지의 전략적 중요성, 메시지 작성 업무의 전문성, 선거 캠프 내 다른 부서들과 폭넓은 업무 관련성(메시지팀은 후보와 직접 소통하고 비서실, 기획팀, 정책팀, 공보팀, 홍보팀, 유세팀 등과 유기적으로 협조해야 한다)으로 인해 메시지전략을 홍보전략과 구분하여 별도의 실행전략으로 수립할 필요가 있다. 메시지팀은 후보의 연설문, 토론문, 기자회견문 등을 작성하고, 때로는 보도자료나 정책 답변서 작성, 홍보논리·공격논리·방어논리 개발 등 공보팀과 홍보팀의 업무를 맡거나 지원한다.

1) 현대선거는 메시지 중심의 선거운동

혈연, 지연, 학연에 의존하는 재래식 선거운동에서 메시지는 크게 중요하지 않았다. 후보가 개인적 인연이 있는 유권자들을 만나서 '같은 고향 출신', '같은 학교 출신', '같은 종친'을 당선시켜 줄 것을 호소하면 그만이었다. 그러나 오늘날 대다수 유권자는 대중매체를 통해 후보의 메시지를 접하고 지지 후보를 선택한다. 후보는 의도했든 의도하지 않았든 간에 TV, 라디오, 신문, 인터넷 등을 통해 메시지를 전달하게 된다. 따라서 대중매체에 의존하는 현대식 선거 캠페인은 메시지 중심의 선거운동이다. 선거에서 진짜 무기는 다름 아닌 메시지와 이슈다. 촌철살인의 말로 빚어낸 메시지와 유권자의 관심을 사로잡는 뜨거운 이슈는 현대식 선거 캠페인에서 첨단무기다.

모든 선거전략에는 메시지와 그것을 전달하는 수단이 반드시 들어가야 한다. 후보와 선거운동원이 하는 거의 모든 일이 메시지를 만들고 전달하는 것이다. 메시지는 특정 유권자집단들을 대상으로 가장 효과적으로 활용될 수 있는 이슈(일자리, 교육, 복지, 세금, 주거, 환경, 의료보험, 경제성장, 범죄 등에 대한 제안과 견해)와 테마(기회, 변화, 공정성, 지도력, 정직, 미래, 안정 등)를 다룬다. 테마는 메시지와 이슈에 의해 강화되고 전파된다.

영어에 "schedule is message"라는 말이 있다. 후보가 누구를 만나고 어디에서 연설하고 무슨 행사에 참석하는 것 하나하나가 메시지라는 뜻이다. 후보는 계획된 일정이 유권자에게 어떤 메시지로 인식될 것인가를 알고 있어야 한다. 또한 일정을 소화하는 과정에서 어떤 메시지를 전달할 것인가를 준비해야 한다.

2) 메시지는 "왜 상대후보가 아닌 나에게 투표해야 하는가?"에 답을 제시하는 것이다

메시지전략은 후보가 알리고 싶은 메시지를 결정하고 작성하는 것이다. 후보는 포지셔닝 분석을 통해 설정된 이미지의 방향에 적합한 메시지를 선택한다.

메시지는 후보의 입장에서는 '출마하는 이유', 유권자 입장에서는 '후보를 지지하는 이유'이다. 후보는 "우리의 삶을 이해하고 우리 편에 설 수 있을까?" 하는 유권자의 물음에 공감할 수 있는 답을 제시해야 한다. 유권자는 후보에 대해 "이 사람이 나 같은 사람을 이해하고 신경 쓸까?"라고 자문한다. 유권자는 자신의 열망을 공유하고 그들이 이해하기 쉬운 말로 메시지를 전달하는 후보에게 투표한다.

후보는 출마하는 이유와 당선되어야 하는 이유를 하나의 문장으로 요약할 수 있어야 한다. '내가 당선되어야 하는 이유(이것은 동시에 경쟁후보가 당선되어서는 안 되는 이유이기도 하다)'에는 '낡은 정치를 바꾸겠다.', '경제를 살리겠다.', '낙후된 지역을 발전시키겠다.' 등 후보의 출마 이유를 간결하게 표현한 단 하나의 핵심 메시지가 있어야 한다. 윤석열은 '정권교체', 문재인은 '적폐 청산', 박근혜는 '국민 행복', 레이건은 '강한 미국, 작은 정부'가 출마의 변이었다. 1980년 에드워드 케네디가 미국 민주당 후보 경선에서 실패한 가장 중요한 이유는 "왜 대통령선거에 도전하는가?"라는 TV 앵커 로저 머드의 질문에 제대로 답하지 못한 데 있다. 이 질문은 뒷날 '머드의 질문'이라고 불리게 된다. 당연히 에드워드 케네디는 대통령 후보로 지명되지 못했다.

후보는 자신이 왜 출마하는지 또는 당선되어야 하는지를 압축한 핵심 메시지(이것이 선거슬로건이다)가 있어야 길거리나 행사장에서 유권자를 잠깐 만나는 순간에도 그 유권자를 놓치지 않고 지지를 호소할 수 있다. 기자회견, 인터뷰, 유세, 연설, 토론, 현수막, 명함, 선거공보, SNS 등 유권자를 만나는 기회가 있을 때마다 핵심 메시지를 전파한다. 출마 이유 등 핵심 메시지를 포함하여 후보를 지지해야 할 3가지 또는 5가지 이유를 정리하여 홍보 논리로 활용한다. 3가지 또는 5가지 이유에 대해 각각 구체적인 근거나 사례를 제시해야 한다. 홍보 논리가 팩트(fact)로 뒷받침되지 않은 채 후보를 자화

자찬하는 식으로만 작성되면 유권자는 그 메시지를 믿지 않거나 기억하지 못한다. 출마하는 이유 또는 당선되어야 할 이유 중 첫 번째 이유가 바로 핵심 메시지이다. 핵심 메시지는 언제 어디서든 반복 사용하고, 나머지 2가지 또는 4가지 이유는 상황에 맞게 적절하게 덧붙여 활용할 수 있다. 지방의원선거처럼 작은 선거는 선거운동 후반까지 인지도가 잘 확보되지 않는다. 미국의 선거컨설턴트인 론 브라운과 네로 지오게티는 "지방 선출직의 경우, 10가지 선거운동 가운데 9가지는 후보 이름이 메시지다. 선거일이 다가올 때까지 이름을 반복한다. 공직에 대한 이야기보다 유권자 앞에 후보 이름을 내놓는 것이 중요하다"고 말한다.

메시지에 담겨야 할 가장 중요한 덕목은 진심이다. 유권자가 감동하는 수많은 순간에는 진심에 관한 하나의 코드가 숨어 있다. 그것은 바로 '약자의 시선'이라는 코드다. 소외된 약자, 불편하고 힘든 삶을 살아가는 사람들의 눈높이에서 메시지를 만들면 메시지에 진심과 감동을 담을 수 있다. 약자를 배려하고 불편한 점을 들추어내고 마음을 알아주는 메시지를 격발해야 한다. 그렇게 했을 때 유권자는 후보에게 공감하고 후보의 인간적인 매력을 느끼며 후보를 신뢰하게 된다.

후보의 감동적인 인생 스토리나 유권자가 공감할 수 있는 명언이 있다면 이것을 스토리텔링(storytelling)화하여 홍보한다. 때로는 후보의 짧은 문장이나 발언, 인간적이거나 강렬한 모습을 포착한 사진과 영상은 유권자의 뇌리에 후보를 깊이 각인시킨다. 노무현이 '대통령감'으로 부상한 계기는 국회 광주 청문회에서의 명패 사건이었다. 노무현은 1989년 국회 광주특위 청문회에서 전두환을 향해 '전두환 살인마'를 외치며 명패를 집어던져 TV로 생중계를 보고 있던 국민들을 열광시켰다. 이 장면은 '초선 의원' 노무현을 소신 있는 야당 정치인으로 부각하고 그에게 많은 지지층을 얻게 해주었다. 윤석열은 "나는 사람에게 충성하지 않는다"는 한마디로 권력자에 맹목적 충성을 거부하는 강직한 검사의 상징이 되었다. 2013년 국정감사 답변 도중 나온 이 한마디로 윤석열은 국민에게 깊은 인상을 심어주었다. 이는 그를 8년 뒤 야당의 대통령 후보로 떠오르게 하는 밑거름이 되었다.

노무현과 윤석열의 방송 보도 장면

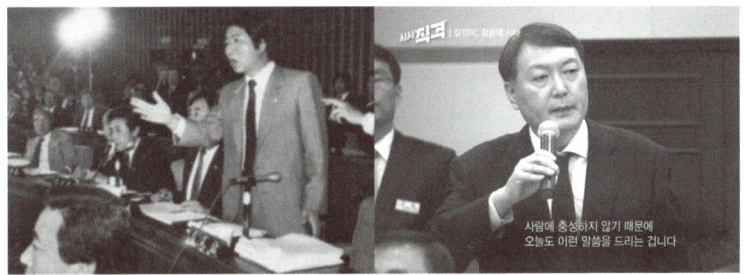

5공 청문회에서 격정적으로 발언하는 노무현   국회 법사위 국정감사에서 답변하는 윤석열
(출처 : KBS)

3) 메시지의 원칙

많은 메시지를 담으려 하지 말고 하나의 메시지(one message)만 담

아야 한다. 모든 것을 단순화하는 것이 선거전략의 핵심이다. 이는 메시지에도 동일하게 적용된다. 후보가 '말하고 싶은 메시지가 많다'라는 것은 곧 그만큼 '쓸데없는 메시지가 많다'라는 말과 동일하다. 후보가 원하는 모든 메시지를 전달할 수는 없다. 메시지를 단순화하는 것은 메시지에서 뭔가를 포기하거나 빼는 것이 아니라 원하는 메시지를 더욱 날카롭게 만드는 효과를 가져다준다. 계속해서 빼 나가는 과정에서 정말로 뺄 수 없는 몇 가지 실체들이 남게 된다. 바로 이 실체를 들어 올려 유권자에게 보여 주는 것이 바로 간결하고 선명한 메시지를 만드는 것이다.

메시지는 끊임없이 반복해야 한다. 계속 반복해서 그 메시지가 스며들도록 해야 한다. 모든 홍보 수단을 이용해서 반복해서 알려야 한다. 선거 캠페인에서 가장 어려운 일 중의 하나가 일반 국민이 얼마나 정치나 선거에 무관심한가를 이해하는 것이다. 국민들은 선거가 코 앞에 닥치거나 아니면 정치가 자신들의 생활에 직접적으로 영향을 미치지 않는다면 별 관심을 기울이지 않는다. 선거와 정치 말고도 관심을 기울여야 하고 신경 써야 하는 일이 너무도 많다. 메시지를 반복하고 집중해야 하는 중요성이 여기에 있다. 메시지가 통일되지 않고 반복되지 않는다면 다른 방송과 신문을 접할 때마다 후보의 다른 메시지를 접하게 될 것이고 유권자는 이를 기억하지 못할 것이다. 메시지가 반복된다면 그래서 어느 매체를 보든지 같은 메시지가 반복된다면 결국 유권자는 그 후보가 무엇을 말하려는지 알게 된다. 효과를 발휘할 때까지 메시지를 계속 전파해야 한다. 다양한 형태로 핵심 메시지를 반복해야 한다. 메시지를 내보내는 참모들조차 지겨울 정도로 반복하고 또 반복해야 한다. 그러면 유권자 중 아주 조금은 후보의 메시지를 기억하게 될 것이다. 메시지를 작성하는 자세한 방법은 제2부 '08. 유권자 사로잡는 메시지 작성법'에서 설명한다.

선거실행전략 (2)
홍보전략

홍보전략은 홍보기본전략, 매체 전략, 유세 전략으로 구성된다. 홍보기본전략은 선거전략을 홍보 측면에서 구현하기 위한 홍보의 목표와 대상을 제시한다. 매체전략은 후보의 메시지를 타깃 유권자에게 효과적으로 전달할 매체를 선정하고 활용하는 방안을 결정한다. 유세는 후보가 유권자를 대상으로 직접 메시지를 전달하는 수단이다. 유세는 실제 진행 과정에서 다양한 변수가 발생하여 처음 계획대로 진행하는 것이 쉽지 않다. 그러나 기본적인 유세 방식, 일정, 프로그램 등을 체계적으로 수립해야 한다.

1) 홍보기본전략

홍보전략의 첫 번째 순서로 홍보기본전략을 수립한다. 홍보기본전략에는 홍보 목표, 표적 유권자, 표현 콘셉트 등이 담긴다.

홍보는 그 자체가 목적이 아니다. 유권자의 마인드에 후보의 포지션을 확립하는 것이 목적이다. 홍보전략은 선거 초반에 후보의 인지도를 제고하는 것에 초점을 맞춘다. 중반에는 선호도 증대에 주력한다. 종반에는 높아진 인지도와 선호도를 바탕으로 지지도 상승에 중점을 둔다. 홍보 목표에서는 인지도와 선호도의 달성 목표를 구체적인 수치로 제시한다. 예를 들어 홍보전략 1단계의 홍보 목표를 인지도 60% 및 선호도 50% 확보로 설정한다. 후보의 인지도는 선거일 한 달 전까지 최소한 50%에 도달해야 한다. 즉 유권자 2명 중 1명은 후보의 이름과 간단한 이력을 알고 있어야 한다. 선거 여론조사 결과들을 보면 대체로 선거 한 달 전에는 후보 인지도가 약 60%, 투표 일주일 전에는 약 80%까지 올라가는 것을 알 수 있다.

표적 유권자는 선거기본전략에서 설정된 타깃에 근거해 지역별, 연령별, 직업별, 이념성향별, 지지성향별로 세분하여 선정한다. 그런데 홍보전략의 표적 유권자는 선거기본전략에서 선정된 타깃과 조금 다를 수 있다. 대체로 조직은 기존 지지층을 결집하는 데 주력하고 홍보는 중간층을 공략하는 데 집중하는 경향이 있다. 따라서 홍보는 좀 더 중간층에 초점을 둔다. 후보의 학·경력과 인생 스토리, 비전·정책 등에서 중간층이 매력을 느낄만한 내용을 강조하고 이들에게 집중적으로 전파한다.

홍보전략의 핵심은 창조적인 표현 콘셉트(concept)를 찾아내는 것이다. 효과적인 표현 콘셉트는 후보에 관한 무미건조한 사실을 살아 숨 쉬게 하여 유권자의 마음을 움직이게 한다. 선거전략 수립의

3단계인 선거기본전략에서 선거 테마를 선정한 바 있다. 그러나 선거 테마는 과학적·이성적 측면이 강조되기 때문에 유권자의 마음을 움직이기 힘든 '죽어 있는 사실'이라고 할 수 있다. 죽어 있는 사실을 유권자에게 '살아 있는 사실'로 바꾸어 주기 위해서는 지금까지의 과학적·이성적 접근에서 예술적·감성적 차원으로 승화시키는 작업이 뒤따라야 한다. 표현 콘셉트 추출에서 중요한 요소는 선거목표 및 홍보목표와 부합하면서 후보와 직접적인 관련성을 가지는 창조적 아이디어를 찾아내는 것이다. 그러나 우리나라 선거에서 탁월한 표현 콘셉트의 사례를 찾는 것이 쉽지 않다. 후보들이 대체로 직접적이고 직설적인 표현을 선호하는 경향이 있어서 선거 테마(또는 후보 콘셉트)를 곧바로 표현 콘셉트로 활용하는 경우가 많기 때문이다. 17대 대통령선거에서 이명박은 후보 콘셉트라 할 수 있는 '경제대통령'을 그대로 표현 콘셉트로 사용했다. 15대 대통령선거에서 김대중은 '준비된 대통령'이라는 후보 콘셉트를 '든든하다'는 표현 콘셉트로 바꾸어 유권자의 호응을 끌어냈다. '든든하다'가 친근감을 느끼게 하는 '든든해요'라는 슬로건으로 표현되어 선거벽보 등 홍보물에 사용되었다.

2) 매체 전략

매체 전략은 홍보 목표를 달성하기 위해 어떤 메시지를 어떤 홍보 수단(매체)을 이용하여 언제 홍보할 것인가를 결정하는 것이다. 매체의 특성과 활용법, 선거법상 제약 사항과 허용 범위, 사용할 수 있는 예산의 규모 등을 고려하여 매체를 선정한다. 선거 홍보의 수단 또는 매체에는 선거홍보물, 방송토론, PR, SNS, 광고(방송·신문·인터넷 등), 현수막, 유세, 전화홍보, 구전홍보 등이 있다. 선거기본전략에서 이미 정리되어 있는 타깃 유권자의 인구통계학적 자료를 활용하여 후보의 메시지를 타깃 유권자에 가장 효과적으로 도달할 수 있는 매체를 이용한다. 매체를 선택한 뒤 매체 집행 일정을 정한다. 예를 들어 젊은 층 공략을 위해 인터넷과 SNS를 활용하고 노령층을 상대로 TV 보도나 유튜브를 이용한다. 주부층을 대상으로 이들의 시청률이 높은 방송 프로그램에 광고를 집행한다.

지금은 원소스 멀티유스(one source multi-use)의 시대다. 원소스 멀티유스는 하나의 콘텐츠를 다양한 매체에 활용하여 홍보 효과를 극대화하는 마케팅 기법이다. 매체 전략을 만들 때 원소스 멀티유스의 기법을 적용할 필요가 있다. 후보의 감동적인 인생 스토리를 담은 짧은 영상을 제작해 사무실 개소식이나 유세차량 등에서 상영하고, 유튜브, 페이스북, 블로그 등 온라인 채널에 게재한다. 포스터, 공보, 현수막 등 인쇄홍보물도 참신한 내용과 기발한 아이디어를 담고 있다면 언론에 기사화되고 SNS에서 화제가 될 수 있다.

인쇄, 영상 등 모든 유형의 홍보물은 기획 → 제작 → 배포·확산 → 피드백의 과정을 거친다. 먼저 제작 목표, 홍보물 타깃, 제작 컨셉트와 톤앤매너(tone & manner)[6], 홍보물에 담을 핵심 메시지 등

---

6 메시지를 전달하기 위한 전체적인 표현법이나 분위기, 색감을 가리킨다.

을 기획한다. 제작은 홍보물 기획안을 바탕으로 인쇄 홍보물은 카피(copy) → 디자인 → 인쇄 → 제본, 영상 홍보물은 시나리오 작업 → 촬영 → 편집 등의 순으로 진행한다. 제작이 완료되면 우편, 온라인, 선거운동원 등을 통해 배포한다. 예비후보자 홍보물, 후원금 모금 안내서, 행사 초대장 등은 우편으로 발송할 수 있다. 다만 출판기념회, 선거사무소 개소식 등의 행사 초대장은 수량이 과다해서는 안 되고 통상적인 수준에서 배포해야 한다. 우편으로 발송할 수 있는 대상과 수량은 제작 전에 관할 선거관리위원회에 확인할 필요가 있다.

① 선거홍보물

공직선거법이 허용하는 법정 홍보물에는 명함, 예비후보 홍보물, 경선홍보물, 선거공보, 선거공약서(대통령선거 및 자치단체장선거만 해당), 선거벽보, 현수막 등이 있다. 선거홍보물은 주로 중간층과 부동층 공략에 초점을 맞춘다. 선거공보와 선거벽보는 이들의 취향과 정서에 맞게 표현, 카피(copy), 사진, 컬러, 디자인 등을 선택하여 제작한다. 다만 예비후보 홍보물과 경선홍보물은 전략적 필요에 따라 당원 등 전통적 지지층을 겨냥하여 제작하기도 한다.

● 사진

사진작가는 최고를 고용해야 한다. 비싼 만큼 값어치를 할 것이다. 대부분 유권자는 후보를 직접 보기보다는 사진을 통해서 본다. 유권자가 사진을 통해 신뢰를 느끼고 승리를 믿게 해야 한다. 유권자는 질 것이 뻔한 사람을 지지하고 싶어 하지 않는다. 이길 사람을 지지하고 싶어 한다. 후보가 인기 있어 보여야 하고 승자처럼 보여야 한다. 이를 위해 사람들과 함께 있는 사진을 찍어야 한다. 외로워 보이는 후보는 결코 승자로 보이지 않는다. 필수적으로 준비해야 할 사진으로는 인물사진, 활동사진, 가족사진 등이 있다. 인물사진은 후보 컨셉트가 정확하게 표현될 수 있도록 전문가에 의뢰하여 촬영한다. 활동사진은 노점상, 쪽방, 청소부, 경로당 등을 찾아가서 대화를 나누거나 봉사활동 하는 사진이 자주 활용된다. 가족사진에서는 캐주얼이나 니트 같은 일상적인 옷을 입고 미소 짓는 얼굴로 행복한 가족의 모습을 보여주는 것이 좋다. 그렇지만 자연스럽고 진실한 느낌이 묻어나도록 해야 한다.

● **명함**

명함은 후보가 간편하게 들고 다니면서 인지도를 올리기 위해 활용하는 홍보 수단이다. 입후보예정자는 예비후보 등록 이전에도 경력을 기재한 명함을 제작하여 통상의 방법으로 교부할 수 있다. 명함을 통해 너무 많은 것을 얻으려고 해서는 안 된다. 후보의 이름과 이미지를 전달하는 데 초점을 맞춘다. 많은 내용을 넣으려고 하기보다 깔끔하고 간결하게 디자인한다. 명함의 종수에 제한이 없기 때문에 명절용, 장애인용, 지역용 등으로 시기나 대상에 맞게 다양하게 제작하여 활용할 수 있다. 선박·정기여객자동차·열차·전동차·항공기의 안과 그 터미널·역·공항의 개찰구 안, 병원·종교시설·극장의 옥내에서는 명함을 배포할 수 없다.

● **예비후보 홍보물**

예비후보로 등록하면 <예비후보자 홍보물>과 <예비후보 공약집>을 제작·배부할 수 있다. <예비후보자 홍보물>은 선거구 세대수의 100분의 10에 해당하는 수 이내에서 선거기간개시일 전 3일까지 관할 선거관리위원회의 확인을 받은 후 우편으로 발송할 수 있다. <예비후보자 홍보물>의 발송수량은 관할 선거관리위원회가 선거비용제한액을 공고할 때 함께 공고한다. 대통령선거는 16면 이내, 지역구 국회의원선거·지역구지방의원선거·지방자치단체장선거는 8면 이내로 제작할 수 있다. 대통령선거 및 지방자치단체장선거의 예비후보는 전체 면수의 100분의 50 이상의 면수에 선거공약 및 이에 대한 추진계획으로 각 사업의 목표·우선순위·이행절차·이행기한·재원조달방안을 게재하여야 하며, 이를 게재한 면에는 다른 정당이나 후보가 되려는 자에 관한 사항을 게재할 수 없다. <예비후보자 홍보물>의 발송 시기나 배포 대상은 전략적으로 판단한다. <예비후보자 홍보물>은 대체로 지지층이나 부동층을 타깃으로 제작·발송한다. 선두를 달리는 후보는 홍보물 발송 시기를 가능하면 늦춘다. 그러나 도전자인 경우 좀 더 빨리 인지도와 지지도를 높이기 위해 일찌감치 발송하거나 당내 경선을 앞두고 발송한다.

<예비후보 공약집>은 대통령선거와 지방자치단체장선거의 예비후보가 선거공약 및 이에 대한 추진계획으로 각 사업의 목표·우선순위·이행절차·이행기한·재원조달방안을 게재한 1종을 발간·배부할 수 있다. 예비후보가 선거공약 및 그 추진계획에 관한 사항 외에 자신의 사진·성명·학력·경력 등을 <예비후보 공약집>에 게재하는 경

우 그 게재 면수는 전체 면수의 100분의 10을 넘을 수 없으며, 다른 정당이나 후보가 되려는 자에 관한 사항은 게재할 수 없다. 발간 수량과 면수에 대한 제한은 없다. <예비후보 공약집> 배부는 통상적인 방법으로 판매하여야 하며 방문판매는 금지되어 있다.

● 경선홍보물

정당이 후보 선출을 위한 경선을 실시할 경우 경선후보는 경선홍보물 1종을 제작하여 1회에 한하여 발송할 수 있다. 홍보물의 규격, 수량, 면수 등은 정당이 자율적으로 정한다.

정당 경선은 후보를 당원 투표와 비당원 대상 여론조사로 선출한다. 비당원 여론조사는 대개 정당 지지층과 무당층을 대상으로 실시한다(무당층을 제외하는 경우가 자주 있다). 따라서 경선홍보물은 주로 당원과 정당 지지층에 호소력 있는 메시지를 담아서 제작하고 이들을 대상으로 발송한다.

● 선거공보

선거공보는 유권자들이 후보에 대한 정보를 가장 많이 접하는 수단 중 하나이다. 후보는 모든 가정에 빠짐없이 배부되는 선거공보를 통해 자신이 누구인지, 왜 당선되어야 하는지, 공약은 무엇인지 등을 효과적으로 전달해야 한다. 선거 프레임을 형성하는 핵심 이슈, 후보의 장점, 인간적 면모를 중점적으로 강조한다. 필요할 경우 상대 후보의 도덕적 문제, 정치적 약점 등을 비판한다. 사전투표(과거 부재자투표)하는 군인을 겨냥한 공약이나 메시지를 담기도 한다. 후보 컨셉트를 잘 표현할 수 있는 카피(copy), 언론 기사는 물론 사진, 삽화, 통계 그래프 등의 시각 자료를 활용한다. 유권자가 쉽고 편하게 읽을 수 있도록 복잡한 디자인은 피한다. 내용이 지나치게 빽빽하고 글자 크기가 작으며 색상을 너무 많이 사용하면 유권자가 쳐다보지도 않고 쓰레기통으로 내던질 수 있다. 느낌이 있는 사진, 간결한 카피, 심플한 레이아웃(lay-out)이 후보의 메시지를 유권자 머릿속에 잘 들어가게 한다.

선거공보는 책자형과 전단형으로 구분되는데, 전단형은 대통령선거에서만 허용된다. 책자형 선거공보는 대통령선거는 16면 이내, 국회의원선거 및 지방자치단체장선거는 12면 이내, 지방의원선거는 8면 이내로 작성한다. 전단형 선거공보는 1매 양면으로 작성한다. 책자형 선거공보 둘째 면에는 후보정보공개자료(재산상황, 병역사항, 최근 5년간 세금 납부 및 체납실적, 전과기록, 직업·학력·경력 등 인적사항)와 그 소명자료만을 게재하여야 한다. 선거 캠프에서는 상대후보의 후보정보공개자료를 꼼꼼하게 확인하여 도덕적으로 문제가 있거나 허위 사실이 있으면 성명 발표, 언론 제보, 선관위 이의제기 등으로 이슈화한다.

● 선거공약서

대통령선거 및 지방자치단체장선거의 후보는 선거공약과 그 추진계획을 게재한 선거공약서 1종을 활용할 수 있다. 선거공약서에는 선거공약 및 이에 대한 추진계획으로 각 사업의 목표·우선순위·이행절차·이행기한·재원조달방안을 게재하여야 하며, 다른 정당이나 후보에 관한 사항을 게재할 수 없다. 후보의 성명·기호와 선거공약 및 그 추진계획에 관한 사항 외의 후보의 사진·학력·경력, 그 밖에 홍보에 필요한 사항은 1면 이내에서 게재할 수 있다. 대통령선거에서는 32면 이내, 시·도지사선거에서는 16면 이내, 시장·군수·구청장선거에서는 12면 이내로 작성한다. 제작 수량은 해당 선거구 안에 있는 세대수의 100분의 10에 해당하는 수 이내로 한다. 선거공약서는 후보와 그 가족, 선거사무장, 선거연락소장, 선거사무원, 회계책임자 및 후보와 함께 다니는 활동보조인이 배부할 수 있다. 우편발송, 호별방문, 살포(특정 장소에 비치하는 방법 포함)의 방법으로는 배부할 수 없다.

● 선거벽보

선거벽보는 유권자에게 친근하고 익숙한 매체 중의 하나이다. 거리를 지나가는 유권자의 발걸음을 멈추게 하여 마음을 움직이게 하려면 메시지가 분명하고, 기억에 남아야 하며, 보기에 아름다워야 한다. 대중성, 호소력, 예술성의 삼박자를 고루 갖추기 위해서는 창의적인 아이디어를 동원해야 한다. 우리나라에서는 선거벽보에 후보만의 사진을 써야 하는 등 과도한 규제로 인해 홍보물에 파격적인 디자인을 적용하는 것이 쉽지 않다. 그러나 큼지막한 얼굴과 굵은 글씨로 자기를 뽑아달라고 큰 소리를 내는 듯한 천편일률적인 디자인에서 벗어나야 한다.

2008년 미국 대통령선거에서 오바마의 포스터는 후보 얼굴을 넣지 않더라도 기발한 아이디어를 활용하면 메시지를 분명하고 효과적으로 전달할 수 있다는 것을 보여준다. 얼굴조차 알려지지 않은 정치 신인의 경우 이런 시도가 위험할 수 있다. 그렇지만 다른 후보와 차별화해야 할 필요성 역시 크다. 창조적인 아이디어와 혁신적인 디자인을 연구해야 한다.

〈왼쪽〉 2008년 대통령선거에서 미국 최초의 흑인 대통령이 되고자 했던 오바마가 여러 가지 색이 함께 어울려있는 포스터를 통해 인종 차별 없는 미국을 만들겠다는 의지를 표현.
〈오른쪽〉 타이포그래피(Typography) 디자인을 이용해 UNITED가 오바마의 슬로건인 CHANGE로 변해가는것을 표현.

● **현수막 및 소품**

선거 현수막에는 거리 게시용과 선거사무소 외벽 게시용이 있다. 현수막은 눈에 잘 띄어야 한다. 사람들은 차를 타고 가거나 걸어가면서 현수막을 아주 짧은 순간 슬쩍 쳐다보고 지나가게 된다. 따라서 유권자의 눈에 확 들어올 수 있도록 선명하고 간결한 디자인으로 제작한다. 현수막에 사용하는 슬로건은 부정적인 문구보다 긍정적인 표현을 사용한다. 유권자가 부정적인 슬로건이 적혀있는 현수막을 삼깐 쳐다보고 돌아서는 순간 부정적인 문구만 잔상으로 남을 수 있다. 그래서 "부정부패를 없애겠습니다"보다 "깨끗한 정치를 하겠습니다"가 더 적합하다. 선거사무소는 위치가 중요하다. 사람들이 방문하기 편한 곳에 있어야 하지만 무엇보다 사무소 외벽에 게시하는 현수막의 홍보 효과를 확보할 수 있는 장소여야 한다. 인지도가 떨어지는 정치 신인일수록 현수막 효과를 극대화할 수 있는 선거사무소를 구한다. 건물 외벽에 현수막을 게시하면 행인들에게 잘 보이는지, 현수막을 크게 부착할 수 있는 건물인지부터 확인한다(과거에는 건물 부착 현수막의 수량과 규격이 제한받았지만, 지금은 규제가 풀렸다). 또한 대형 현수막 게시로 피해를 볼 수 있는 건물주와 건물에 입주해 있는 회사, 상인 등의 양해를 받을 방법도 함께 검토한다.

현수막은 대개 후보의 기호, 성명, 대표 경력, 정당명, 사진, 슬로건 등으로 디자인한다. 현수막에도 선거 홍보물과 마찬가지로 창조적인 카피와 파격적인 디자인이 필요하다. 정치 신인인 경우 도발적인 현수막이 인지도 상승에 도움이 된다. 거리 게시용 현수막은 선거운동 기간에 해당 선거구 안의 읍·면·동 수의 2배 이내로 제작·게시할 수 있다. 규격은 10제곱미터 이내로 제한되어 있다.

'현수막 정치'의 시대가 펼쳐지고 있다. 2022년 12월 옥외광고물법이 개정되어 정당 현수막 게시가 허용되었다. 이에 따라 정당의 지역위원장(또는 당협위원장) 등은 평소에도 자신의 명의로 현수막을 위치, 횟수에 제한받지 않고 게시할 수 있게 되었다. 최근 진보당의 몇몇 현수막이 언론에 보도되거나 SNS에 오르내렸다. 기존의 딱딱한 구호성 형식에서 벗어나 재미있는 디자인과 문구, 사진들로 눈길을 끄는 이색적인 현수막으로 주목받았다.

언론과 SNS에서 주목받았던 진보당 현수막

2011년 세계적인 의류기업 베네통이 정치·종교 지도자들을 대상으로 파격적인 광고 사진을 선보여 세계의 이목을 사로잡은 적이 있었다. 베네통은 화해의 메시지를 담은 '언헤이트(unhate)' 캠페인 광고에서 서로 적대 관계에 있거나 갈등을 겪고 있는 정치·종교 지도자들이 입 맞추는 사진을 합성하여 사용했다. 이명박 대통령과 김정일 북한 국방위원장, 버락 오바마 미국 대통령과 후진타오 중국 국가주석, 앙겔라 메르켈 독일 총리와 니콜라 사르코지 프랑스 대통령, 베냐민 네타냐후 이스라엘 총리와 마무두 압바스 팔레스타인 자치정부 수반, 교황 베네딕토 16세와 이집트 알아즈하르 모스크의 종교 지도자 아흐메드 알타에브 등이 입맞춤하는 사진이었다. 선정성 때문에 노이즈 마케팅(noise marketing)이라는 비판을 받았지만 '세계의 화해'라는 진정성 있는 메시지를 담았기 때문에 뜨거운 환호를 받기도 했다.

세계적인 의류기업 이탈리아 베네통사는 파격적인 광고로 유명하다. 2011년에는 적대 관계에 있거나 대립하고 있는 국가나 종교의 지도자들이 입을 맞추는 합성 사진을 광고로 제작하여 전 세계에 화해의 메세지를 던지며 센세이션을 일으켰다.

이러한 캠페인을 국내 선거에 벤치마킹(bench-marking)할 수 있다. 예를 들어 국회의원선거 후보가 남북 간 화해를 추구하는 소신이 있다면 베네통의 캠페인을 모방하여 선거사무소 외벽 현수막에 남·북의 양 정상이 입맞춤하는 사진을 게시할 수 있다. 이것이 많은 논란을 불러일으키겠지만 이에 따라 후보는 이슈의 중심에 서게 되고 인지도가 급상승하는 효과를 누릴 수 있다.

선거운동할 때 사용하는 소품으로는 어깨띠, 복장, 피켓, 마스코트, 인형 탈 등이 있다. 어깨띠는 후보나 선거운동원들에 의해 가장 흔하게 사용된다. 그러나 어깨띠는 쉽게 흘러내리거나 더럽혀지는 등 불편함이 있어서 요즘은 선거운동복(유니폼)으로 대체되는 추세다. 유니폼에 기호, 후보 이름, 소속 정당, 슬로건을 새겨넣는다. 유니폼 색깔은 소속 정당의 로고 색으로 통일한다. 단정한 느낌의 디자인이 바람직하며 소속 정당이 제공하는 디자인 샘플대로 제작하는 것이 편리하다. 유세나 지역순방 때 인형 탈을 활용하면 어린아이들의 인기를 끌고 유권자 시선을 유도하는 데 효과적이다.

② **전화홍보**

전화홍보는 유권자의 피로증후군으로 그 효과가 떨어지는 추세다. 그러나 유권자들이 귀찮아한다고 해서 전화홍보를 하지 않을 수도 없다. 전화홍보가 집 안에 있는 유권자와 직접 접촉할 수 있는 몇 안 되는 수단이기 때문이다. 전화홍보 책임자는 전화홍보 멘트를 정리하여 전화홍보 운동원들(전화홍보팀)에게 제공하고 전화홍보 요령을 교육한다. 또한 전화홍보 결과를 모니터링한다. 요즘은 컴퓨터를 이용한 전화홍보 솔루션이 전화를 자동으로 걸어주고 전화홍보 통계자료를 전산시스템으로 즉시 정리해 준다. 매일 매일 산출되는 전화홍보 결과를 통해 후보에 대한 유권자의 반응을 확인할 수 있다. 그러나 전화홍보팀이 작성하는 전화홍보 결과는 대체로 후보에게 유리한 방향으로 집계되는 경향이 있기 때문에 보수적으로 해석할 필요가 있다.

과거 유선전화가 널리 사용되던 시기에는 주택과 상가에 있는 유선전화를 상대로 전화홍보가 활발하게 이루어졌다. 그러나 주택이나 상가의 유선전화가 대부분 사라지고 휴대폰 보급률이 거의 100%에 이른 오늘날은 전화홍보가 매우 까다롭게 되었다. 휴대폰으로 전화할 경우 전화번호를 입수하게 된 경위를 밝혀야 한다. 만약 번호 입수 경위를 이해시키지 못하면 유권자는 후보 측이 개인정보를 무단 수집한 것으로 생각하고 반발할 수 있다. 따라서 평소에 휴대전화번호를 수집하고 전산프로그램에 입력하여 체계적으로 관리하는 것이 선거 준비를 위한 중요한 과제가 되고 있다.

전화홍보는 법정 선거운동 기간에만 가능하다. 선거운동 초반, 중반, 종반에 따라 전화를 이용한 홍보의 강조점이 달라진다. 초반에는 후보의 인지도를 높이기 위해 후보 이름을 반복 강조한다. 중반에는 후보의 선호도를 높일 수 있도록 후보의 장점과 핵심 공약을 홍보한다. 사전선거일 직전이나 선거운동 종반에는 "될 사람을 찍어달라"는 대세론을 퍼뜨리거나 투표 참여를 권고한다. 후보가 바쁜 시간을 쪼개어 틈틈이 선거구 내 오피니언 리더 등에게 전화홍보를 할 필요가 있다. 후보가 직접 전화로 인사하고 자신을 홍보하는 것이 선거운동원들이 하는 전화홍보에 비해 그 효과가 크다.

선거사무소 이외의 장소에 사무실이나 전화홍보실을 설치하여 전화홍보를 하다 적발된 사례들이 발생한다. 이는 공직선거법상 '유사기관의 설치금지'를 위반하는 행위로서 대개 당선무효형으로 이어진다는 점을 잊지 말아야 한다.

③ 구전홍보

구전홍보는 선거운동원들이나 자원봉사자들이 거리인사, 지역순방, 유권자 직접 접촉 등을 통해 말로써 홍보하는 방법이다. 과거에는 '메뚜기 팀' 등 구전홍보단이 별도로 조직되어 몇 명씩 조를 짜서 버스, 지하철 등 대중교통을 타고 다니거나 식당, 주점, 미용실 등 동네 상가를 돌면서 지지 후보를 홍보하고 경쟁후보를 비난하는 말들을 의도적으로 퍼뜨리기도 했다. 이제는 온라인 구전홍보가 널리 활용된다. 후보의 인간적 면모나 스토리, 후보의 강점이나 메시지 등을 SNS 등 다양한 온라인 채널을 이용해 확산시킨다. 그러나 때로는 상대후보에 대한 인신공격, 허위사실, 가짜뉴스 등으로 논란이 되기도 한다. 미국에서는 2024년 대통령선거를 앞두고 이미지·영상 등을 합성해 진짜처럼 만들어 내는 '딥페이크(deepfake)'가 큰 쟁점 중 하나로 떠오르고 있다. 2023년 3월 도널드 트럼프 전 대통령이 수갑 차고 경찰에 연행되는 가짜 사진이 유포된 적이 있었다. AI(인공지능) 기술을 이용해 특정인의 얼굴과 목소리, 행동 등을 그대로 재현한 위조 콘텐츠는 사실과 허위를 구별하기 힘들 정도다. 미국 연방선거관리위원회(FEC)는 AI가 만든 딥페이크 이미지를 이용한 가짜 뉴스 규제 검토에 착수했다. 우리나라도 AI 기술을 이용한 딥페이크 문제에 대비할 필요가 있다.

선거운동 현장에서 후보나 선거운동원들이 유권자를 직접 만나서 지지를 호소하는 방법에 대해 알아보자.

첫째, 유권자들에게 "지지해 주십시오", "찍어주십시오", "저에게 표를 주십시오"라고 하기보다는 "도와달라"고 하라! 도와 달라고 하면 덜 정치적이면서 더 인간적인 느낌을 주기 때문에 사람들이 부정적인 반응을 보이기 어렵게 된다.

둘째, 모든 유권자에게 도와 달라고 하라! 후보가 지나가는 곳에 있는 한 사람도 빼놓지 말고 눈을 마주치고 손을 잡으며 지지를 호소해야 한다. 경비원, 웨이터, 주차장 안내원, 식당 종업원 모두 포함되어야 한다.

셋째, 경청하라! 후보의 관심 사항이 아닌데도 누군가의 말을 들어야 한다면, 그것을 듣기 싫어하는 내색을 해서는 안 된다.

넷째, 감사를 표하라! 직접 만나서 말로 하든, 전화를 하든, 문자나 메일을 보내든 도움을 받은 것에 대해서는 항상 감사를 전해야 한다.

다섯째, 경쟁후보를 지지한다는 말을 들을 때 흥분하지 마라! 그 사람이 아무리 무례하더라도 욕하지 마라. 분노하고 증오하는 후보들은 패배자처럼 보인다.

④ **토론회**

선거기간에 후보들이 참여하는 토론회가 선거방송토론위원회, 언론기관, 각종 단체 등이 주관하여 진행된다. 토론회는 메시지를 유권자에게 알릴 좋은 기회다. 그러나 토론회만으로 선거 승리를 끌어낼 수 있을 것으로 생각하면 안 된다. 대통령선거와 달리 국회의원선거나 지방선거의 경우 공중파 방송국에서는 토론 기회가 없고,

지역 케이블방송을 통해 방송토론이 이루어지기 때문에 더욱 그러하다.

토론에 임할 때 유의해야 할 사항을 알아보자.

첫째, 토론에서 달성할 목표를 설정한다. 토론을 통해 무엇을 얻고 싶은가를 정확하게 설정한다. 나의 메시지를 전달하는 것이 목표인지, 특정 이슈에 대해 상대방과 차별화하는 것이 목표인지, 자기 자질이나 강점을 홍보하는 것이 목표인지를 명확하게 해야 한다. 목표는 너무 많이 잡으면 안 되며 단 하나, 많으면 2개 정도로 잡는 것이 바람직하다. 유권자는 토론을 처음부터 끝까지 모두 지켜보지 않는다. 언뜻언뜻 본다는 점을 감안해서 유권자의 뇌리에 순간적으로 각인시킬 수 있는 메시지나 이미지를 준비한다.

둘째, 토론회에서 후보에 대한 과장된 기대치를 만들 필요가 없다. 언론이 만들어 놓은 기대치 게임을 잘 활용한다. 2020년 대선에서 여러 언론은 정치 경험이 없는 윤석열이 '토론의 달인'인 이재명과 어느 정도 버티기만 해도 성공적이라고 평가했다. 반면에 이재명 측은 토론을 통해 윤석열을 앞지를 것이라고 자신감을 밝혔다. 결과는 누가 더 잘했는가가 아니라 각자가 만들어 놓은 기대치에 누가 더 잘했는가로 언론의 점수를 받았다. 이재명은 기대치 게임의 피해자가 되었다. 2004년 미국 대통령선거에서 모든 전문가는 해박한 달변가인 존 케리 민주당 후보가 토론회에서 완승을 거둘 것이라고 예상했다. 케리는 현직 대통령인 조지 부시에 비해서 오히려 각 이슈를 훨씬 더 충분히 이해하고 있고, 더구나 국가 현안인 외교·안보 분야에선 최고의 전문가였기 때문이다. 그래서 토론회 직전,

유권자들 사이에선 당연히 케리는 부시에 비해서 토론을 잘해야만 한다는 높은 기준이 정해져 있었다. 토론회 결과, 물론 케리가 부시보다 잘했지만, 부시가 예상했던 것에 비해서 성실하게 잘했다는 평가로 오히려 지지율이 올랐다. 조지 부시는 그렇게 올라간 지지율을 선거일까지 잘 유지해서 결국 재선에 성공했다.

셋째, **사전에 토론규칙을 숙지하여야 한다.** 오프닝 멘트(opening announcement)와 클로징 멘트(closingment) 배정 시간은 몇 분인지, 후보가 말하고 답변하고 반박하는 시간은 어느 정도 되는지, 시각 자료 등을 사용할 수 있는지 등 토론 규칙을 사전에 숙지하여야 한다. 오프닝 멘트와 클로징 멘트는 미리 준비한다. 본 토론도 중요하지만, 오프닝 멘트와 클로징 멘트에서 유권자들은 깊은 인상을 받는다.

넷째, **토론회 현장의 상황을 파악한다.** 토론장 좌석 배치, 세트장 백스크린의 색상이나 문양을 파악하여 질문 대상 후보 및 순서를 정하고 세트장에 맞는 의상을 준비한다.

다섯째, **결론부터 먼저 간결하게 말해야 한다.** 구구절절 설명하지 말고 핵심만 간결하게 먼저 이야기한다.

여섯째, **경쟁후보가 아닌 타깃 유권자를 향해 말한다.** 굳이 경쟁후보를 설득하려고 노력할 필요 없다. 후보는 자신의 메시지를 타깃 유권자에게 주면 되는 것이다.

일곱째, **사회자나 패널들과 싸우지 말아야 한다.** 만약 상대가 어떤 사항을 가지고 끈질기게 물고 늘어져도 후보는 할 말만 하면 되지 사회자나 패널과 다툼을 벌여서는 안 된다.

⑤ PR(언론홍보)

기자회견, 인터뷰, 보도자료 작성·배포, 언론인 관리 등이 주요한 PR 활동이다. 선거 출마를 결심하고 언론인과 대면하기 전에 후보의 프로필, 사진, 출마이유, 비전과 공약 등을 담은 프레스 키트(Press-Kit)를 준비한다. 프레스 키트를 배포하는 것이 출마 후 언론과의 첫 번째 공식적인 접촉이라고 볼 수 있다. 보도자료는 후보 입장이 아니라 객관적 입장에서 작성한다. 후보를 자화자찬하지 않고 육하원칙에 따라 객관적으로 작성한다. 쉽고 간결하게 기사체로 쓴다. 보도자료의 본문이 길어서는 안 되며 제목은 가급적 눈길을 끌 수 있도록 정한다(기자들은 이것을 "섹시하다"고 말한다). 같은 말을 반복하거나 '후보님'과 같은 존칭을 사용해서는 안 된다. 설문조사 결과나 통계를 활용하거나 새로운 표현, 신조어 등을 사용하면 기사에 많이 인용될 수 있다. 후보의 중요한 메시지는 기자회견을 열어 발표한다. 그러나 기자회견을 남발하는 것은 좋지 않다. 기자회견은 오직 중요한 발표를 할 필요가 있고 모든 언론이 함께 할 때만 해야 한다. 기자들은 뉴스 가치가 떨어지는 내용으로 기자회견을 자주 하는 후보를 '양치기 소년'으로 취급하기 쉽다. 그렇게 되면 기자회견에 참석하거나 관심을 기울이는 기자의 숫자가 현저하게 줄어들게 된다.

언론과 인터뷰할 때 유의할 사항을 알아보자.

첫째, **언론을 적으로 보지 마라.** 기자에게 소극적인 태도를 취하면 득보다 실이 많다. 처음 보더라도 스스럼 없이 인사하라. 얼굴이 두껍지 않으면 절대 선거를 치를 수 없다.

둘째, **언론을 두려워하지 마라.** 필요할 경우 인터뷰를 거절할 수 있다. 그러나 기자들은 후보가 언론을 꺼리면 뭔가 숨기려는 게 있는 것으로 생각한다. 후보는 기자들에게 정직해야 하고, 친근해야 한다.

셋째, **기자들의 눈을 보며 이야기하라.** 카메라를 보지 말고 기자를 보고 말하는 것이 자연스럽다.

넷째, **반듯한 자세를 취하라.** 의자에 앉은 채 인터뷰할 때는 몸을 다소 앞으로 당기면서 반듯하게 앉아야 한다.

다섯째, **방송 인터뷰에서는 결론부터 먼저 말하라.** 방송에서 인용하기 좋은 핵심 내용들을 시작 9초 안에 반드시 말해야 한다. 더 길면 후보가 강조하고 싶은 메시지가 뉴스에 나오기 어렵다.

여섯째, **인터뷰 전에 인터뷰 조건을 미리 정하라.** 만약 비보도(off the record)를 전제로 하거나 정보제공자 이름을 밝히기 싫다면 인터뷰하기 전에 미리 말해야 한다.

일곱째, **실수하면 다시 말할 기회를 달라고 요청하라.** 인터뷰하는 동안 뭔가 실수를 했다면 인터뷰를 멈추고 기자에게 다시 정확하게 말할 기회를 달라고 요청해야 한다. 기자들은 대부분 거절하지 않는다.

⑥ **광고**

후보는 선거기간에 TV, 라디오, 신문, 인터넷(모바일 포함) 등 다양한 매체를 이용하여 광고할 수 있다. 다만, TV, 라디오, 신문 등 대중매체를 이용한 광고는 대통령선거, 비례대표 국회의원선거, 시·도지사 선거의 후보에게만 허용되고 있다. 국회의원선거, 기초단체장선거, 지방의원선거 후보는 인터넷 광고만 할 수 있다.

광고는 후보를 가장 널리 알릴 수 있는 수단이다. 그러나 상당한 비용을 지출해야 하므로 효율적인 매체 집행계획을 세워야 한다. 광고를 게재할 매체는 유권자조사를 통해 파악된 표적 유권자의 매체 접촉도를 고려하여 선정한다. 또한 각 매체의 특성을 감안하여 표적 유권자에게 메시지를 가장 효율적으로 전달할 매체들을 조합하는 미디어 믹스(media mix)를 결정한다. 광고의 제작과 집행은 광고회사나 미디어렙을 통해 이루어진다. 정치광고가 활성화되어 있는 미국에서는 선거 캠프에서 광고전문가와 매체전문가들이 핵심적인 역할을 수행한다. 우리나라도 대통령선거에서 광고전문가를 중용하여 광고의 제작·집행을 책임지도록 하는 추세를 보인다.

광고 역시 많은 메시지를 담으려고 해서는 안 된다. 2011년에 가장 인기 있는 상업광고는 우루사 광고 '간 때문이야'였다. 내용이 쉽고 메시지가 명확했기 때문이다. '피곤은 간 때문이야'라는 단 하나의 메시지를 단순하게 반복하는 우루사 광고를 떠올려 보라. 10여 년 전 광고지만 아직도 우루사 광고를 기억하는 사람들이 많다.

광고 유형은 소재에 따라 분류할 수 있다. 후보를 소개하고 인간적인 면을 알리는 전기적 광고, 후보의 메시지와 정책 비전을 전달하는 이슈 광고, 상대후보와 쟁점을 비교하는 대비 광고, 상대후보의 부정적인 면을 부각하는 네거티브 광고 등이 있다. 광고에는 소구방법에 따라 이성적 광고와 감성적 광고가 있다. 광고는 본래 이성적 접근보다는 감성적 접근이 필요하다. 정치광고에 감성적 광고가 자주 활용된다. 16대 대통령선거에서 노무현 후보가 직접 통기타를 치면서 노래를 부르는 광고가 대표적인 감성적 광고다. 노무현의 친근한 이미지와 따뜻한 노래, '국민이 대통령입니다'로 시작하는 감성을 자극하는 카피 등은 유권자가 광고를 보며 눈물을 흘리게 할 정도로 성공적이었다. 17대 대통령선거에서 이명박 후보의 '욕쟁이 할머니' 광고도 잘 만든 이미지 광고였다. 야당에서 '위장 광고' 논란을 제기했지만, 이는 역설적으로 이 광고가 얼마나 화제가 되는 광고인지 보여준다.

미국에서 손꼽히는 TV 정치광고의 고전은 '데이지 걸(Daisy Girl)' 광고다. 1964년 미국 대통령선거에서 민주당 소속 린든 B. 존슨 대통령은 이 광고 한편으로 공화당의 배리 골드워터 후보에게 압승을 거두었다. 배리 골드워터는 "소형 핵무기를 일반 폭격무기로 삼아야 한다"는 등 핵전쟁을 부추기는 발언을 쏟아냈다. 당시 미국은 쿠바 미사일 위기와 쿠바 봉쇄 사태로 인해 소련과의 핵전쟁 위기를 넘긴 직후였다. 민주당 측은 핵 사용을 긍정하는 골드워터 후보의 태도를 역이용하여 네거티브 광고를 만들었는데 그것이 바로 '데이지 걸' 광고였다. 맨해튼 북부, 두 살배기 귀여운 여자아이가 꽃잎을 따면서 "하나, 둘, 셋, 넷, 다섯, 여섯, 일곱, 여덟, 아홉" 하면서 꽃잎을 센다. 아홉을 세는 순간, 10부터 카운트다운이 시작되고 소녀의 눈을 클로즈업하면서 눈에서 핵무기가 폭발하는 장면이 나온다. 그 순간 린든 존슨이 이렇게 말한다. "이것은 도박입니다! 세상을 신의 아이들이 살만한 곳으로 만들 것인가, 아니면 어둠 속으로 빠질 것인가. 우리는 서로 사랑해야 합니다. 그렇지 않으면 우리 모두 죽을 수밖에 없을 겁니다." 그리고는 투표를 종용하는 문구가 나온다. "11월 3일, 존슨 대통령에게 투표하십시오. 집에 머무르기에는 이 위험은 너무 큽니다." 이 광고는 1964년 9월 7일 밤 10시 직전 CBS 영화 시간에 딱 한 번 나갔다. 그렇지만 광고가 너무 섬뜩해서 단 한 번의 방영만으로도 전 국민을 충격과 공포로 몰아넣었다. 불과 2년 전에 핵전쟁의 위기를 겪은 60년대 미국인들에게는 충격적이었다. 배리 골드워터는 광고가 나간 순간 이미 낙선이 확정되었다고 해도 과언이 아니었다. 실제 선거에서도 득표율 61.1% 대 38.5%, 선거인단 수 486:52의 대참패를 당했다.(나무위키 자료 요약 https://namu.wiki/w/%EB%8D%B0%EC%9D%B4%EC%A7%80%20%EA%B1%B8, 검색일 2023년 10월 3일)

최근 우리 선거에서는 성공적인 정치광고를 찾기 어렵다. 정치 양극화가 심화하여 지지 후보의 광고만 시청하고 반대 후보의 광고에는 눈을 돌리지 않는 확증 편향의 영향이 크다. 그러나 본질적으로는 최근 정치광고가 시대정신을 담아 뚝배기 된장국 같은 깊은 맛으로 우려내지 못하기 때문이다.

대중매체 광고가 허용되지 않는 국회의원선거나 기초자치단체장 선거의 후보는 저서 광고를 활용할 수 있다. 출판사가 후보의 저서를 선거일 전 90일 전까지 영업활동의 일환으로 TV, 라디오에 광고하는 것이 가능하다. 다만, 선거일 전 180일부터 선거일까지 후보가 되려는 사람이 입후보하려는 지역의 선거구민이 주로 이용하는 전광판·버스를 이용하여 광고하거나 후보가 되려는 사람의 성명·경력 등을 부각하여 광고하는 등 통상적인 서적 광고의 범위를 벗어나는 경우에는 선거법에 위반될 수 있다.

⑦ 출판기념회

많은 후보가 출마를 결심한 순간 자서전을 준비한다. 출마의 변을 담은 200페이지 정도의 책을 쓴다. 책에서 후보의 비전을 보여주고 후보가 누구라는 것을 밝혀야 한다. 책은 대중이 이해하기 쉽게 쓴다. 자서전은 강력한 홍보물이다. 책을 통해 출마의 변을 전파한다. 출판기념회를 열어 후보의 등장을 알릴 수 있다. 청중이 많이 모이면 언론에 보도된다. 다크호스(dark horse)나 유력 후보의 등장을 놓고 지역에서 화제가 된다. 출판기념회는 출정식이다. 지지자들과 함께 승리를 향한 의지를 모으고 교감하는 행사다. 또한 출판기념회는 후원회다. 공직선거법과 정치자금법을 주의해야 하지만 선거자금을 모을 기회가 된다.

3) 유세 전략

유세전략은 유세 기본계획, 유세지도, 유세 일정 등으로 구성된다. 선거운동 기간에 돌입하면 유세가 가장 핵심적인 캠페인 활동이 된다. 후보가 유세차량에 올라타거나 유세차 주변에서 유권자에게 직접 연설하며 지지를 호소한다. 유세팀은 율동, 동영상, 로고송, 각종 소품 등을 활용하여 유권자가 후보 연설에 관심을 기울이도록 유도한다. 유세 방식, 유세 일정, 유세 프로그램, 청중 동원 등이 원활하게 진행되기 위해서는 홍보, 조직, 자금 등 캠프 여러 파트의 유기적인 협업이 필요하다.

● 유세 기본계획, 유세 지도, 유세 일정

유세 기본계획에는 유세 목표, 유세 타깃(target), 유세 방식, 유세조직 구성·운용을 담는다. 유세 목표는 홍보기본전략에서 제시된 홍보 목표(인지도와 선호도 상승)를 달성하기 위해 선거운동 기간 내에 선거구 전 지역을 몇 회 유세한다든지 어떤 특정 지역에서 몇 회 유세하겠다는 구체적인 유세 횟수를 설정한다. 유세 타깃은 유세할 핵심 대상, 즉 지역, 계층, 연령별 타깃을 정한다. 유세 방식은 한 지역에서 오랫동안 유세하는 거점유세와 신속히 이동하면서 하는 게릴라식 유세 등의 유세 진행 방법을 제시한다. 유세 조직은 유세본부장, 유세팀장, 유세 선발팀, 유세 홍보팀, 유세 차량팀 등 유세를 담당하는 조직의 구성 및 운용 방안을 담는다.

유세 지도를 정확하게 작성해야 유세 일정을 효율적으로 수립하고 소화할 수 있다. 후보들은 짧은 기간에 최대한 많은 수의 유권자를 만나 지지를 호소해야 한다. 그러므로 가장 효율적인 유세동선을 수립하기 위해 유권자를 최대한 만날 수 있는 시간과 장소에 대한 정보를 수집해야 한다. 유세 지도는 표적 유권자들이 주로 거주하는 지역, 사람들이 많이 왕래하는 곳 등을 파악하여 선거운동원을 배치하거나 거리유세와 정당연설회를 할 수 있는 장소를 표시해 둔 지도를 뜻한다. 여론조사 결과나 역대선거 결과를 분석하여 지도에 우세, 경합, 열세 지역을 표기하고, 지역별로 유권자의 인구통계학적 특성을 함께 표시한다. 지리정보시스템(GIS, Geographic Information System)을 활용하여 지리 정보를 인구통계학적 데이터와 접목함으로써 시각적으로 쉽게 파악할 수 있도록 표시할 수 있다.

통(統) 단위까지 1급~3급으로 분류한 선거 지도(예시)

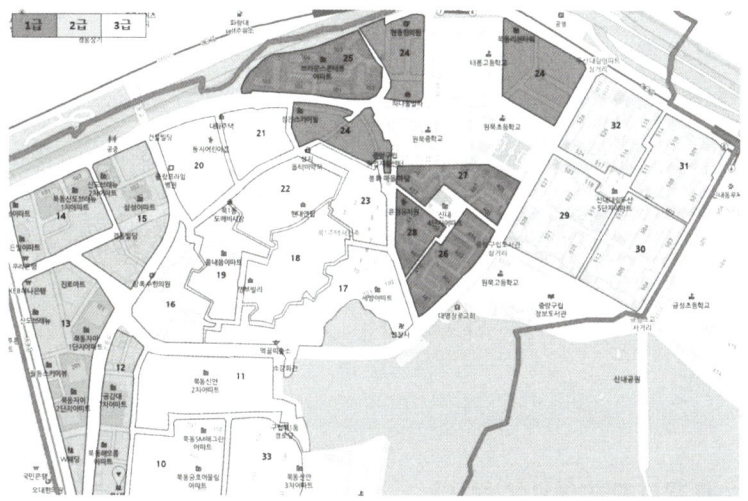

유세 일정은 초반, 중반, 종반으로 구분되는 단계별 유세 일정과 하루 단위 유세일정이 작성되어야 한다. 거점 포인트에서 한 시간 정도 머물면서 유세하는 거점유세와 유세차량을 타고 계속 돌아다니거나 한 지역에서 10분 정도 유세하고 다음 유세지역으로 신속히 이동하는 게릴라식 이동 유세 등의 유세방식을 적절하게 섞어서 단계별로 배치한다. 초반에는 우세지역에 집중하고 중반에는 부동층이 많은 지역, 종반에는 우세지역 또는 경합지역 순으로 유세 일정을 수립한다. 물론 선거 판세나 후보 상황에 따라 유연하게 계획을 수정할 수 있다. 인지도가 떨어지는 정치 신인은 인지도를 빨리 높이기 위해 선거 초반에 유세차가 선거구 전역을 신속하게 순회하는 게릴라식 유세를 적극 활용한다. 선거 중반 및 종반에는 대세론을 확산하거나 판세를 뒤집기 위해 중앙당 지도부, 유명 인사 등이 참석하는 대규모 유세를 개최한다.

유세 현장에 청중이 많이 참여하고 열띤 응원을 할 수 있도록 선거 캠프에서 세심하게 준비해야 한다. 언론이나 유권자는 유세 현장에 모이는 청중의 규모나 반응을 보고 선거 판세를 판단하기도 한다. 자발적 청중의 지지와 열의 정도를 보면서 후보의 상승세를 가름해 볼 수 있다. 열 번의 청중동원 행사보다 단 한 번의 멋있는 모습의 행사가 미디어를 타도록 하는 것이 유권자에게 좋은 인상을 남긴다.

● 유세 차량, 동영상, 로고송

유세 차량은 움직이는 광고판이다. 후보 컨셉트에 맞게 후보의 이름·기호·사진, 슬로건, 로고 컬러 등으로 산뜻하게 디자인하여 래핑(wrapping)한다. 유세 차량에 상영될 동영상은 상영 시간(running time)을 5분 이내로 짧게 제작하여 반복 상영하는 것이 효과적이다. 바쁜 유권자들은 스쳐 지나가며 유세차에서 상영되는 영상 한두 컷(cut)을 보며 후보의 이미지나 메시지를 잠깐 접할 뿐이다. 따라서 짧지만, 강렬한 여운을 남기는 상업광고처럼 후보의 감동적인 스토리나 긍정적인 이미지가 유권자의 뇌리에 꽂힐 수 있도록 제작해야 한다. 소수 지상파 방송사가 영상 미디어를 독점하던 시대는 오래전에 지나갔고 인터넷을 활용한 무한대의 미디어 채널이 등장해 있다. 이에 따라 영상 콘텐츠를 제작하여 다양한 채널을 통해 거의 무료로 확산하는 것이 가능해졌다. 과거에는 동영상을 제작하면 유세 차량에서 상영하는 데 그쳤다면 이제는 유튜브, 페이스북, 틱톡, 카카오톡 등 SNS용으로 동영상을 제작하고 이것을 유세 차량에서 상영한다. 원소스 멀티유스(one source multi-use)를 적극 활용한다.

로고송은 힘차고 활기차서 흥이 나야 한다. 일반인들이 쉽게 따라 부를 수 있는 대중가요를 많이 사용한다. 백제 무왕이 신라 선화공주의 사랑을 얻기 위해 아이들에게 퍼뜨렸다는 신라시대 향가 '서동요'의 원리처럼 로고송은 어린이들이 쉽게 알아들을 수 있으면 효과가 커진다. 어린이들이 따라 부르기 시작하면 그 부모 등으로 로고송의 전파력이 배가된다.

● 연설

후보는 자신의 메시지를 유권자에게 알기 쉽게 전달할 수 있는 연설 능력을 갖추는 것이 필수적이다. 연설 실력은 충분히 연습하면 향상된다. 후보의 연설 실력을 향상할 최고의 방법은 후보의 연설을 현장에서 녹음한 다음 조용한 곳에서 그것을 유심히 들으면서 잘된 점과 잘못된 점을 정리하는 것이다. 미국 우드로 윌슨 대통령은 대통령의 의회 연설을 부활시키고 미국의 제1차 세계대전 참전을 선언한 연설로 유명하다. 그는 연설을 준비하는 데 시간이 얼마나 소요되는지 묻는 말에 "15분 연설에 2주일, 30분 연설에 1주일 걸리고 2시간 연설은 지금 당장 할 수 있다"고 답변한 적이 있다. 짧은 연설일수록 더 어렵기 때문에 준비를 많이 해야 한다는 뜻이다. 연설을 준비하다 보면 후보의 생각을 논리정연하게 정리하고, 무엇을 넣고 빼야 하는지 결정하며, 연설 길이가 적당한지 파악하는 데 시간이 많이 소요된다. 윈스턴 처칠의 조언처럼 연설 길이는 주제를 충분히 다룰 수 있을 정도로 길어야 하지만, 그렇다고 너무 길어서 사람들이 흥미를 잃게 해서는 안 된다. 특히 대통령선거 후보는 너무 오래 연설하는 것을 피해야 한다. TV 카메라가 청중의 반응 장면을 찍다 보면 졸거나 신문을 보는 청중들이 카메라에 잡히고 이것이 전국에 방송될 수 있다.

연설 원고는 미리 준비해야 한다. 어떤 후보는 원고를 보고 연설할 때 더 잘하는 경우가 있는가 하면 어떤 후보는 간단히 정리한 요점에 따라 즉석에서 연설하는 것을 더 잘한다. 연설 요지만 보고 연설하는 경우가 연설 내용과 리듬을 상황에 맞게 조절하는 데 적합하다. 후보가 아무리 연설을 잘하더라도 연설 요지를 사전에 작성해야 한다. 연설 요지는 인덱스카드나 종이 몇 장에 5~10개의 사항을 적어 활용한다. 또한 모범 연설문을 몇 가지 개발해야 한다. 모범 연설문을 근거로 그때그때 상황에 맞게 살을 붙여서 연설하면 된다. 모범 연설문이 있으면 연설을 체계적으로 하게 되고, 중요한 사항을 빠짐없이 모두 거론할 수 있으며, 말했던 내용을 불필요하게 반복하는 일이 없게 된다. 연설문은 2분짜리, 5분짜리, 20분짜리 등 세

가지를 준비한다. 이 세 가지면 각종 토론회, 행사, 거리연설의 오프닝 멘트를 포함해 거의 모든 경우에 무난히 대처할 수 있다. 또한 연설을 시작하고 마무리할 때, 그리고 연설 분위기를 띄울 때 사용할 수 있는 인용문이나 재미있는 이야기, 일화, 농담 등을 준비해 두어야 한다. 연설 내용은 메시지전략에 따라 선거운동의 초반, 중반, 종반에 강조점을 다르게 할 수 있다. 연설을 통해 상대의 공격에 대응하거나 상대를 공격하는 순발력을 발휘할 수 있도록 준비하는 것도 잊지 않아야 한다.

선거실행전략 (3)
조직전략

조직은 선거 단위가 작을수록, 그리고 선거구 면적이 좁을수록 영향력이 크다. 전국을 선거구로 하는 대통령선거는 전체 선거 구도에 의해 판세가 좌우되고 이미지와 메시지 위주로 선거 캠페인이 진행된다. 반면 지방선거는 조직선거다. 지방선거에서는 조직이 튼튼한 후보가 선거 바람을 뚫고 당선될 수 있다. 2022년 20대 대통령선거 직후 실시된 8회 지방선거에서 여당 바람이 몰아치는 가운데도 서울지역 25명 구청장 중 8명은 야당인 더불어민주당 후보가 당선되었다. 이들은 대부분 현역 구청장으로서 지역 내 인지도가 높고 조직 기반이 탄탄하였다. 국회의원선거는 대통령선거와 지방선거의 중간쯤에 자리 잡고 있다. 기본적으로 전체 선거 구도에 의해 좌우되지만 그렇다고 조직 기반을 무시할 수 없다. 농촌지역일수록 조직선거의 양상이 많이 나타난다.

　조직전략은 조직 기본계획, 선거조직 구성 및 운용 방안, 유권자 데이터베이스 구축 및 활용 방안 등으로 구성된다.

조직 기본계획을 통해 조직 목표, 주요 조직 대상, 조직화 방안 등을 정리한다. 조직 기본계획을 수립하기 위해 먼저 선거구 내 주요 인물과 조직의 현황, 후보의 조직 기반과 조직 역량 등을 파악한다. 이에 대해서는 선거전략 1단계인 상황분석에서 철저하게 이루어져야 한다.

조직 목표는 지지층 결집과 부동층 공략을 위한 조직 활동의 목표를 초반, 중반, 종반 등 선거 캠페인 단계별로 설정한다. 선거조직은 기본적으로 지지층을 결집하는 역할에 초점을 맞춘다. 물론 부동층에 영향력 있는 인물을 영입하는 것도 필요하다. 선거조직의 구성과 인물의 영입은 선거 상황에 맞춰 단계별로 추진한다. 초기에는 기존 지지층 결집에 주력한다. 당원과 지지층에 영향을 미칠 수 있는 인물이 선거조직의 비중 있는 역할을 맡도록 한다. 중반에 부동층을 겨냥한 인물을 영입하여 대세론을 확산시킨다(인물 영입 작업은 훨씬 이전부터 진행해야 한다).

선거조직 구성 및 운용 방안에서는 유기적이고 효율적인 선거조직의 구축 가동 방안을 제시한다. 선거조직 배치도를 작성하고 참모나 지지자의 역할과 권한을 명확하게 규정한다. 이때 지지자들이 선거조직에서 가급적 소외되지 않도록 배려한다. 선거조직은 선거대책위원회('선대위') 간부, 참모조직, 실행조직 등으로 구성한다. 선대위 간부는 선거조직을 대표하고 상징하는 인물이다. 선대위 위원장 및 부위원장, 선거대책본부장 및 부본부장, 고문과 자문위원들이다. 이들 중 위원장이나 본부장은 사무실에 상근하면서 주요 결정을 내리는 역할을 하지만 그 외에는 상징적인 의미가 크므로 사무실에서 내방객을 면담하거나 외부에서 활동한다. 참모조직은 전략, 정책, 메시지, 공보, 홍보, 재정 등 선거 캠페인의 기획과 실무를 담당한다. 실행조직에는 현장 선거운동원과 조직활동가가 있다. 유세, 거리인사, 전화홍보, 총무, 선거관리위원회 업무 등을 담당하거나 지역별, 분야별로 조직 활동을 수행한다. 온라인 캠페인 시대에 온라인을 통한 조직 활동이 필수적이다. 선대위에 온라인 선거대책본부를 설치하고 온라인 조직과 온라인 홍보를 총괄하도록 한다. 온라인 홍보 채널이 곧 온라인 조직이다. 카카오톡 단체방 등 온라인 채널이 거미줄처럼 뻗어나갈 수 있도록 선거운동원에게 요령을 교육하고 선거운동원들의 채널 운영 상황을 점검한다. 온라인 여론 동향과 온라인 커뮤니티의 활동을 모니터링하고, 이를 활용하거나 대응하는 방안을 수립 실행한다. 또한 후보의 콘텐츠를 빠르게 작성 제공하여 선거운동원과 지지자들이 각종 온라인 채널을 통해 확산시키도록 한다.

　선거조직은 대체로 선거전(選擧戰)을 효율적으로 치루기 위해 명령 복종 관계를 맺은 수직적인 형태의 계선조직(系線組織)으로 운영되어 왔다. 그러나 요즘에는 수평적 네트워크로 구성하고 '멘토단'을 운영하는 방식이 확산하고 있다. 이는 자원봉사자 중심의 새로운 선거문화를 만들고 참신하고 새로운 후보의 이미지를 창출하는 데 도움이 된다. 그러나 후보가 자발적인 자원봉사자 중심의 선거조직을 구축하고 운영할 수 있는 능력이 있을 때만 가능하다. 단기간에 급조되는 선거조직의 특성상 팀워크가 신속하게 갖춰지지 않는다면 수평적 네트워크 조직은 오합지졸로 전락할 우려가 있다.

선거조직은 공조직과 사조직으로 구분된다. 공조직의 중심은 정당조직이다. 정당조직은 기존 지지층을 결집하는 역할을 한다. 사조직에는 후보의 혈연·지연·학연 및 관련 단체, 후보가 속한 동호인 조직 등이 있다. 이들이 자원봉사자로서 자발성을 발휘한다면 선거운동에 활력소가 된다. 또한 정당조직이 미치지 못하는 유권자를 끌어당기는 역할을 한다. 그러나 후보의 친·인척이 선거조직의 운영에 개입하는 것은 피해야 한다. 자칫 선거 참모들이 소신껏 일하는 것을 방해하거나 선거조직 내부에 갈등을 일으킬 수 있다. 선거운동에서 무엇보다 적극적인 역할을 하는 조직이 이슈 조직이다. 이슈 조직은 지역 현안이나 정책적 사안을 해결하기 위해 활동하는 주민단체나 시민단체 등을 가리킨다. 이슈 조직은 열성적인 조직이다. 후보가 이슈 조직과 오랫동안 함께 활동했다면 이들의 적극적인 도움을 받을 수 있다. 때로는 후보가 이슈 해결에 적극 나서겠다는 협약을 맺고 이들의 지지를 끌어낼 수 있다. 유의할 점은 주민 간의 갈등을 조장하는 이슈에 개입해서는 안 된다는 것이다. 예를 들어 가스 충전소 신설 문제는 입지에서 멀리 떨어진 주민과 충전소 주변 사람들 사이에 찬반이 극명하게 나뉜다. 후보가 찬반 한쪽의 입장에 손을 들어주는 순간 다른 쪽 주민들의 강력한 반대운동에 직면하게 된다. 이런 경우 후보는 찬반 양측의 이견을 조율하고 중재하는 조정자 역할을 하면서 리더십을 발휘하는 것이 좋다.

유권자에 대한 정보와 데이터베이스(database)는 성공적인 선거 캠페인을 위한 필수 요건이다. 유권자 데이터베이스(DB)는 유권자

세분화, 맞춤형 홍보 및 메시지, 계획적인 개인 접촉, 투표 독려 등 조직, 홍보, 유세 등에 광범위하게 활용된다. 유권자 DB는 레이저 유도장치에 비유된다. 동굴 속 표적을 벙커 버스터(bunker buster)에 안내해 주는 레이저 유도장치처럼 유권자의 마음속으로 들어가는 길을 열어주는 유도장치다. 2006년 미국의 한 여론조사 회사가 공산 반군의 저항으로 위기에 처한 네팔 정부로부터 업무를 의뢰받았다. 여론조사 회사에 고용된 네팔 사람이 현장 조사를 하던 중 공산 반군에 납치되었는데 공산 반군이 그 인질의 석방 대가로 요구한 것은 다름 아닌 여론조사 자료였다. 이 사건은 히말라야산맥의 작은 나라에서조차 오래전부터 데이터와 정보를 얼마나 중요하게 여기는지를 여실히 보여준다.

유권자 DB의 수집은 후보의 가족, 친지, 친구들로부터 시작한다. 이들로부터 선거구에 연고가 있는 사람들의 명단을 소개받는다. 선거 조직원과 열성 지지자를 통해 지인 명부, 당원 명부, 각종 단체 회원명부, 이슈와 관련한 명부 등 다양한 유권자 DB를 수집한다. ARS 등 여론조사의 로 데이터(raw data)도 훌륭한 유권자 DB가 된다. 수집된 DB들은 컴퓨터나 휴대전화에 입력·관리한다. 컴퓨터에 저장된 DB와 휴대전화에 저장된 DB가 상호 연동되므로 한 곳에만 입력해도 어느 기기에서나 사용할 수 있다. 컴퓨터의 오류, 바이러스, 해킹, 정전 등으로 원본이 손상되거나 잃어버릴 경우를 대비하여 원본을 미리 복사(backup)해 둔다. DB에는 이름, 나이, 주소, 연락처, 이메일, 직업, 직책 등을 기재한다. 중요도에 따라 A·B·C등급으로 분류하고, 우호·부동·반대 등 지지 성향, 후보와 해당 인물의 접촉 내용 등을 기록한다. 이처럼 포맷을 잘 설계하여 DB를 구축해야 선거 캠페인에 효율적으로 활용할 수 있다.

미국의 정당들은 약 2억 4천만(2020년 대통령선거 기준) 유권자 한 사람 한 사람에 대해서 더 자세한 자료를 확보하려고 경쟁한다. 우리나라에서 선거권을 갖는 유권자가 자동으로 등록되는 것과 달리 미국 유권자는 투표에 참여하기 위해 유권자 등록을 해야 한다. 거주하는 주 정부에 유권자 등록을 하면서 이름, 주소, 생년월일, 운전면허증이나 사회보장 번호 끝 4자리, 인종, 정당 등을 적는다. 미국 정당은 선거 캠페인 목적으로 유권자 DB를 제공받아 사용할 수 있다. 유권자 DB에는 유권자의 이름, 집 주소, 메일 주소, 성별, 생년월일, 전화번호, 지지 정당, 투표 상세 정보 등이 포함된다. 공화당과 민주당은 방대한 유권자 DB를 확보하여 독자적인 정보은행을 구축해왔다. 2012년에 실시된 미국 대통령선거에서 민주당의 버락 오바마 후보 선거캠프는 선거 빅데이터를 구축하여 캠페인을 과학적인 방법에 의해 수행함으로써 선거에서 승리할 수 있었다. 약 1억 6천만 명에 달하는 유권자 정보(1인당 200~400개 정보)를 수집·분석하여 선거운동에 활용한 것으로 알려져 있다. 오바마 선거캠프에서는 유권자 등록 명부를 이용하여 유권자가 구독하는 잡지, 선호하는 자동차 브랜드, 자주 가는 쇼핑 장소, 소득 수준, 통근 방식 등 유권자 정보와 각종 선거 결과 등을 수집 → 본부에서 분석 → 전략 재구성 → 지역 선거사무소로 전달 → 선거운동원들에게 유권자 명단 배포 → 전화와 개별 방문으로 오바마 지지 여부 확인 → 본부에서 분석된 내용과 예측된 유권자의 성향이 맞는지 확인 →

컴퓨터에 결과 재입력 등 DB를 체계적이고 세밀하게 구축하여 과학적으로 활용하였다.

    우리나라에서도 유권자 DB를 수집하고 체계화하는 기술과 활용방안이 개발되어야 한다. 그러나 개인정보 보호법으로 인해 짧은 기간에 수많은 DB를 수집하기는 매우 어려운 실정이다. 따라서 DB를 오랜 기간에 걸쳐 정성스럽게 수집할 필요가 있다. 후보는 출마를 결심하는 순간부터 유권자 DB 수집을 시작해야 한다.

14
선거실행전략 (3)
자금전략

예산계획이 없는 선거계획은 무용지물이다. 대부분의 선거 캠페인은 자금이 투입되어야 작동된다. 에너지가 없으면 몸을 움직일 수 없듯이 자금은 선거 캠페인이 실행되도록 하는 에너지다. 그러나 후보가 자금을 조달하는 것이 쉽지 않고 자금이 충분하게 마련되더라도 공직선거법의 선거비용 규제를 위반할 수 없기 때문에 선거자금의 운용에도 집중과 선택이 필요하다. 자금전략은 예산 편성, 자금모금 방안, 자금 집행 일정으로 구성된다.

먼저 예산 편성의 방법을 알아보자.

첫째, 공직선거법의 선거비용 규정을 검토한다. 선거구 관할 선거관리위원회가 예비후보등록 개시일 전 10일까지(선거기간개시일 전 70일까지) 공고하게 되어 있는 선거비용 제한액을 확인한다. 또한 선거비용으로 인정되어 보전되는 비용과 그렇지 않은 비용이 무엇인지 파악한다. 선거비용 보전은 유효 득표율이 15% 이상인 경우 지출한 선거비용 전액, 10% 이상~15% 미만인 경우 선거비용의 절반에 해당하는 금액을 보전받게 된다.

둘째, 예상되는 소요 자금이 어느 정도인지 분석한다. 예비후보와 당내경선, 본선에 이르기까지 단계별 소요 금액을 산정한다. 또한 여론조사비, 선거홍보물, 유세차량 제작비, 후보 활동비, 선거운동원 인건비, 사무실 운영경비 등 항목별, 캠페인 프로그램별로 소요 금액을 산출한다. 보전받을 수 있는 법정 선거비용과 보전받을 수 없는 법정 외 선거비용으로 구분하여 계산하고 자금 소요 총액을 구한다. 당내 경선에 드는 비용은 선거비용이 아닌 정치자금에 해당한다. 경선 기탁금, 경선후보의 명함 및 홍보물 제작·발송비용, 경선사무소의 설치와 현수막 첩부 비용 등은 선거비용이 아닌 정치자금으로 처리한다.

셋째, 가용 자금이 얼마인지 정리한다. 후보 개인자금과 예상 후원금의 규모를 파악한다. 선거비용 보전이 확실할 경우 선거 후 보전받을 비용을 이용할 수 있는 자금에 포함한다.

넷째, 가용 자금의 범위 안에서 예산 계획을 수립한다. 선거 캠페인 단계별로 예산을 배정하고 항목별, 캠페인 프로그램별로 예산을 편성한다. 전체 비용이 가용 자금의 규모를 벗어나서는 안 된다. 특히 법정 선거비용이 선거비용 제한액의 70~80%를 넘지 않도록 한다. 이렇게 해야 선거가 끝난 뒤 선관위에 제출해야 할 선거회계 보고를 앞두고 예상하지 못한 지출 금액이 청구되거나 발견되어 선거비용 제한액을 초과하는 낭패를 막을 수 있다.

후보는 예비후보로 등록하는 때부터 후원회를 설치하여 후원금을 모금할 수 있다. 현역 의원인 경우 오래전부터 후원회를 통해 모금해 왔을 것이다. 정치 신인은 예비후보로 등록하면 후원회를 구성할 수 있지만 정당 공천이 확정되기 전까지 후원금 모금이 쉽지 않다. 우선 가까운 친·인척, 친구, 지인 등을 통해 후원받는다. 인기 있는 후보의 경우 상환조건부 모금방법을 활용할 수 있다. 상환조건부 모금방법은 후보가 선거 뒤 일정 시기에 상환할 것을 조건으로 지지자들로부터 선거자금을 차입하는 방식이다. 후원자들은 후보로부터 일정한 이자(대체로 시중은행 금리 적용)를 더해 상환을 약속받고 돈을 빌려준다. 이는 미국에서 자주 사용되는 모금 방식이다. 후보는 선거가 끝난 뒤 자신이 조달한 자금이나 선관위로부터 보전받는 선거비용으로 상환한다. 유력 대통령 후보나 광역단체장 후보 등은 '윤석열 국민펀드', '이재명 펀드' 식으로 명칭을 붙여 모금한다. 2022년 대통령선거를 앞두고 윤석열 펀드와 이재명 펀드는 모금 시작 1~2시간 만에 수백억 원의 목표금액을 달성하여 화제가 되었다. 자금을 모금하면서 후보의 이미지까지 높이는 일석이조의 효과를 거둘 수 있었다.

2022년 대통령선거를 앞두고 출시된 '윤석열 펀드'는 모금 53분만에 목표금액 500억원을 모으는 데 성공했고 '이재명 펀드'는 공모 1시간 49분만에 목표액 350억원을 달성했다.

예산 편성과 자금모금 계획이 마무리되면 자금 집행 스케줄을 수립한다. 단계별, 일자별로 자금을 집행하는 일정표를 작성한다. 자금을 집행할 때 선거운동원이나 내방객의 식대 문제가 골칫거리로 등장하는 경우가 있다. 불법적인 식비 제공은 공직선거법 위반의 단골 메뉴다. 식비 처리 원칙을 미리 천명해 놓아야 시빗거리가 생기지 않는다.

드디어 선거전략을 완성할 지점에 도달했다. 선거실행전략까지 작성을 완료하면 선거전략을 단계별로 실행하는 일정을 수립한다. 단계별 실행일정에는 1단계, 2단계, 3단계 등으로 나누어 단계별 전략목표(선거기본전략의 단계별 전략에서 수립한 바 있다)와 정치 일정, 기념일, 행사 일정 등 주요 참고 일정을 적시한다. 그리고 기획, 정책, 홍보, 유세, 조직, 총무 등 분야별로 해야 할 일을 선거일을 데드라인으로 삼아 역산(逆算)하여 일자별로 정리한다. 여기까지 작성하면 선거전략을 성공적으로 완성하게 된다.

제2부
실전에서 배우는 승리의 기술

선거 구도, 정권 안정인가 정권 심판인가

"모든 선거는 재임자에 의해 경쟁 구도가 규정된다." 미국 최초의 흑인 대통령인 버락 오바마를 탄생시킨 선거전략가 데이비드 엑설로드(David Axelrod)가 한 말이다. 우리나라에서도 대통령에 대한 평가가 선거 구도를 결정한다. 대통령에 대한 평가는 대통령 지지율로 나타난다. 대통령 지지율은 대체로 대통령 임기 초반에 높다가 후반으로 갈수록 떨어진다. 따라서 선거가 대통령 임기 초반에 실시되면 대통령의 높은 지지율에 힘입어 여당이 유리하다. 대통령 임기 후반으로 가게 되면 대통령 지지율이 떨어져 야당에 유리해진다.

대통령 임기와 선거 시기의 상관관계가 역대 선거에서 실제 어떻게 나타났는지 알아보자. 1987년 민주화 이후 국회의원선거(이하 '총선')가 아홉 차례 실시되었다. 그런데 9번의 총선 결과를 보면 총선 시기와 대통령 임기의 상관관계가 높지 않은 편이다(<표> 대통령 임기와 총선의 상관관계 참조). 대통령 임기 후반에 실시되는 총선은 정권 심판론으로 인해 야당이 유리한데도 여당이 이긴 경우가 세 차례(15대·19대·21대 총선)나 된다. 대통령 임기 초반에 실시된 13대 총선의 경우 정권 안정론으로 여당이 유리할 것으로 보였지만 야당이 크게 승리했다. 9차례 총선 중 4차례에서 대통령 임기와 관련성이 떨어지는 결과가 나타난 것이다. 대통령 임기와의 상관관계가 떨어지는 선거 결과가 나왔던 13대·15대·19대·21대 총선에 대해 구체적으로 분석해 보자.

13대 총선은 1988년 노태우 대통령 임기 1년 차에 실시되었지만, 여당이 패배했다. 1960년대 이후 군사정부 30여 년 동안 여대야소(與大野小)가 당연하게 여겨져 왔다. 그러나 1987년 민주화 이후 처음으로 실시된 13대 총선에서 당시 여당인 민주정의당은 125석으로 과반 의석 확보에 실패했다. 평화민주당, 통일민주당, 신민주공화당, 한겨레민주당 등 야 4당이 165석을 획득하여 30여 년 만에 여소야대 정국이 전개되었다. 직전 연도인 1987년 12월 13대 대통령 선거에서 12·12 군사쿠데타 주역 중 한 명인 여당 후보 노태우가 야당이 분열하는 바람에 당선되었다. 그러나 13대 총선은 1987년 6월 민주항쟁의 강력한 자기장 안에 있던 시기에 실시되어 비록 대통령 임기 초반이지만 여당이 총선에서 패배할 수밖에 없었다.

15대 총선은 1996년 김영삼 대통령 임기 4년 차에 치러졌다. 그러나 당시 여당인 신한국당이 139석을 확보하며 선전했다. 제1야당인 새정치국민회의는 개헌저지선인 100석 확보는 물론 제1당까지 목표로 했지만 80석에 그치며 완패당했다. 1992년 14대 대선에서 패배한 뒤 정계은퇴를 선언하고 영국에 있던 김대중이 1995년 7월

정계 복귀를 선언했다. 동교동계를 중심으로 김대중의 정계 복귀를 찬성하던 민주당 의원들이 새정치국민회의를 창당하고, 그의 복귀에 부정적이던 민주당 인사들은 시민사회 인사들과 함께 통합민주당을 창당하는 등 야당이 분열되었다. 여당인 민주자유당 역시 민정계, 공화계, 민주계 사이에 당권을 둘러싼 계파 갈등으로 공화계와 민정계 일부가 탈당하여 자유민주연합을 창당하였다. 더욱이 민주자유당은 1년 전 지방선거에서 참패하여 1996년 총선 전망이 불투명한 상황이었다. 이에 여당은 김영삼 대통령과 맞서다 국무총리에서 경질되었던 '대쪽' 이회창을 당의 간판으로 내세우고 당명도 신한국당으로 바꿨다. 홍준표, 안상수, 황우여 등 법조인과 운동권 인사 이재오, 김문수, 이우재 등 참신한 정치 신인들을 수도권에 집중적으로 공천했다. 그 결과 서울에서 47석 중 27석을 확보하는 등 수도권 96석 중 54석을 차지하는 승리를 거두었다. 여당인 신한국당이 수도권 승리를 발판으로 안정적인 원내 1당의 자리를 확보하였다. 15대 총선은 대통령 임기 후반에 실시되었지만, 현직 대통령과 맞섰던 인물을 당 대표로 내세워 정권 심판론을 희석하고 신인 대거 공천 등 세대 교체론으로 이슈를 주도하는 등 보수 여당의 총선전략 성공 사례로 평가된다.

대통령 임기와 총선의 상관관계

구분	대통령 임기	구분	민주당 계열	국민의힘 계열	제3지대 계열	진보정당 계열	무소속
13대 총선 (1988년)	노태우 대통령 1년 차	전체	129(43.1%)	125(41.8%)	36(12%)	-	9(3%)
		지역구	100(44.6%)	87(38.8%)	28(12.5%)	-	9(4%)
		전국구	29(38.7%)	38(50.7%)	8(10.7%)	-	-
14대 총선 (1992년)	노태우 대통령 5년 차	전체	97(32.4%)	149(49.8%)	32(14%)	-	21(7%)
		지역구	75(31.7%)	116(49%)	25(10.6%)	-	21(8.9%)
		전국구	22(35.5%)	33(53.2%)	7(11.3%)	-	-
15대 총선 (1996년)	김영삼 대통령 4년 차	전체	79(26.4%)	139(46.5%)	65(21.7%)	-	16(5.4%)
		지역구	66(26.1%)	121(47.8%)	50(19.8%)	-	16(6.3%)
		전국구	13(28.3%)	18(39.1%)	15(32.6%)	-	-
16대 총선 (2000년)	김대중 대통령 3년 차	전체	115(42.1%)	133(48.7%)	20(7.3%)	-	5(1.8%)
		지역구	96(42.3%)	112(49.3%)	14(6.2%)	-	5(2.2%)
		비례대표	19(41.3%)	21(45.7%)	6(13%)	-	-
17대 총선 (2004년)	노무현 대통령 2년 차	전체	152(50.8%)	121(40.5%)	14(4.7%)	10(3.3%)	2(0.7%)
		지역구	129(53.1%)	100(41.2%)	10(4.1%)	2(0.8%)	2(0.8%)
		비례대표	23(41.1%)	21(37.5%)	4(7.1%)	8(14.3%)	-
18대 총선 (2008년)	이명박 대통령 1년 차	전체	81(27.1%)	153(51.2%)	35(11.7%)	5(1.7%)	25(8.4%)
		지역구	66(26.9%)	131(53.5%)	21(8.6%)	2(0.8%)	25(10.2%)
		비례대표	15(27.8%)	22(40.7%)	14(25.9%)	3(5.6%)	-
19대 총선 (2012년)	이명박 대통령 5년 차	전체	127(42.3%)	152(50.7%)	5(1.7%)	13(4.3%)	3(1.0%)
		지역구	106(43.1%)	127(51.6%)	3(1.2%)	7(2.9%)	3(1.2%)
		비례대표	21(38.9%)	25(46.3%)	2(3.7%)	6(11.1%)	-
20대 총선 (2016년)	박근혜 대통령 4년 차	전체	123(41%)	122(40.7%)	38(12.7%)	6(2%)	11(3.7%)
		지역구	110(43.5%)	105(41.5%)	25(9.9%)	2(0.8%)	11(4.4%)
		비례대표	13(27.7%)	17(36.2%)	13(27.7%)	4(8.5%)	-
21대 총선 (2020년)	문재인 대통령 4년 차	전체	180(60%)	103(34.3%)	6(2.0%)	6(2.0%)	5(1.7%)
		지역구	163(64.4%)	84(33.2%)	0(0.0%)	1(0.4%)	5(2%)
		비례대표	17(36.2%)	19(40.4%)	6(12.8%)	5(10.6%)	-

주 1) 괄호는 의석 점유율(당선인 수 ÷ 의원정수)
2) 13대 총선 민주당 계열 의석수는 평화민주당과 통일민주당의 의석수 합산
3) 정당 구분

구분	민주당 계열	국민의힘 계열	제3지대 계열	진보정당 계열
13대 총선	평화민주당 통일민주당	민주정의당	신민주공화당 한겨레민주당	-
14대 총선	민주당	민주자유당	통일국민당 신정치개혁당	-
15대 총선	새정치국민회의	신한국당	자유민주연합 통합민주당	-
16대 총선	새천년민주당	한나라당	자유민주연합 민주국민당 한국신당	-
17대 총선	열린우리당	한나라당	새천년민주당 자유민주연합 국민통합21	민주노동당
18대 총선	통합민주당	한나라당	자유선진당 친박연대 창조한국당	민주노동당
19대 총선	민주통합당	새누리당	자유선진당	통합진보당
20대 총선	더불어민주당	새누리당	국민의당	정의당
21대 총선	더불어민주당	미래통합당	국민의당 열린우리당	정의당

최근 10여 년간 실시된 총선은 공교롭게도 모두 대통령 임기 후반에 실시되었다. 2012년 19대 총선은 이명박(MB) 대통령 임기 말에 실시되었음에도 여당인 새누리당이 승리했다. 새누리당은 43.3%의 득표율로 152석을 획득하여 과반을 확보했다. 당시 제1야당인 통합민주당은 새누리당보다 25석 뒤진 127석을 얻었고 득표율은 37.9%를 기록했다. 야당은 2010년 지방선거에서 승리7한 여세를 몰아 2012년 총선에서 MB 심판론을 앞세우며 과반 의석을 낙관하고 있었다. 2011년 12월 친노계, 동교동계, 시민사회 인사, 한국

노총 등 다양한 세력들이 통합하여 민주통합당을 출범시키며 전열을 정비했다. 민주통합당은 통합진보당과 야권연대도 성사했다. 그러나 총선 직전에 여성·노인·기독교를 비하한 김용민 막말 파문, 당내 계파 싸움, 일부 동교동계가 탈당하여 만든 정통민주당에 의한 야권표 분할 등 악재가 연이어 터졌다. MB 심판론 말고는 선거를 주도할 이슈 개발에도 소홀했다. 이에 비해 한나라당은 선거 패배의 위기감 속에서 전면 쇄신에 박차를 가했다. 같은 여당 정치인이면서 MB와 대척점에 서 있던 가장 강력한 차기 대권주자인 박근혜를 비대위원장으로 내세웠다. 또한 친MB계 인사들을 공천에서 대폭 탈락시켰다. 당명도 새누리당으로 바꾸었다. 김종인을 영입하여 경제민주화, 복지 강화 등 정책 노선을 좌클릭하였다. 이로써 MB와 차별화하여 정권 심판론을 약화하였다. 경제민주화 등 선거 이슈를 주도하며 중도층 공략에 성공하여 마침내 승리했다. 새누리당으로서는 같은 해 12월 대통령선거를 앞두고 정권 재창출의 기반을 튼튼하게 구축할 수 있었다.

   2020년 21대 총선은 문재인 대통령 임기 4년 차에 실시되었다. 정권 후반기에 치러지는 중간평가의 성격을 갖는 선거여서 야당에 유리할 것으로 여겨졌다. 그러나 민주당은 1987년 민주화 이후 총선에서 단일 정당 사상 가장 많은 의석을 확보하는 '역대급' 압승

---

7 지방선거 중 정치적으로 중요한 자치단체장선거에서 민주당은 시도지사 7명, 시장·군수·구청장 92명 등 총 99명을 배출했고, 한나라당은 시도지사 6명, 시장·군수·구청장 82명 등 총 88명을 당선시켰다.

을 거두었다. 민주당은 득표율 49.9%로 163석을 얻었고 위성정당인 더불어시민당 17석과 '형제정당' 열린민주당 3석을 합쳐 183석을 확보했다. 국회선진화법에 따른 신속 상정을 무력화하고 단독으로 입법할 수 있는 압도적인 의석을 보유하게 되었다. 반면 제1야당인 미래통합당은 개헌 저지선을 간신히 넘는 참패를 당했다(미래통합당 84석과 '위성정당' 미래한국당 19석을 합쳐 103석, 득표율 41.5%). 당시 보수정당은 박근혜 탄핵의 후폭풍에서 벗어나지 못하고 있었다. 미래통합당은 자유한국당을 중심으로 중도·보수 세력들이 모여 2020년 2월 창당되었다. 창당 직후 황교안의 자유한국당 계열이 주도권을 잡고 강경 보수층에 의존하는 선거전략으로 중도층을 포기하는 자승자박을 자초했다. 총선 과정에서 공천관리위원회의 사천 논란, 당내 주도권을 쥐고 있던 친박 및 친황계의 막말 파문까지 벌어지며 최악의 참패를 기록했다. 여당의 대승은 야당의 지리멸렬에 크게 힘입었지만, 사실 여당 압승의 최대 요인은 코로나19 팬데믹이었다. 총선을 앞두고 조국 사태, 부동산 정책 실패 등으로 문재인 정부에 대한 민심이 악화하였다. 누적된 불만이 정권 심판론으로 퍼져나갔다. 그런데 3월부터 코로나 집단 감염 사태가 본격화되며 국민 불안이 고조되었다. 정부 대응이 'K-방역'으로 호평받으며 정권 안정론이 다시 우세해졌고 이는 4월 총선까지 이어졌다. 야당이 대통령 임기 후반의 선거에서 전가의 보도처럼 휘두를 수 있는 정권 심판론은 코로나19 팬데믹으로 말미암아 효과를 거둘 수 없었다. 여당인 민주당은 국가적 위기 때 집권 세력을 중심으로 단결이 이뤄지는 현상, 즉 국기결집 효과(rally round the flag effect)의

덕을 톡톡히 보았다.

　이처럼 총선의 경우 선거 시기와 대통령 임기의 관련성이 떨어지는 것과 달리 지방선거는 둘 사이의 상관관계가 높은 것으로 분석된다. 지방선거 중 정치적으로 가장 중요한 시도지사 선거를 기준으로 선거 결과를 살펴보면, 대통령 임기 2년 차까지는 대통령이 소속된 여당이 승리하고 임기 3년 차 이후에는 야당이 이겼다. 김대중·문재인·윤석열 대통령 임기 초반에 실시된 1998년, 2018년, 2022년 지방선거에서 정권 안정론을 앞세운 집권당이 압승했다. 김영삼·김대중·노무현·이명박 대통령 임기 중반 이후 치러진 1995년, 2002년, 2006년, 2010년 지방선거에서는 정권 심판론으로 야당이 승리했다.

　총선이 지방선거와 비교하여 선거 시기와 대통령 임기와의 상관관계가 낮은 이유가 무엇일까? 총선은 지방선거보다 중앙권력 장악에 미치는 중요성이 훨씬 커서 총선에 임하는 여야 정당의 각오가 지방선거에 비할 바가 못 된다. 그래서 각 정치세력이 죽기 살기로 총선에 임한다. 총선 결과는 대통령선거 결과에 직결된다. 1987년 민주화 이후 총선과 대선이 같은 해에 실시된 경우가 두 차례 있었다. 1992년 14대 총선에서 이긴 민주자유당은 그해 치른 대선에서 승리했다. 2012년 19대 총선에서 승리한 새누리당은 그해 12월 대선에서 정권 재창출에 성공했다. 또한 국회의원을 많이 확보한 세력, 정당, 계파가 차기 대권 경쟁에서 유리한 고지에 올라선다. 따라서 공천권을 확보하기 위한 세력 간, 정당 간, 정당 내부 계파 간 대립이 격화된다. 2022년 국민의힘에서 벌어진 이준석 전 국민의힘 대표와 윤핵관(윤석열 측 핵심 관계자의 줄임말) 간의 갈등은 이런 측면에서 해석될 수 있다. 당 내분이 심해지면 분당 또는 탈당 사태가 벌어지거나 정당, 정파 간에 연대가 무산되어 지지층이 분열되는 등 뜻밖의 사태가 돌발한다. 다른 한편으로 선거 패배의 위기에 직면한 정당이 전면 쇄신을 감행하여 위기를 기회로 반전시키는 경우도 있다. 이처럼 총선은 지방선거에 비해 그 정치적 의미와 중요성이 절대적으로 크기 때문에 총선을 앞두고 보수든 진보든 각 진영 내부에서 공천권을 둘러싼 분열이 발생하는 등 예상 밖의 정치적 사태가 발생할 수 있다. 이에 따라 애초 전망과 다른 선거 결과가 종종 나타난다. 이것이 총선과 대통령 임기와의 상관관계를 떨어뜨리는 요인이 된다.

또한 총선은 지방선거보다 전국 단위 선거 구도의 영향력이 훨씬 더 강력하게 작용한다. 총선과 지방선거는 구조적으로 선거 동학(dynamics)에 차이가 있다. 지방선거는 전국 단위 선거이면서 지방 단위 선거라는 양면적 성격이 동시에 작용한다. 따라서 지방선거는 전국 단위에서 선거 국면 전반을 관통하는 구도가 작동하면서도 각 지방 단위 선거구의 특성(경쟁 구도, 후보 경쟁력, 이슈 등)에 따른 선거 구도가 별도로 작용할 수 있다. 총선은 전국 단위 선거 구도의 규정력이 지방선거에 비해 매우 강력하기 때문에 중앙당의 선거 전략이 선거 결과에 결정적인 영향을 미친다. 총선에서 개개 후보의 역할이 과소 평가되어서는 안 되겠지만 전체적인 선거 판세는 중앙당에 의해 좌우된다. 중앙당이 얼마나 민심에 부응하는 전략으로 총선에 대응하는가에 따라 선거 결과가 대통령 임기와 무관하게 나타날 가능성이 있는 것이다.

2024년 22대 총선은 윤석열 대통령 임기 3년 차에 치러진다. 정권 심판론이 부상하여 야당에 유리한 환경이 조성될 것으로 보인다. 그러나 보수정당은 인물 교체나 정책 쇄신 등 혁신을 통해 불리한 조건을 극복하고 승리를 만들어 본 경험이 있다. 그 교훈을 15대 총선과 19대 총선에서 찾아볼 수 있다. 따라서 민주당 등 야당이 22대 총선에서 정권 심판론에 기대어 뼈를 깎는 혁신을 게을리하면 오히려 패배의 나락으로 몰릴 수 있다. 더구나 민주당은 전·현직 당대표의 '사법 리스크'라는 폭탄을 안고 있다. 혁신하는 정당은 승리하고 안주하는 정당은 패배한다. 연대하는 세력은 승리하고 분열하는 세력은 패배한다. 이것은 예외 없는 선거의 법칙이다.

선거의 승패,
구도인가 인물인가

선거는 흔히 구도라고 한다. 선거 구도가 선거 판세를 좌우하는 결정적 요인이라는 뜻이다. 과거에는 민주 대 반민주가 한국 선거를 지배하는 구도였다. 1997년 사상 최초의 여야 간 정권교체를 계기로 선거민주주의가 정착하고 민주 대 반민주 구도가 사라졌다. 대신 정권교체(또는 정권 심판) 대 정권 재창출(또는 정권 안정)이 선거 구도의 중심축으로 자리 잡았다. 선거 구도의 무게 추가 어느 방향으로 기우는가에 따라 선거 결과가 다르게 나타난다. 선거 당시 민심이 정권교체나 정권 심판을 바라면 야당이 유리하다. 반면 정권 재창출이나 정권 안정을 요구하면 여당이 승리한다. 2022년 20대 대통령선거는 문재인 정부 심판과 정권교체를 바라는 민심에 의해 제1야당 국민의힘 윤석열 후보가 당선되었다. 윤석열 대통령이 취임한 지 20일 만에 실시된 6월 지방선거는 새로운 대통령에게 일할 기회를 주어야 한다는 여론, 즉 정권 안정론에 힘입어 여당인 국민의힘이 크게 이겼다. 이처럼 선거의 승패는 선거 구도에 의해 결정된다.

대통령선거는 모든 선거 중에서 정치적 성격이 가장 강력하다. 국가 권력을 쟁탈하기 위해 진영 간, 정당 간 격렬한 대결이 펼쳐진다. 따라서 선거 구도의 규정력이 전국적 범위에서 단일하게 작동한다. 총선은 중앙정부를 견제하는 입법권력을 장악하기 위한 선거다. 총선 결과는 차기 대선에 지대한 영향을 미친다. 그러므로 총선 역시 정치적 성격이 매우 강하다. 이에 비해 지방선거는 상대적으로 정치적 성격이 약하다. 중앙 권력을 직접적으로 차지하기 위한 선거가 아니다. 지방자치에 탈정치적 성격이 내재되어 있기도 하다. 또한 지방선거는 전국 단위 선거이면서 동시에 지방단위 선거라는 양면적 성격을 내포하고 있다.[8] 따라서 지방선거는 전국 단위에서 선거 국면 전반을 관통하는 구도가 작용하면서 각 지방단위 선거구의 특성을 반영한 별도의 선거 동학(dynamics)이 동시에 작동한다. 이에 따라 지방선거에서는 전국 단위 선거 구도와 다른 선거 결과가 나타나기도 한다. 2022년 6월 기초자치단체장 선거에서 여당이 불리한 지역에서 이기고 반대로 야당이 불리한 곳에서 승리하는 선거 결과가 나타난 두 곳을 비교 분석하면 '구도'와 '인물'이 선거의 승패에 어떤 영향을 미치는지 확인할 수 있다.

먼저 전통적으로 민주당에 유리하고 국민의힘에 불리한 경기도

---

[8] 국회의원선거는 전국 구도의 규정력이 대통령선거보다 약하고 지방선거보다는 훨씬 강하다고 볼 수 있다.

안산시장선거를 살펴보자. 안산은 국민의힘으로서는 난공불락의 지역이다. 2010년 이후 안산시장선거에서 연전연패했고 대통령선거와 총선에서 민주당에 참패했다. 2022년 대통령선거에서도 윤석열 후보(41.6%)가 이재명 후보(54.8%)에게 13.2%포인트의 큰 격차로 패배했다. 경기도 전체에서 윤 후보가 이 후보에게 5.4%포인트 뒤진 사실을 고려하면 안산은 국민의힘으로서는 그야말로 '험지'다. 2022년 6월 지방선거에서도 민주당의 강세는 지속되었다. 경기도지사선거에서 민주당 김동연 후보가 52%의 득표율로 국민의힘 김은혜 후보를(45.8%) 6.2%포인트 앞섰다. 정당을 기준으로 투표하는 광역의원 비례대표선거에서도 민주당이 국민의힘보다 1.8%포인트 높은 득표율을 기록했다(<표> 2022년 안산시 대통령선거/지방선거 결과 참조). 그러나 안산시장선거에서는 국민의힘 이민근 후보가 181표라는 아슬아슬한 표 차이지만 민주당 제종길 후보를 누르고 당선되는 이변이 일어났다. 이민근 후보의 득표율은 광역의원 비례대표선거에서 소속 정당인 국민의힘이 얻은 득표율보다 0.5%포인트 낮았다. 득표수로는 606표 적게 받았다. 이 후보가 소속 정당에 비해 득표력이 떨어짐에도 시장 선거에서 당선되었다. 제종길 후보 역시 광역의원 비례대표 선거에서의 민주당 득표율보다 2.3%포인트 낮은 득표율을 얻었다. 소속 정당보다 5,484표 적게 받았다. 같은 당 출신 윤화섭 후보가 무소속으로 출마하여 민주당 표를 잠식했기 때문이다. 민주당 출신 두 후보가 모두 출마하여 야권표가 분산되는 바람에 국민의힘 후보에게 어부지리를 안겨주었다.

2022년 안산시 대통령선거/지방선거 결과

구분	대통령선거	경기도지사 선거	안산시장 선거	광역 비례대표 선거
민주당	이재명	김동연	제종길	민주당
득표수	225,436	133,984	119,595	125,079
득표율	54.8%	52%	46.5%	48.8%
국민의힘	윤석열	김은혜	이민근	국민의힘
득표수	171,259	118,175	119,776	120,382
득표율	41.6%	45.8%	46.5%	47%
무소속	-	-	윤화섭	-
득표수	-	-	16,919	-
득표율	-	-	6.6%	-

윤화섭 후보는 민주당 경선 후보에서 배제되자 탈당하여 무소속으로 출마하였다. 민주당이 현역 안산시장인 윤 후보를 경선 후보에서 탈락시킨 이유를 명확하게 밝히지 않았지만, 윤 후보의 정치자금법 위반 전력과 안산시 투자 기업과 관련한 이해충돌의 문제 때문으로 알려져 있다. 그러나 윤 후보는 안산 지역 모 국회의원이 측근을 본선 후보로 낙점하고 자신을 경선 후보에서 배제하려고 불공정한 잣대를 적용했다며 반발했다. 안산시장 선거에서 민주당 제종길 후보가 패배한 직접적 이유는 민주당 출신 두 후보의 동시 출마로 인한 야권표 분열이다. 그러나 근본적으로는 누구나 승복할 수 있는 공정하고 투명한 후보 선정 기준과 절차의 미비, 지역 정치를 장악하려는 국회의원의 전횡, 어떤 상황에서든 민주당 후보가 당선될 수 있다는 안이하고 오만한 인식 등이 민주당이 이길 수 있는 선거를 패배하게 했다. 또한 선거를 앞두고 후보 단일화를 성사하지 못

한 제종길 후보와 안산지역 민주당 국회의원들의 정치력 부족도 패인으로 지적된다. 이처럼 안산시장 선거에서는 민주당 출신 두 후보 간의 후보 단일화가 선거 구도를 지배하는 최대 이슈였다. 정권 안정 대 정권 견제라는 전국적 선거 구도와는 달리 해당 선거구에만 작동되는 선거 구도가 선거 판세를 결정하였다.

　불리한 선거 구도를 무릅쓰고 인물 경쟁력을 앞세워 당선되는 경우도 종종 있다. 2022년 6월 서울 성동구청장선거에서 3선에 성공한 민주당 정원오 후보가 대표적이다. 성동구는 민주당 강세 지역이었지만 2021년 서울시장 보궐선거부터 국민의힘이 우세한 곳으로 바뀌었다. 2022년 대통령선거에서도 국민의힘의 강세 현상이 이어졌다. 국민의힘 윤석열 후보(53.2%)가 민주당 이재명 후보(43.2%)보다 10%포인트 높은 득표율로 이겼다. 윤 후보는 성동구에서 서울시 평균 득표율 50.6%보다 2.6%포인트 더 높은 득표율을 기록했다. 따라서 6월 성동구청장선거는 국민의힘 후보에게 판세가 매우 유리했다고 볼 수 있다. 실제 성동구 지방선거 결과를 보면 서울시장선거에서 국민의힘 오세훈 후보(60.9%)가 민주당 송영길 후보(37.6%)를 23.3%포인트라는 큰 차이로 이겼다. 광역의원 비례대표 선거에서도 국민의힘 득표율(54.4%)이 민주당(40.6%)보다 13.8%포인트 높았다. 민주당 정원오 후보는 국민의힘이 강세를 보이는 불리한 환경 속에서도 57.6%의 득표율을 기록하여 국민의힘 강맹훈 후보(42.4%)를 15.2%포인트라는 큰 차이로 이기고 당선되었다. 정 후보는 광역의원 비례대표선거에서 민주당이 얻은 득표율보다 무려 17%포인트 더 많이 득표하였다(<표> 2022년 성동구 대통령선거/지방선거 결과 참조). 이는 정 후보가 무소속과 제3당을 지지한 유권자는 물론 일부 국민의힘 지지자까지 자신의 지지층으로 흡수하는 확장성이 있었기에 가능했다. 그 확장성은 뛰어난 인물 경쟁력에 의해 뒷받침되었다.

2022년 성동구 대통령선거/지방선거 결과

구분		대통령선거	서울시장 선거	성동구청장 선거	광역 비례대표 선거
민주당		이재명	송영길	정원오	민주당
	득표수	84,411	51,996	79,786	56,117
	득표율	43.2%	37.6%	57.6%	40.6%
국민의힘		윤석열	오세훈	강맹훈	국민의힘
	득표수	103,880	84,320	58,708	75,209
	득표율	53.2%	60.9%	42.4%	54.4%

정원오 후보는 2000년부터 성동구 국회의원인 임종석 의원의 보좌관으로 일하면서 성동구에서 활동하기 시작했다. 20년 이상 성동구에 뿌리를 내리고 있었고 2014년과 2018년 연이어 성동구청장에 당선되어 어느 후보보다 성동구를 잘 아는 인물이었다. 또한 8년 재임 기간 구청장으로서 시도했던 다양한 혁신적 행정이 성동구민으로부터 큰 호응을 얻었다. 이에 반해 국민의힘 강맹훈 후보는 서울시 고위 공무원(도시재생본부장) 출신으로서 성동구와 특별한 연고가 없었다. 6월 지방선거를 앞두고 겨우 몇 달 전 성동구에 나타나 지역 주민은 물론 당원에게도 잘 알려지지 않은 인물이었다. 한편 정원오 후보는 현직 구청장으로서 일찌감치 단수공천을 받아 민주

당 당원과 지지층의 전폭적 지지를 받으며 순탄하게 선거를 준비할 수 있었다. 반면 강맹훈 후보는 비록 당내 경선에서 1위를 차지하며 공천을 받을 수 있었지만, 국민의힘 당원의 적극적 지지를 끌어내지 못했다. 성동구에서 활동한 기간이 짧아 당원과 스킨십을 나눌 시간이 부족하였다. 게다가 경선 후유증을 수습하지 못하여 심지어 일부 당원들 사이에서는 강 후보가 낙선하기를 바라는 분위기가 있었다고 한다. 이처럼 민주당 정원오 후보와 국민의힘 강맹훈 후보는 장·단점이 극명하게 대비되었다. 이로써 정 후보는 선거 구도의 불리함을 극복하고 인물 경쟁력을 앞세워 승리할 수 있었다.

2022년 6월 서울지역 단체장선거에서 시장과 구청장을 같은 소속 정당 후보를 이어서 찍는 '줄투표'가 약화하고 시장과 구청장을 다른 정당 후보를 엇갈려 찍는 '교차투표'가 적지 않게 나타났다. 1995년 지방선거가 시작된 이래 2010년을 제외하면 서울시장에 당선된 정당이 구청장선거에서도 압도적 승리를 거둬왔다는 점에서 2022년 서울지역 단체장선거 결과는 특이한 현상이 아닐 수 없다. 2018년 지방선거에서 박원순 시장이 당선되면서 25개 구청장 중 24개를 민주당이 휩쓸었다. 그러나 2022년 지방선거에서는 국민의힘 오세훈 후보가 25개 모든 구에서 민주당 송영길 후보를 앞섰지만, 국민의힘은 성동구청장 등 8개 구청장선거에서 패배했다. 민주당이 구청장선거에서 승리한 지역은 대부분 현직 구청장을 후보로 내세운 곳으로서 현역 프리미엄 등의 인물론이 효과를 보았다. 줄투표 약화는 30년간의 지방자치를 통해 주민들이 지방자치의 효능감을 느끼게 되면서 구청장을 소속 정당이라는 획일적 기준에서 벗어나 다양한 기준으로 선택하게 되었다는 점을 보여준다. 시도지사 선거는 정당을 기준으로 투표하는 정당투표의 성향이 여전히 높다. 그러나 주민이 지방자치 효능감을 직접적으로 느끼는 시장·군수·구청장 선거에서는 지역 일꾼으로 적합한지가 중요한 선택 기준으로 등장하였다. 이처럼 정치적 성격이 상대적으로 떨어지는 지방선거에서는 인물 경쟁력이 중요하게 작용한다. 국회의원선거는 정치적 성격이 강하여 시장·군수·구청장선거보다 인물의 중요성이 다소 떨어진다. 그렇지만 국회의원선거에서도 인물 경쟁력으로 불리한 선거 구도를 극복하고 당선된 사례가 종종 있다. 2014년 전남 순천·곡성 보궐선거와 2016년 전남 순천 국회의원선거에서 연거푸 당선된 새누리당 이정현, 2016년 대구 수성갑 국회의원선거에서 당선된 민주당 김부겸 등이 대표적이다.

승패의 관건, 지지층 결집인가 중도층 확장인가

선거에서 이기려면 지지층의 울타리를 뛰어넘어 외연을 확장해야 한다. 여론 지형은 보수 대 진보 대 중도가 대략 3대 3대 4의 지지세를 보인다. 진보, 보수 어느 정당도 중도층을 끌어들이지 못하면 상대 정당을 뛰어넘는 지지를 확보할 수 없다. 승리의 열쇠는 중도층이 쥐고 있다. 선거는 다수가 소수를 이기는 게임이다. 지지층과 중도층이 손을 잡아 다수파 연합을 형성해야 선거에서 승리한다.

1) 지지층 결집 전략

일부에서 '중도층은 허구'라고 지적하며 중도층 확장보다 지지층 결집이 중요하다고 주장한다. 중도층이나 무당층은 투표율이 낮으므로 선거에서 이기려면 지지층을 투표장으로 나오게 해야 한다고 강조한다. 또한 정치 양극화가 깊어져 중도층 비중이 작아졌고 중도층의 생각이 뒤죽박죽이어서 중도층을 분석하는 것은 '쓸데없는 일'이라고 말한다. 이들은 프레임 이론으로 유명한 조지 레이코프 교수의 말을 인용한다. "중도 성향을 이끌어 다수당이 되기 위한 중도화 노선은 좋은 선택이 아니다. 오히려 매우 위험한 선택이며, 기계적 중간으로 이동하는 것은 최악의 전략이다."

지지층 결집 전략의 성공 사례로 2004년 미국 대통령선거에서 재선에 성공한 부시의 선거전략이 꼽힌다. 부시의 최측근 참모이자 선거전략가인 칼 로브는 낙태, 동성결혼 등 도덕적 가치를 앞세운 '문화전쟁'으로 공화당의 전통적 보수층을 투표에 참여하도록 격발시켰다. 유권자를 우리 편과 반대편으로 갈라치고 지지층을 결집하는 전략이었다. 부시는 '갈라치기 전략'을 활용해 민주당 케리 후보를 넉넉한 표 차로 따돌리고 재선에 성공했다. 토마스 프랭크는 미국 보수세력의 '문화적 계급투쟁'을 취재하여 『왜 가난한 사람들은 부자를 위해 투표하는가?』라는 책을 출간했다. 그에 따르면 미국의 기독교 우파 등 보수세력은 가난한 사람들의 고단한 삶이 경제 구조와 그에 따른 계급 문제임에도 본질적인 문제는 피한 채 낙태, 동성애, 진화론, 총기 소지 등과 같은 도덕적이고 종교적인 문화 현상에 가난한 사람들의 분노를 집중시킨다. 가난한 사람들의 도덕적·종교적 감정을 정치적 분노로 만들어 선거에서 민주당을 공격한다. 프랭크는 보수세력이 문화전쟁에 성공할 수 있었던 것에는 민주당의 중도 노선이 큰 몫을 했다고 지적한다. 1996년 클린턴이 중도층을 아우르는 삼각화 전략을 채택한 것은 민주당이 전통적 지지 기반이었던 노동자, 농민, 서민층을 버리고 일부 중도 성향의 보수파 등에게 아부하는 매우 어리석은 결정이었다고 비판한다. 클린턴의 중도 노선으로 인해 경제 문제에서 민주당과 공화당의 차이가 별로 없게 되었고 자신들조차 경제 문제를 정치 의제화하지 않는 오류에 빠졌다고 지적한다.

윤석열 대통령이 "공산 전체주의를 맹종하는 반국가 세력이 있다"라고 거듭 주장하면서 이념전쟁을 선도하고 있다. 육군사관학교가 교내에 설치된 홍범도 장군 흉상을 이전하기로 결정했다. 홍범도 장군의 소련 공산당 가입 이력과 자유시 참변 가담 의혹을 문제 삼았다. 정부가 역사 전쟁을 선포했다는 분석이다. 프랭크에 따르면 미국 보수세력에 '가장 중요한 것은 가치'[9]다. 우연의 일치인지 모르겠지만 윤 대통령도 '가장 중요한 것이 이념'이라고 반복 강조하고 있다. 그렇기 때문에 문화전쟁으로 보수 지지층을 결집한 부시의 전략을 모방하여 윤 대통령이 이념·역사 전쟁으로 국민을 편 가르고 보수층을 결집하려는 전략을 구사하고 있다는 분석이 제기된다. 그러나 대부분의 여론조사에서 윤 대통령 지지율이 하락하고 있다. 윤 대통령의 이념전쟁이 중도층을 이탈시키고 있기 때문이다. 중도층과 윤 대통령의 관계는 돌아올 수 없는 다리를 넘어선 것으로 보인다. 2024년 총선을 앞두고 국민의힘에 우울한 전망이 짙게 드리우고 있다.

---

9 미국 보수주의 학자의 책 제목이기도 하다.

2) 중도층 확장 전략

지역주의가 강고한 영·호남에서는 지배적인 정당인 국민의힘이나 민주당은 지지층만 결집해도 승리한다. 그러나 대부분의 선거는 지지층을 넘어 중도층까지 잡아야 이길 수 있다. 중도층은 수도권에 많이 분포되어 있다. 수도권의 승패는 중도층에 달려있고 수도권에서 이기는 정당이 전국적으로 승리한다.

이쯤에서 중도층의 특징을 정확하게 이해할 필요가 있다.

첫째, 중도층은 진보층이나 보수층보다 소통, 통합, 투명성 등 민주적 가치, 청렴과 언행일치 등 도덕성과 관련된 이미지에 더 민감하게 반응한다. 일방통행이나 이중적 행태를 매우 싫어한다. 중도층은 기성 정당에 대한 불신이 커서 깨끗하고 참신한 정당과 인물을 요구한다. 1990년대 '무균질 정치인' 박찬종, 1992년 14대 총선에서 정주영의 통일국민당, 2016년 20대 총선에서 안철수의 국민의당 등 제3지대 정당의 돌풍을 일으켰다. 선거에서 정당이나 후보가 크게 승리한 경우에는 중도층이 지지층으로 가세했기 때문이다. 2020년 21대 총선에서 민주당이 1987년 민주화 이후 단일정당으로 사상 최대의 의석수를 확보하는 역대급 승리를 거둘 수 있었던 것도 중도층의 지지가 결정적이었다. 중도층의 선택은 팽팽한 접전에서 더욱 빛이 난다. 0.73%의 아슬아슬한 표 차이로 당락이 결정된 20대 대통령선거가 그러했다. 20대 대선에서 5년 만에 정권이 교체된 큰 이유 중 하나는 '조국 사태'로 상징되는 문재인 민주당 정권의 위선적 태도에 실망하여 20~30대 중도층이 국민의힘으로 돌아섰기 때문이다.

둘째, 중도층은 어떤 이슈에 대해 미온적이거나 판단을 유보하는 집단이 아니라 분명한 입장을 가지고 있다. 이슈에 따라 진보적 입장 혹은 보수적 입장을 나타내는 '이중적 성향'을 보일 뿐이다. 2010년 서울대학교 정치학과 강원택 교수와 서울대학교 심리학과 곽금주 교수가 중도층이라는 정치적 집단의 본질을 이해하기 위해 실험을 진행했다. 두 교수는 사전 조사를 통해 보수(34명), 진보(33명), 중도(32명)로 생각하는 유권자 99명을 모았다. 이들에게 무상급식, 한미 FTA, 반값 등록금, 의료 민영화, 부자 증세, 제주 해군기지, 국가보안법, 사형제도 등 당시 중요한 사회적 이슈 20개를 제시하고 이슈별로 5점 기준의 점수를 부여했다. 조사 결과 모든 이슈에 대해 보수층은 보수적 입장, 진보층은 진보적 입장을 일관되게 견지했다. 이에 비해 중도층은 어떤 이슈에는 보수적인 입장을 보이고 다른 문제에서는 진보적 입장에 있었다. 중도층은 모든 이슈에 대해 중간지점에 있는 것이 아니었다. 특정한 이슈에 대해서는 보수주의자나 진보주의자들과 마찬가지로 분명한 자신의 입장을 밝혔다. 전체적인 평균치가 보수와 진보의 중간 지점에 있을 뿐이었다.

셋째, 중도층은 최근 20~30대에 많이 분포해있다. 한국갤럽이 2023년 7~8월 조사한 정당 지지도를 연령별로 분석하면 20~30대에서 국민의힘은 20% 초반~후반, 민주당은 20% 후반~30% 중반의 지지를 받고 있다. 이는 양당이 중도층에서 받는 지지도와 거의 비슷하다. 무당층 역시 20~30대에서 가장 많다. 20~30대에서 무당층 비중은 40% 중·후반대를 차지하는데 중도층에서의 무당층 비중과 유사하다. 40~50대는 민주당 지지층, 60대 이상은 국민의힘 지지층으로 굳어져 있다. 그러나 20~30대는 어느 정당에 대해서도 압도적인 지지를 보내지 않고 있다. 20대 대통령선거에서 목격했듯이 20~30대가 중도층, 무당층, 스윙 보터의 다수를 구성하고 있다. 이들이 선거의 승패를 결정한다. 따라서 20~30대의 특성과 요구(needs)를 정확히 파악하는 것이 현 시기 선거전략 수립에 있어 핵심 과제라고 할 수 있다.

그렇다면 중도층은 어떻게 접근하고 공략해야 할까? 여기서 잠깐 포지셔닝 전략의 창시자 잭 트라우트의 설명을 들어보자. "정치에서는 누구든 극우나 극좌 포지션은 쉽게 확립할 수 있다. 그런 자리는 보통 비어 있기 때문이다. 그러나 그런 포지션으로 선거에 임해서 과연 승리할 수 있을지 의문스럽다. 스펙트럼의 중간에 가까우면서도 비어 있는 지점을 찾아내야 한다. 진보 진영에서 약간 보수적인 입장을 취하든지, 또는 보수 진영에서 약간 진보적인 태도를 취하지 않으면 안 된다. 이런 일은 상당한 자제와 교묘함을 요구한다. 성공적인 포지션 설정의 비결은 독특한 포지션과 광범위한 호소 대상이라는 두 가지 상반된 요소 사이에서 균형을 취하는 것이다." 잭 트라우트는 '정체성 유지(독특한 포지션)'와 '중도층 공략(광범위한 호소 대상)'이라는 상반된 두 개의 목표를 달성하려면 매우 정교한 전략을 구사해야 한다는 점을 지적했다.

그러나 현실에서는 중도층을 공략하다 보면 지지층이 떨어져 나가고, 지지층에 너무 집중하다 보면 중도층이 외면한다. 산토끼를 잡으려다 집토끼를 놓치고 집토끼를 잡으려니 산토끼가 달아나는 딜레마를 어떻게 극복할 수 있단 말인가? 집토끼와 산토끼, 두 마리

토끼를 모두 잡을 수 있는 방책은 없는 것일까?

앞에서 중도층은 부패 대 청렴, 불통 대 소통, 분열 대 통합과 같은 도덕적·민주적 가치에 매우 민감하다고 말했다. 따라서 중도층을 향해 청렴, 소통, 통합을 강조해야 한다. 또한 중도층은 정당 충성도가 떨어지고 이슈와 인물을 중시한다. 후보가 일을 해낼 수 있는 능력과 정치력, 그것을 입증할 수 있는 경력과 스토리를 가지고 있음을 부각해야 한다.

3) 이슈 믹스(issue mix)로 중도층을 공략하라

여기에서는 이슈(issue)를 활용한 중도층 접근 전략을 상세히 다루고자 한다. 그 전에 중도층 공략의 의미를 다시 한번 정확하게 이해할 필요가 있다. 중도층을 공략하거나 중도적 입장에 선다는 것이 모든 정치적 사안이나 이슈에 대해 항상 중간 입장 또는 절충적 입장을 취한다는 뜻이 아니다. 이슈에 따라 전통 노선과 새로운 노선을 번갈아 가며 줄타기하라는 것이다. 소속 정당의 정체성을 좌우하는 몇 가지 핵심 이슈에 대해서는 전통 노선에 충실하여 지지층을 결속한다. 반면 상대가 강점을 보이는 주요 이슈는 미리 끌어안아 부정적 파급력을 줄이고 심지어 후보의 강점으로 전환한다. 나는 이것을 이슈 믹스(issue mix) 전략이라고 부른다. 미국의 선거전략가 딕 모리스는 이를 '이슈의 선점·해결전략' 또는 앞에서 프랭크가 비판했던 '삼각화 전략'이라고 명명했다. 딕 모리스는 1996년 빌 클린턴의 대통령 재선 전략을 예로 든다. 클린턴은 민주당에 유리하고 당의 정체성이 걸린 이슈들, 즉 노인의료보험, 국민의료제도, 교육, 환경 등에 대해서는 민주당의 전통적 입장을 고수하고 자신과 공화당 후보 간의 차이점을 부각하며 지지층을 결집했다. 한편 공화당에 유리한 이슈들인 범죄, 세금, 균형재정, 복지개혁, 가족중심 등에 대해서는 차별성을 모호하게 하고 공화당 주장의 일부를 받아들임으로써 이슈화를 사전에 막고 공화당 주장에 귀를 기울이는 중도층의 지지를 끌어냈다.

2012년 새누리당은 총선과 대선에서 이슈 믹스 전략을 성공적으로 활용했다. 박근혜 새누리당 비대위원장은 선거 과정에서 '경제민주화'와 '복지'를 새누리당의 핵심 이슈로 채택했다. 그 이전까지 보수정당은 이 두 가지 이슈에 대해 소극적이거나 부정적이었다. 이 때문에 보수정당은 '공정'과 '약자'에 무관심한 기득권 세력의 대변자로 비판받았다. 박근혜는 과감한 정책 좌클릭으로 중도층의 호응을 끌어냈다. 다른 한편 NLL 녹취록을 터트려 안보에 강점을 가진 보수정당의 정체성을 재인식시켜 지지층을 묶어두었다. 2012년 대선 출마를 선언한 안철수는 '안보는 보수, 경제는 진보'라는 정치적 스탠스를 밝히며 자신을 중도 후보로 규정했다. 전형적인 이슈 믹스 전략이다. 2024년 미국 대통령선거를 앞둔 조 바이든 대통령이 최근 이민, 범죄, 유전 개발 등 공화당이 주도하는 이슈에 대해 공화당 주장을 일부 수용하는 전략을 취할 것이라고 한다. 민주당에서 공약 위배, 기본 원칙 배신이라는 비판이 나오고 있지만 바이든 지지를 철회하는 데까지는 이어지지 않고 있다. 민주당에서 공화당 도널드 트럼프 전 대통령을 이길 수 있는 인물이 현재까지 바이든 대통령 외에 대안이 없기 때문이다. 바이든도 이슈 믹스 전략을 활용하고 있다.

민주당은 국민의힘으로부터 안보 이슈로 공격받는다. 그런데 민주당은 '아기 요람은 잘 흔들지만 싸움은 겁내는 이미지'를 갖고 있다. 민주당이 안보 문제에 엉거주춤하고 주변 국가의 눈치를 보는 듯한 약한 모습을 보인다면 민주당에 대한 중도층의 의구심이 커질 수 있다. 반면 민주당은 국민의힘이 취약한 경제·복지 이슈로 공격하여 보수정당에 대한 중도층의 이반을 불러일으킬 수 있다. 이 경우 국민의힘은 민주당의 공격을 이슈 믹스 전략으로 대응한다.

이슈 믹스 전략에서 주의할 점은 중도층을 잡으려다 지지층을 놓치는 잘못을 범해서는 안 된다는 것이다. 새로운 표밭을 찾아 나설 때는 지지층이 이탈하지 않도록 해야 한다. 충분한 설명 없이 정체성을 모호하게 흐린다면 전통적 지지층의 반발에 부딪히게 된다. 또한 중도층을 공략한다면서 모든 이슈에 대해 중간적 입장이나 절충적 입장에 서는 것도 지지층의 이탈을 부추길 수 있다.

이슈 믹스(issue mix) 전략은 양당제의 문제에서 비롯된 불가피한 전략이다. 양당제 하의 선거에서 색깔을 확실히 드러내면 그 색깔을 지지하는 유권자의 지지만 얻게 되어 패배할 확률이 높다. 다당제라면 다양한 정당이 각각 고유한 정책이나 이슈를 앞세워 경쟁한다. 이에 비해 양당제에서는 가장 많은 사람이 원하는 정책을 선택하는 것이 유리하기 때문에 결국 두 정당의 정책이 서로 비슷해진다.

국회의원선거에서도 이슈 믹스 전략이 중요하다. 국회의원선거는 대통령선거에 비하여 대중매체 활용이 어렵기 때문에 이슈의 전달과 확산에 한계가 있지만 중도층을 공략하는 방식은 비슷하다. 그러나 정치 신인은 이슈 믹스 전략이 역효과를 낼 수 있다. 신인은 이미지나 지지기반이 확고하지 못하다. 이런 상황에서 어떤 이슈에서는 진보적 입장을 취하고 다른 이슈에서는 보수적 입장을 주장한다면 유권자들에게 혼란을 불러일으킬 수 있다. 확고한 포지션이 취약한 상태에서 '좌충우돌'하는 입장은 정체성이 불분명한 것으로 인식되어 지지층을 이반시킨다. 이에 따라 정치생명에 치명적인 타격을 입을 수 있다. 정치 신인은 지지자들이 당연히 지지해 줄 것으로 오판하지 말아야 한다. 후보가 지지자들의 기대에 부응하는 비전과 메시지를 제시하지 못하면 지지자들이 실망하거나 동요하게 된다. 선거를 포기해야 하는 상황에까지 몰릴 수 있다. 선거전이 본격화되기 전에는 지지층부터 먼저 다져야 한다. 타깃을 좁혀 자신을 지지할 유권자를 향하여 이미지와 메시지를 일관되게 가져가야 한다. 정치 신인은 보수든 진보든 자기 성향의 표를 먼저 결집해야 상대와 경쟁할 수 있는 지지율이 생긴다. 그래야만 중도표가 따라온다. 지지층 결집을 위해서는 상대 후보와의 차이점을 확실하게 부각해야 한다. 어느 정도 지지층이 결집하고 이미지가 구축된 다음 중도층 공략에 나서는 것이 순리다.

전통적 지지층의 요구와 중도층의 환심을 사야 할 필요성 사이에서 균형을 찾는 것은 모든 선거 캠페인이 직면하는 문제다. 이 딜레마를 해결하는 방법이 바로 이슈 믹스다. 이슈 믹스는 다수파 연합을 위한 중도 전략이다. 중도층을 잡기 위해서는 이슈 믹스 전략을 이용하라. 자신이 유리한 이슈에서는 경쟁 후보와의 차별성을 부각하고 상대가 강점을 가진 이슈에 대해서는 차이를 모호하게 하라.

4

22대 총선 예측
스윙 보터의 투표 분석을 중심으로

치열한 접전이 벌어지는 선거에서는 스윙 보터(swing voter)의 선택이 결정적인 영향을 미친다. 스윙 보터가 선거에서 어떤 선택을 했는지 알아보기 위해 역대 선거 데이터로 TS(ticket splitter) 지수를 분석했다. TS 분석은 오랜 양당제 전통을 가진 미국에서 스윙 보터(swing voter)의 투표 성향 분석에 활용된다. 미국에서 진보층은 민주당, 보수층은 공화당을 일관되게 지지하는 경향을 보인다. 이들은 정당을 기준으로 지지 후보를 선택한다. 이에 비해 스윙 보터는 선거 상황에 따라 어떤 선거에서는 민주당에, 다른 선거에서는 공화당에 투표한다. 이들은 정당 충성도가 떨어지고 후보 선택 기준으로 인물을 중요하게 생각한다. 우리나라도 기본적으로 양당제하에서 선거가 치러지기 때문에 우리 선거에도 TS 분석을 적용할 수 있다.

유권자는 지지 강도의 측면에서 적극 지지층, 소극 지지층, 미결정층, 소극 반대층, 적극 반대층으로 구분된다. 이 가운데 적극 지지층과 적극 반대층은 '팬덤'이라 불리는 강성 유권자다. 이들은 어떤 경우에도 지지 정당이나 반대 정당을 바꾸지 않는 고정 지지층이다. 이에 비해 소극 지지층, 미결정층, 소극 반대층이 스윙 보터에 해당한다. 이들은 선거 상황에 따라서 지지 정당을 바꾸기도 한다. 또한 유권자를 이념 성향을 기준으로 보수, 중도, 진보로 분류한다. 보수와 진보가 대체로 지지 정당 또는 반대 정당을 정하고 있는 것에 비해 중도는 스윙 보터일 가능성이 높다.

스윙 보터(swing voter)의 구성

지지 강도	적극 지지	소극 지지	미결정	소극 반대	적극 반대
이념 성향	강성 보수	온건 보수	중도	온건 진보	강성 진보

스윙 보터: 소극 지지, 미결정, 소극 반대

우리나라 선거를 예로 들면 2020년 22대 총선에서 지역구 후보는 민주당에, 비례대표는 정의당 또는 국민의당 등 다른 정당에 투표한 유권자가 스윙 보터다. 2022년 지방선거에서 시도지사는 국민의힘 후보를, 시장·군수·구청장은 민주당 후보를 선택한 때도 마찬가지다. 이처럼 같은 시기에 치러진 복수의 선거에서 지지 정당을 다르게 투표하는 현상을 분할투표(split ticket)라고 한다. 우리나라에서는 교차투표(cross voting)로 더 많이 알려져 있다. 또한 시기가 다른 선거에서 지지 정당을 바꾸는 경우도 분할투표다. 2020년 총선에서 민주당 후보에 투표했던 유권자가 2022년 대선에서 국민의힘 후보를 선택한 경우를 들 수 있다.

  2024년 총선 예측을 위해 다른 시기에 치러진 선거를 대상으로 TS 분석을 하였다. 총선 전망에는 다른 시기의 선거를 대상으로 하는 통시적(通時的) 분석이 같은 시기의 복수 선거에 대한 공시적(共時的) 분석보다 적합하다. 스윙 보터의 지지 후보 선택 기준은 고정되어 있지 않고 선거 때마다 계속 바뀔 수 있기 때문이다. 2020년 총선, 2022년 대선과 지방선거(시도지사 선거) 등 가장 최근에 치러진 세 차례의 전국 단위 선거를 대상으로 정당별로 TS 지수를 산출했다(<표> TS 분석 참조). TS 지수는 분석 대상 선거 중 특정 정당이 기록한 최고 득표율에서 최저 득표율을 차감한 수치다(A당의 TS 지수 = A당의 최고 득표율 - A당의 최저 득표율). 최저 득표율은 정당이 가장 나쁜 상황에서도 고정 지지층으로부터 받는 기본표다. 여기에 스윙 보터의 지지가 붙으면 최고 득표율을 얻게 된다.

  전국 평균 TS 지수는 국민의힘 12.5%, 민주당 5.9%로 나타났다. 국민의힘의 TS 지수가 민주당보다 2배 이상 높다. 국민의힘의 득표율은 2020년 총선 41.5% → 2022년 대선 48.6% → 2022년 시도지사 선거 54%로 득표율의 진폭이 매우 크다. 국민의힘에 대한 스윙 보터의 지지표가 선거에 따라 썰물처럼 빠졌다가 밀물처럼 들어오는 등 출렁거린 것이다. 국민의힘은 2020년 총선에서 박근혜 전 대통령 탄핵 후폭풍으로 보수층의 지지조차 온전히 받지 못해 득표율이 저조했다. 하지만 2022년 대선과 지방선거에서 보수층이 결집하고 스윙 보터의 지지가 가세하면서 득표율이 치솟았다. 이 때문에 국민의힘의 TS 지수가 높게 나타났다. 반면 민주당은 2016년 지방선거부터 2020년 총선까지 전국 단위 선거에서 4연승을 거둘 정도로 최고의 전성시대를 보내면서 득표율이 비교적 안정적이다.

TS(ticket splitter) 분석

구분		21대 총선 (지역구)		20대 대선		제8대 시도지사 선거		평균 득표율		득표율 격차	TS 지수	
		미래통합당	민주당	윤석열	이재명	국민의힘	민주당	국민의힘 (A)	민주당 (B)	A-B	국민의힘	민주당
전국(253석)		41.5	49.9	48.6	47.8	54	43.9	48	47.2	+0.8	12.5	5.9
수도권 (121석)	서울(49석)	41.9	53.5	50.6	45.7	59.1	39.2	50.5	46.1	+4.4	17.2	14.3
	인천(13석)	39	52.9	47.1	48.9	51.8	44.6	46	48.8	-2.8	12.8	8.3
	경기(59석)	41.1	53.9	45.6	50.9	48.9	49.1	45.2	51.3	-6.1	7.8	4.8
충청권 (28석)	대전(07석)	43.5	53.7	49.6	46.4	51.2	48.8	48.1	49.6	-1.5	7.7	7.3
	세종(02석)	35.9	57.1	44.1	51.9	52.8	47.2	44.3	52.1	-7.8	16.9	9.9
	충남(11석)	45.3	49.8	51.1	45	53.9	46.1	50.1	47	+3.1	8.6	4.8
	충북(08석)	48.5	48.7	50.7	45.1	58.2	41.8	52.5	45.2	+7.3	9.7	6.9
호남권 (28석)	광주(08석)	0.8	75.9	12.7	84.8	15.9	74.9	9.8	78.5	-68.7	15.1	8.9
	전남(10석)	2.1	66.6	11.4	86.1	18.8	75.7	10.8	76.1	-65.3	16.7	19.5
	전북(10석)	2.2	64.8	14.4	83	17.9	82.1	11.5	76.6	-65.1	15.7	18.2
TK권 (25석)	대구(12석)	60.2	28.9	75.1	21.6	78.8	18	71.4	22.8	+48.6	18.6	10.9
	경북(13석)	61.3	25.4	72.8	23.8	78	22	70.7	23.7	+47	16.7	3.4
PK권 (40석)	부산(18석)	52.9	44	58.3	38.2	66.4	32.2	59.2	38.1	+21.1	13.5	11.8
	울산(06석)	49.7	39.1	54.4	40.8	59.8	40.2	54.6	40	+14.6	10.1	1.7
	경남(16석)	53.3	37.6	58.2	37.4	65.7	29.4	59.1	34.8	+24.3	12.4	8.2
강원(08석)		42.8	45.3	54.2	41.7	54.1	45.9	50.4	44.3	+6.1	11.4	4.2
제주(03석)		40.2	52.9	42.7	52.6	39.5	55.1	40.8	53.5	-12.7	3.2	2.5

TS 분석 대상을 최근 10년간 선거로 넓히면 분석을 좀 더 정확하게 할 수 있다. 다만 다자 구도로 치러졌던 2016년 총선, 2017년 대선, 2018년 지방선거는 분석 대상에서 제외한다. 앞에서 설명했듯이 TS 분석은 양자 구도를 전제로 하기 때문이다. 여기서는 TS 분석 대상을 편의상 2022년 이후 실시된 최근 3차례 선거로 한정하였다.

민주당의 득표율은 최근 하락세를 보인다. 2020년 총선 49.9%

→ 2022년 대선 47.8% → 2022년 시도지사 선거 43.9%를 기록했다. 그러나 득표율의 진폭이 크지 않아 TS 지수가 낮다.

2024년 총선은 수도권과 충청권에 의해 전체 판세가 결정될 것이다. 의석수만 보더라도 수도권은 121석으로 전체 지역구 253석의 절반에 육박한다. 여기에 충청권 28석을 더하면 전체 지역구 의석의 60%에 이른다. 최근에는 수도권 민심의 영향력이 충청권으로 확장하여 수도권과 충청권의 민심이 동조화 현상을 보인다. 수도권과 충청권의 교류가 활발하기 때문이다. 수도권과 충청권을 연결하는 전철, 철도, 도로 등이 대거 확충되고 세종시 개발과 산업단지 조성 등으로 수도권 인구가 충청권으로 많이 유입되었다. 이에 충남 북부권, 충북 청주권, 세종시 등은 수도권 민심의 영향을 강하게 받는다. 수도권과 충청권을 아울러 광역 수도권으로 부를 수 있을 정도다. 실제 TS 분석 결과 수도권과 충청권에서 공통으로 TS 지수가 높다. 또한 수도권과 충청권에서 국민의힘과 민주당이 최근 선거에서 얻은 평균 득표율의 격차가 대체로 5%포인트를 넘지 않는다. 따라서 수도권과 충청권은 스윙 보터의 선택에 따라 승패의 향방이 달라질 수 있다. 영남과 호남 역시 TS 지수가 높다. 그러나 영·호남은 국민의힘과 민주당의 양당 간 득표율 격차가 너무 커서 스윙 보터가 선거 결과에 별로 영향을 미치지 못한다. 강원과 제주는 TS 지수가 낮은 편이다. 또한 강원은 국민의힘이, 제주는 민주당이 상대적인 강세가 두드러진다. 따라서 스윙 보터가 선거에 미치는 영향력도 떨어진다.

수도권과 충청권을 광역자치단체 별로 분석해 보았다. 수도권 중에서 서울(국민의힘 17.2%, 민주당 14.3%)과 인천(국민의힘 12.8%, 민주당 8.3%)에서 양당 모두 TS 지수가 전국 평균보다 높다. 그런데 같은 수도권인 경기도는 양당 모두 TS 지수(국민의힘 7.8%, 민주당 4.8%)가 전국 평균보다 낮다. 이는 경기도가 민주당 우세 지역이라는 점과 관련 있다. 민주당이 경기도에서 기록한 최근 세 차례 선거의 평균 득표율은 51.3%로 국민의힘 45.2%보다 6.1%포인트 높다. 이에 비해 서울(4.4%포인트)과 인천(2.8%포인트)은 양당 득표율 격차가 5%포인트 이내다. 따라서 2024년 총선에서 서울과 인천은 스윙 보터의 선택에 따라 선거 판세가 요동칠 것으로 보인다. 이에 비해 경기도에서는 민주당이 승리할 가능성이 크다.

충청권은 민주당의 TS 지수가 전반적으로 높다. 대전 7.3%, 세종 9.9%, 충북 6.9%로 충청권에서 민주당의 지지세가 안정적이지 않음을 알 수 있다. 따라서 민주당이 충청권에서 이기려면 스윙 보터의 지지를 확보해야 한다. 대전은 양당 득표율 격차가 1.5%포인트로 초접전 지역이고, 민주당의 TS 지수가 높다. 민주당이 스윙 보터로부터 어느 정도 지지받을 수 있는가에 따라 승패가 결정될 것이다. 세종은 양당 득표율 격차가 7.8%포인트로 민주당 우세 지역인데 국민의힘 TS 지수가 16.9%로 매우 높다. 국민의힘이 스윙 보터의 지지를 어느 정도 끌어낼 수 있을지가 승패에 영향을 미칠 것이다. 충남은 양당 모두 TS 지수가 낮고, 양당의 득표율 격차가 3.3%포인트로 경합지역이다. 각 당이 지지층의 투표 참여를 어느 정도 극대화할 수 있을지가 판세를 결정할 것이다. 충북은 민주당의 TS 지수가 높은 편이다. 또한 국민의힘의 평균 득표율이 민주당보다 7.3%포인트 높아 국민의힘 우세 지역이다. 민주당이 스윙 보터의 지지를 어느 정도 확보하는가에 따라 승패의 향방에 변화가 생길 것이다.

2024년 총선은 윤석열 대통령 임기 3년 차로 접어드는 시기에 치러진다. 정권 안정론 대 정권 심판론으로 승부가 가려질 전망이다. 지금 민심은 정권 심판론으로 기울어져 있다. 정권 심판론으로 기운 가장 큰 이유는 '윤석열 리스크'에서 찾을 수 있다. 윤 대통령에 대한 부정 평가가 높다. 그의 '불통' 이미지 때문이다. 2022년 대선에서 윤 대통령은 중도층의 지지를 받아 이재명 후보를 가까스로 물리치고 당선될 수 있었다. 하지만 지금 중도층이 이탈하고 있다. 쌍방향 소통을 중시하는 중도층이 윤 대통령의 '불통'에 실망하고 있다. 또한 윤 대통령의 공산 전체주의, 반국가 세력 발언 등 과도한 이념 몰이에 거부감이 크다. 한국갤럽이 실시한 2023년 10월 2주차(10.10~12일) 조사에서 윤석열 대통령 직무 수행 평가에 대해 전체 응답은 긍정 평가 33%, 부정 평가 58%로 나타났다. 그러나 중도층은 긍정 27%, 부정 62%로 부정 평가가 긍정 평가의 2배를 훨씬 넘는다. 보수는 긍정 62%, 부정 32%, 진보는 긍정 10%, 부정 86%로 답변했다. 중도층이 윤 대통령 평가에 있어서 진보층에 더 가까운 태도를 보인다.

윤 대통령이 보수층 지지에만 갇히고 중도층을 잡지 못하면 지지율이 30%대 박스권에서 벗어나기 어렵다. 중도층 이반이 지속되면 TS 지수가 높아 스윙 보터가 많은 수도권과 충청권에서 국민의힘이 패배할 것이다. 수도권과 충청권의 패배는 전국적인 패배로 이어진다. 2024년 총선에서 국민의힘 패배가 현실로 나타나는 순간 윤 대통령은 급속히 레임덕에 빠지게 된다.

경선(공천)전략과 본선전략

여야 정당들이 후보 공천을 민주적 경선을 통해 실시하는 것이 거스를 수 없는 대세가 되고 있다. 여전히 당 지도부가 전략 공천이라는 명분으로 비례대표 후보나 일부 지역구 후보를 하향식으로 공천하는 사례들이 있지만 민주적 공천이라는 시대적 흐름을 되돌릴 수는 없다. 후보는 출마를 생각할 때 정당 경선(공천)의 관문을 통과하는 문제부터 검토해야 한다.

선거 캠페인은 선거 준비 단계부터 당내 경선(또는 공천)을 거쳐 본선까지 4단계로 구분할 수 있다. 출마 준비 및 선언부터 당내 경선 운동 시작 전까지를 1단계, 경선 운동이 시작되어 공천이 확정되기까지를 2단계, 공천 확정 후부터 공식 선거운동 전까지를 3단계, 공식 선거운동 기간부터 선거일까지를 4단계로 나눈다. 여기서는 1단계 경선(공천) 단계, 2단계 본선 준비단계, 3단계 본선 단계로 나누어 설명한다.

(1) 경선(공천) 전략

정당 공천이나 당내 경선이 이루어지기까지 다양한 정치적 변수가 작용한다. 중앙당의 선거전략(현직 물갈이 등), 당내 계파 간 역학관계, 후보가 갖고 있는 중앙당 인적 네트워크 등이 후보가 출마하려는 지역을 전략공천으로 할지 경선으로 할지 결정한다. 경선 지역으로 결정되더라도 세부적인 경선 규칙 등 경선 과정에 영향을 미친다. 따라서 공천(경선) 전략은 다양한 경우의 수를 예상하고 컨틴전시 플랜(contingency plan)을 준비해 놓아야 한다.

후보가 중앙당으로부터 전략공천이나 단수공천을 받는 것이 최선의 길이다. 그렇지 않을 때 출마할 지역에 중앙당이 낙하산 공천을 하지 못하도록 예의주시하고 경선이 실시되도록 해야 한다. 출마할 곳이 경선 지역으로 확정되면 경선 참여 자격 심사부터 통과해야 한다. 공천 배제(컷오프)당하지 않도록 사전에 움직여야 한다. 경선이 실시되면 경선 규칙에 불리한 내용이 없는지 세심하게 확인해야 한다. 경선 자격 심사, 경선지역 선정, 전략공천 결정 등 공천 심사는 상황이 시시각각 돌변한다. 급박하게 진행되는 공천 국면에서 신속한 정보 수집과 정확한 상황 판단이 필요하다. 후보가 폭넓은 정치 인맥을 구축해 놓았을 경우 당 지도부와 공천심사위원회에 후보의 요구를 전달하고 관철하는 데 큰 도움을 받을 수 있다. 또한 중앙당, 시·도당, 지역구를 대상으로 '왜 내가 공천되어야 하는지'를 설득해야 한다. 동시에 중앙언론과 지역언론을 상대로 하는 적극적인 언론홍보를 전개해야 한다. 중앙당 지도부나 공천관리위원들이 선거를 앞둔 시기에 언론보도 등 여론에 매우 민감하다는 점을 활용할 필요가 있다.

경선이 실시되면 경선 승리를 목표로 당원 등 지지층을 결집하고 이들을 상대로 인지도 및 지지도를 높여야 한다. 경선 후보들은 후보 등록 이전부터 경선에 참여할 선거인단을 모집해야 한다. 국민의힘과 더불어민주당은 지역구 국회의원 후보 경선에 공통으로 당원투표 50%와 여론조사 50%를 반영한다. 경선에 참여할 선거인단이 되기 위해 국민의힘은 권리행사 시점에서 3개월(3회) 이상 당비를 납부한 '책임당원'이어야 하고, 더불어민주당은 권리행사 시행일 기준으로 6개월(6회) 이상 당비를 납부한 '권리당원'이어야 한다.

두 당은 22대 총선 후보 공천을 위해 2024년 1~2월 중 경선을 실시할 것으로 보인다. 따라서 22대 총선 출마를 위해 정당 경선에 참여할 후보는 우호적인 선거인단을 최대한 확보할 수 있도록 국민의힘은 2023년 10월까지, 더불어민주당은 2023년 7월까지 당원 가입 운동을 벌이고 당비를 경선 이전에 3~6회 납부하게 해야 한다. 후보는 각 정당의 당원 모집 기한을 확인하고 선거인단 확보를 위한 전략을 마련해야 한다. 우선 경선대책위 또는 경선준비단 등 경선 준비기구를 구성하고 가동한다. 경선 준비기구는 선거인단 확보를 위해 지역별·분야별 조직 책임자를 선정한다. 조직 포스트가 중심이 되어 각자 책임을 맡은 단위별로 선거인단을 모집한다. 대통령선거 경선 후보는 전국적으로 선거인단을 모집하기 위해 시·도, 시·군·구, 국회의원 선거구 단위까지 조직책을 선정한다. 또한 직능 분야별로 책임자를 두어 직능 조직을 통해 선거인단을 확보할 수 있어야 한다. 국회의원선거 후보는 읍·면·동과 직능 분야별 책임자를 선정하여 이들을 중심으로 선거인단을 모집한다. 후보의 혈연·지연·학연, 평소 교류했던 단체 등을 통하여 선거인단 모집이 활발하게 이루어지도록 한다.

경선 선거인단은 대체로 정치적 관심이 높은 고관여 유권자다. 정당 기여도 또는 정체성을 가장 중요하게 생각한다. 또한 후보를 본선에서의 당선 가능성, 즉 본선 경쟁력이라는 기준으로 검증하고 지지한다. 당선 가능성은 인지도와 득표력 등으로 판단한다. 후보는 인지도, 정체성, 본선 득표력, 이 3가지 요소가 확보될 수 있도록 경선전략을 준비한다. 3가지 기준은 경선뿐만 아니라 일반적인 정당공천을 위해서도 갖춰야 할 포인트다.

첫째, **기본적인 인지도를 확보**해야 한다. 당내 경선 유권자들은 본선 유권자보다 후보들을 상세히 파악하고 투표할 가능성이 높다. 인지도가 낮은 후보는 우선 관심 대상에서 제외될 수 있다. 후보는 기본적 인지도라 할 수 있는 50%를 확보해야 한다. 당원 선거인단 2명 중 1명은 후보의 이름과 간단한 이력 정도는 알 수 있도록 해야 하는 것이다. 정치 신인인 경우 인지도를 짧은 기간에 올리기가 쉽지 않다. 유력한 경선 라이벌이나 다른 당의 후보 등을 상대로 공격적인 이슈 파이팅을 전개하여 유권자와 언론의 관심을 집중시킬 수 있다면 인지도를 효과적으로 상승시킬 수 있다. 여론조사 경선규칙은 매우 중요하고 민감한 문제다. 공천 여론조사는 대체로 다른 정당 지지자를 제외하고 소속 정당 지지자를 대상으로 이루어진다. 여론조사 대상에 무당층을 포함할지가 쟁점이 될 수 있다. 후보는 여론조사 대상에 무당층을 포함하는 문제의 유불리를 판단하고 중앙당에 무당층을 포함할지 배제할지 선제적으로 요구해야 한다. 여론조사에 대비하여 일반 유권자가 아니라 지지층을 집중적으로 만날 수 있는 장소, 행사, 단체 등을 찾아가거나 캠페인 프로그램을 기획 실행해야 한다.

정치 신인은 개별적인 노력만으로 인지도 높이기가 어렵다. 이럴 때 비슷한 경력이나 생각을 가진 신인들이 팀플레이를 하거나 모임을 구성하여 집단으로 이슈를 주장한다면 파급력을 키울 수 있다. 팀 블로그 개설·운영, 공동 기자회견, 합동 이벤트 등으로 언론의 주목을 받는 방법을 연구할 필요가 있다.

둘째, **당의 정체성을 옹호**해야 한다. 후보가 당의 정체성과 맞지 않거나 탈당 또는 해당 행위 등의 전력이 있으면 당원과 정당 지지층의 지지를 받기 어려울 것이다. 후보가 당의 발전에 기여하였거나 당의 정체성에 충실한 활동을 하였다는 점을 적극적으로 홍보해야 한다. 또한 당의 정체성을 반영한 이슈와 공약을 제시한다. 요즘에는 소위 '팬덤'이라 불리는 강성 당원들이 경선 과정에서 강력한 여론 주도력을 발휘한다. 이들은 정치 현안에 대한 강경한 입장을 고수하는 후보를 지지한다. 후보의 지지율 형성은 눈 굴리기와 같다. 처음에 작은 눈 뭉치를 만들어 굴릴 때마다 기하급수적으로 커지듯이 초기 소수의 열정적 핵심 지지층이 지지율을 형성하는 최초 눈 뭉치기에 해당한다. 이때 강성 지지층이 초기 눈 뭉치기 역할을 한다. 이 때문에 후보는 강성 당원을 공략하기 위해 정치 현안에 대하여 의도적으로 강경한 스탠스를 취하기도 한다. 이러한 전략은 영·호남과 같이 특정 정당의 공천이 본선 승리의 보증수표가 되는 지역에서는 효과적이다. 그러나 수도권 등 중도층이나 무당층의 비중이 높은 지역에서는 본선에 들어가면 역풍을 맞을 수 있다.

셋째, **중간층에 어필**할 수 있어야 한다. 선거인단이 가장 중요하게 생각하는 선택 기준은 후보의 본선 득표력이다. 여기서 득표력이란 정당표 이외에 독자적인 인물표를 보유하고 있느냐를 뜻한다. 대체로 정당 기본표만으로 본선에서 승리하기는 어렵다. 후보 본인이 독자적으로 끌어올 수 있는 인물표가 있어야 한다. 한마디로 산토끼(중간층)를 잡을 수 있는 확장성이 있어야 한다는 뜻이다. 당의 후보가 되면 정당표는 자연스럽게 결집한다. 문제는 인물표다. 인물표는 주로 중간층에서 나온다. 후보는 중간층을 끌어들일 수 있는 소구력, 즉 경력, 도덕성, 인간적 매력, 비전 등을 갖추어야 한다. 노무현은 2002년 대선 경선에서 호남 등 전통적 지지층은 물론 수도권 및 영남 개혁층의 지지를 확보하여 대통령 후보가 될 수 있었다. 그는 이인제 등 경쟁 후보보다 본선 경쟁력이 뛰어나다는 점을 적극 부각했다. 그가 경선에서 사용했던 슬로건 '단 하나의 필승카드'는 지금도 다양한 선거에서 자주 모방된다. 전통적 지지층(호남 등)에 비호남 개혁층(수도권 및 영남)을 더하는 노무현의 승리 공식은 20년째 민주당의 선거전략으로 굳어져 왔다. 2007년 이명박은 수도권과 화이트칼라의 지지를 등에 업고 당내 경선에서 박근혜를 물리칠 수 있었다. 수도권과 화이트칼라는 당시 한나라당의 전통적 지지층이라고 볼 수 없었다. 윤석열은 2022년 대선을 앞두고 문재인 정부와 더불어민주당에 실망한 온건 진보층의 지지를 일부 끌어올 수 있었기에 국민의힘 당원들에 의해 정권교체를 이룰 본선 후보로 선택받을 수 있었다.

이제 경선전략의 기본방향을 정리해 보자. 경선 기본전략은 당에 대한 기여도를 강조하거나 당의 노선을 실현하기 위해 열심히 활동해 왔음을 부각하는 데서 출발한다. 동시에 본선에서 중간층에 어필할 경력, 이슈, 비전 등을 제시한다. 다만 국회의원 후보 경선은 대통령선거나 광역단체장 선거와 같은 큰 선거와 달리 조직력에 의해 승부가 판가름 날 가능성이 상대적으로 높다. 그렇다 하더라도 당내 경선 유권자 중 부동층은 본선 경쟁력을 기준으로 판단한다.

경선 운동은 본선에 비하여 선거 캠페인 방법이 많지 않다. 국회의원선거의 경우 당내 경선은 선거운동 수단의 측면에서 현역 의원이나 현역 지역위원장에게 유리하고 정치 신인에게 매우 불리하다. 정치 신인은 수천 명의 경선 유권자(경선 여론조사를 감안하면 수만 명이 될 수 있다)에게 자신을 알리는 방법이 매우 제한적이다. 따라서 1위 후보를 상대로 선제적이고 공격적인 이슈 파이팅을 통해 여론의 관심을 불러일으키고 선거 주도권을 장악할 수 있어야 한다. 조직을 기반으로 선거인단 확보 등 지상전을 전개하고 이슈 파이팅을 통해 공중전을 수행한다. 이슈의 제기와 확산은 기자회견, 보도자료, 맨투맨(man to man) 홍보, 전화홍보, 홍보물(인쇄홍보물, 명함, 현수막, 피켓 등), 온라인 홍보(블로그, SNS, 문자메시지, 동영상, 이메일 등), 토론회, 연설회 등을 활용한다. 정치 신인은 가급적 빨리 예비후보로 등록하는 것이 좋다. 선거사무소 현수막 게시, 명함 배포, 예비후보 홍보물 등을 이용하여 일찌감치 선거운동을 할 수 있다. 경선 전에 예비후보 홍보물을 당원과 지지층을 겨냥하여 제작·배포

한다. 인터넷과 SNS를 이용한 선거운동은 언제든지 할 수 있으므로 예비후보 등록 이전이라도 출마를 결심한 순간부터 활용한다.

후보의 대표적인 경력을 선정하는 것이 중요하다. 대표 경력은 명함 등 홍보물, SNS 등 온라인 홍보, 전화홍보, 구전홍보, 행사장에서의 후보 소개 등에 활용된다. 후보의 대표 경력은 후보의 이미지나 지지도에 상당한 영향을 미친다. 특히 당내 경선에서 50% 반영되는 여론조사에서 매우 중요한 역할을 한다. 여론조사를 해보면 후보의 대표 경력을 무엇으로 하느냐에 따라 그 차이가 확연하게 드러난다. 2020년 21대 국회의원선거를 앞두고 실시된 더불어민주당 당내 경선에서는 청와대 경력이나 노무현재단 관련 경력이 많이 사용되었는데 여론조사에서 다른 경력보다 높은 지지율을 끌어냈다. 대표 경력은 여론조사를 실시해 검증한 뒤에 선정하는 것이 좋다.

(2) 본선전략

본선 준비단계에서는 표적 유권자를 대상으로 지지도 및 선호도를 높이는 데 주력한다. 공천이 확정되는 즉시 선거 캠페인을 시작할 수 있도록 신속하게 본선 체제로 돌입한다. 먼저 당원과 지지자들에게 진심 어린 감사 인사를 한다. 또한 경선 후유증을 재빨리 수습한다. 마음이 상해 있을 당내 경쟁자들을 삼고초려하여 이들의 지지를 끌어내야 한다. 이를 통해 후보의 리더쉽을 인정받고 지지층을 결집한다. 기자회견을 열어 본선을 향한 첫 메시지를 유권자에게 전달한다. 판세가 유리하면 차분한 기조로 캠페인을 진행하고, 불리하면 공격적이고 저돌적인 이슈 파이팅을 전개한다. 경선 승리 직후

일정 기간 지지도가 급상승하는 컨벤션 효과가 나타나기도 한다. 후보는 이럴 때일수록 더욱 겸손하고 성실한 자세를 유지해야 한다. 언론과 짧은 밀월 기간이 지나면 혹독한 검증이 시작된다. 평상심을 잃지 않고 침착하게 대응할 필요가 있다.

본선에 대비한 선거전략 수립, 여론조사, 일정 계획·실행, 이미지 메이킹(PI), PR(언론홍보 등), 선거공약 개발, 연설·토론 준비, 선거대책기구 구성·확대, 외곽조직(사조직 등) 관리, 직능조직 관계 강화 등을 추진한다. 각종 단체나 유명 인사들의 지지 선언을 끌어내 대세론을 확산한다. 후보는 매일 또는 이틀에 1차례 선거전략 회의에 참석한다. 선거대책위원회와 후보의 전략 참모는 선거운동원 확보·배치, 광고(방송·신문·인터넷 등), 홍보물(벽보·공보·명함·현수막·소품 등), 유세차, 전화홍보, 인터넷·모바일·SNS 홍보, 유권자 데이터베이스 구축, 선거 회계, 후보 등록, 선거사무실 확보·정비 등의 선거 실무를 착실히 준비한다.

본선 단계에서는 공식 선거운동을 통해 본선 승리를 확정한다. 이를 위해 인물론과 대세론을 확산시켜 중간층을 집중적으로 공략한다. 열세인 후보는 1위 후보를 상대로 첨예한 이슈를 선제적이고 공격적으로 제기한다. 준비단계에서 수립한 선거전략을 실행하며 여론조사(추적조사 등) 등 신속한 피드백을 통해 수정·보완한다. 후보는 계획된 일정에 따라 캠페인을 진행하고 주요 사항을 결정한다. 후보가 선거운동 기간에 선거사무실에서 열리는 선거대책회의에 매일 참석할 필요는 없다. 1주일에 2차례 정도 참석하여 선거관계자와 운동원들을 격려한다. 필요할 경우 핵심 간부와 참모만 참석하는 전략회의를 별도로 소집한다. 이용할 수 있는 선거자원을 총동원하고 표적 유권자(모든 유권자가 아니라)를 대상으로 효율적으로 집행한다. 경쟁 후보의 부정선거를 철저히 감시하고 대응한다. 사전투표일이나 선거 종반에 지지층과 부동층을 향해 투표 참여 캠페인을 전개한다. 당선이 확실한 것으로 판단되면 당선 소감을 준비하여 당선 직후의 메시지 혼선을 예방해야 한다. 인터뷰 쇄도에 대비하여 핵심 메시지를 준비하고 대변인(언론 담당)을 미리 인선한다. 대통령선거 후보는 국정운영 로드맵 마련과 인수위원회 구성에 착수한다. 국회의원선거 후보는 의정활동 등 정치활동 계획과 보좌진 인선을 준비한다. 당선된 후보는 물론 낙선된 경우에도 선거 회계를 끝까지 빈틈없이 점검하도록 한다. 또한 유권자에게 인사하고 선거 운동 관계자를 격려하는 프로그램을 마련한다.

경선전략과 본선전략의 배합 문제

경선전략과 본선전략의 관계를 어떻게 설정할 것인가 하는 문제가 있다. 기본적으로 너무 일찍 본선에 집착하여 경선을 무시해서는 안 된다. 한 번에 하나의 선거에 집중하는 것이 바람직하다. 경선과 본선은 경쟁 후보, 이슈, 선거 구도가 다를 수 있으므로 전략 역시 다를 수 있다. 따라서 먼저 경선에 집중해야 한다.

그렇지만 경선 승리가 확실한 후보는 본선에 대비한 메시지를 경선에서부터 사용할 수 있다. 본선까지 일관된 모습을 보여줄 수 있는 메시지를 경선에서부터 사용하는 것이다. 예를 들면 현역 의원으로서 당선 가능성이 높은 경우 인물론 또는 대세론을 경선부터 본선까지 일관되게 내세울 수 있다. 3선에 도전하는 현역 의원이 경선에서 정치 신인들과 상대한다고 가정하자. 현역 의원은 '큰 인물론'을 컨셉트로 하여 경선에서는 당 지지자들에게 '3선 시켜 큰 인물로 키워보자', 본선에서는 일반 유권자(특히 중간층)를 대상으로 '3선 시켜 더 크게 부려보자'라고 주장할 수 있다. 이는 경선에서는 당 지지자에게 당의 지도자로 키워달라는 호소로 정치 신인과 차별화하고 본선 승리가 확실한 인물이라는 점을 부각하려는 의도가 깔려 있다. 또한 본선에서는 경선 메시지와 일관성을 유지하면서 지역 발전을 바라는 부동층을 타깃으로 호소하려는 전략이다. '신선함'을 무기로 도전하는 정치 신인도 경선과 본선에서 '참신함'을 컨셉트로 일관된 전략을 내세울 수 있다. 본선까지 사용되는 메시지를 경선부터 활용하여 일관성을 유지하면서도 경선과 본선의 선거 구도와 특성에 맞춰 표현을 달리하는 전략을 구사한다.

이슈로 선거를 주도하라

1) 이슈의 의의와 역할

선거 이슈는 정당이나 후보들이 유권자들의 투표 선택에 영향을 미치기 위해 제시하는 정치와 정책, 그리고 후보 등에 관한 논쟁점이다(Bryant, 1995). 후보에 관한 정보는 물론이고 그 지역 유권자들이 관심을 기울이는 국가적 정책이나 지역 현안 등 유권자들의 투표 선택에 영향을 미칠 수 있는 모든 사안이 그 대상이 된다(Sweeny, 1995).

선거에서 이슈의 중요성이 갈수록 커지고 있다. 크게 네 가지 이유를 들 수 있다. 첫째, 국민이 저성장, 양극화, 불평등으로 고통받고 있고 이를 해결할 수 있는 정책과 비전, 리더십을 가진 정당과 지도자를 바라고 있다. 2010년 이후 복지 이슈가 정치권의 최대 화두가 되는 이유다. 둘째, 승리를 위해 반드시 확보해야 하는 중간층이 늘고 있고, 이들이 이슈에 민감하기 때문이다. 셋째, 정책과 공약을 보고 지지 후보를 선택하는 유권자가 증가하고 있기 때문이다. 중앙선관위가 실시하는 '유권자 의식조사'에 따르면 지지 후보를 선택할 때 유권자의 30%가 정책·공약을 가장 중요하게 생각한다. 특히 20~30대에서는 정책·공약을 가장 중요하게 고려하는 비중이 40~50%에 이른다. 넷째, 과거 돈과 조직에 의존하던 선거행태가 TV, 인터넷, SNS 등을 이용하는 미디어 선거로 바뀌고 있기 때문이다. 현대 선거는 미디어 위주의 선거이고 미디어 선거는 이슈 중심의 선거다.

이슈는 후보의 이념적 정체성과 정치적 의견을 전달하는 수단이다. 유권자는 정당 충성도, 이슈, 이미지 등을 종합적으로 판단하여 지지 후보를 결정한다. 세 가지 가운데 이슈의 영향력이 상대적으로 작기는 하지만 이슈가 투표 결정에 상당한 영향력을 미친다는 것은 여러 선거 연구를 통해 밝혀졌다. 유권자의 투표 결정에 영향을 미치는 요인을 분석하는 이론 중 합리적 선택이론이 있다. 이 이론에 따르면, 유권자가 시장에서의 소비자처럼 선거에서 투표 결정을 할 때 효용을 극대화하기 위한 결정을 내린다. 특히 이념적 근접성이 정치적 효용의 극대화에 대단히 중요한 기능을 한다. 선거 과정에서 제기되는 정당이나 후보의 이슈 포지션과 유권자의 입장 간의 이념적 거리감에 따라 투표 결정이 이뤄지게 된다는 것이다. 특정 이슈에 따라 정당이나 후보의 정책적, 이념적 위치와 유권자의 정책적, 이념적 위치의 간격이 좁을수록 유권자가 느끼는 정치적 효용이 커지게 되고, 유권자는 그 후보에게 투표하게 된다.

이슈는 후보를 경쟁 후보와 차별화한다. 유권자는 이슈를 통해 후보 간 정치적 견해나 입장의 차이를 비교한다. 이를 통해 후보에 대한 지지를 유지하거나 철회할 수 있다. 이슈와 관련해서 제기되는 것이 프레임(frame)이다. 선거는 프레임 전쟁이라고 했다. 프레임을 누가 형성하고 주도하는가에 따라 선거의 승패가 갈린다. 프레임을 형성하는 주요 수단이 이슈다.

조지 레이코프는 미국 민주당이 2004년 대통령선거에서 충격적인 패배를 당한 이유를 프레임 전쟁에서 공화당에 패배한 것에서 찾았다. 하지만 람 에마뉴엘, 브루스 리드 등 민주당 내 진보파는 레이코프의 진단처럼 커뮤니케이션 기법이 미숙했기 때문이 아니라 민주당이 정책적 비전이나 가치 아젠다가 결여되어서 패배한 것이라고 반박했다. 레이코프의 주장이든 에마뉴엘의 주장이든 이슈를 통해 선거 프레임이 형성되고 후보나 정당의 비전과 가치가 유권자에게 전달되는 것은 사실이다. 이슈를 선점하면 선거 주도권을 장악한다. 이슈는 선거 프레임 형성을 주도하고 경쟁 후보를 우리 후보에게 유리한 프레임 속으로 밀어 넣는다. 프레임에 갇힌 후보는 프레임을 벗어나는 데 급급해서 자기의 강점을 알리는 기회를 놓치게 된다. 2002년 대통령선거에서 이회창이 노무현의 행정수도 이슈에 대해 '서울 공동화'로 정면 대응했다. 그러나 이회창은 행정수도 프레임에 갇혀 반대 목소리만 내며 끌려다녔을 뿐 결국에는 자신의 강점을 알리지 못한 채 출신지인 충청도마저 노무현에게 내주고 말았다.

이슈는 후보의 이미지를 형성하거나 변경한다. 2012년 대선을 앞두고 박근혜의 꾸준한 복지 이슈화는 중간층을 공략하고 중도적 이미지를 강화하는 효과를 가져다주었다. 20대 대선에서 패배한 이재명은 여러 건의 수사와 재판을 받는 '사법 리스크' 이슈로 인해 성남시장, 경기도지사 시절 보여주었던 추진력과 실용적 면모가 사람들의 기억에서 사라져가고 있다. 그에 대한 '악마화 프레임'이 효과를 발휘하고 있다. 그는 대통령선거에서 패배한 후보가 한동안 정치 현장과 떨어져 성찰의 시간을 갖는 기존의 정치적 관행과 다른 행보를 걸어왔다. 대통령선거에서 패배한 뒤 곧바로 국회의원 보궐선거와 당 대표 선거에 출마하고 당선되는 등 정치 현장의 한복판으로 뛰어들었다. 정치적 반대편이 사법적, 도덕적 문제로 파상적인 공격을 퍼부으며 그에게 악마화 프레임을 씌울 것이 뻔한 상황에서 반대편이 설치해 놓은 악마화의 춤판 위로 스스로 올라갔다. 그가 사법적으로 무죄를 증명하기 전에는 이 프레임에서 벗어나는 것이 쉽지 않아 보인다.

2) 이슈의 종류

이슈에는 정치적 이슈, 정책적 이슈, 후보 개인의 이슈가 있다. 정치적 이슈는 정치체제, 지역주의 공방, 선거제도와 선거 과정, 정치 운영이나 정치적 리더쉽 등 정치 현안과 관련된 이슈다. 정책적 이슈는 경제, 사회, 문화, 교육 등 주요 정책 현안과 관련된 이슈다. 후보 개인 이슈는 후보 개인의 경력과 자질, 도덕성, 이념 성향 등과 관련된 이슈다.

그동안 우리나라 선거에서는 정치적 이슈가 선거 이슈의 중심을 형성해 왔다. 지역주의의 영향이 크고 정책 이슈의 차별성이 두드러지지 못하는 정치 구도 하에 정책적 이슈보다는 정치적 이슈가 선거에 큰 영향을 미쳐왔기 때문이다. 또한 무상급식, 코로나19 방역 등에서 보듯이 정책적 이슈가 정치적 이슈로 전환되기도 한다. 4대강 사업 역시 정책적 이슈였지만 이명박 정부가 무리하게 추진하는 과정에서 리더십 문제와 결부되면서 정치적 이슈로 바뀐 경우다. 반현 등(2004년)은 뉴스 미디어들이 선거 이슈 가운데 정책적 이슈나 후보 개인 이슈보다 정치적 이슈를 가장 많이 보도한다는 것을 밝혔다. 따라서 이슈 파이팅(issue fighting)을 할 때는 정책적 이슈나 후보 개인 이슈를 정치적 이슈로 만들어야 언론보도에 유리하다. 도전자의 입장에 있다면 정책적 이슈를 정치적 이슈로 만들어야 한다. 선두에 있는 후보는 이슈 없이 선거가 조용히 끝나거나 만약 이슈가 제기되더라도 정치적 이슈로 비화하지 않도록 해야 한다.

3) 이슈의 개발 및 제기

선거 이슈를 어떻게 개발하고 제기할 것인지 그 과정을 알아보자.
① 후보의 포지셔닝을 분석한다. 선거전략 수립 제2단계인 후보 분석과 제3단계인 선거기본전략에서 후보에 대한 포지셔닝을 분석하고 설정한 바 있다. 후보가 유권자의 마음속에 경쟁후보와 비교하여 어떻게 포지셔닝되어 있는지 파악하고, 후보를 어떻게 포지셔

닝하고 싶은지를 정한다. 후보를 경쟁후보보다 더 진보적인 정치인으로 포지셔닝하고 싶다면 그에 걸맞은 진보적 이슈를 선정한다.

② 이슈 주제를 선정한다. 후보가 경쟁후보에 비해 우위를 차지하고 있거나 비리, 입장 번복, 잘 모르는 분야 등 상대의 책임을 물을 수 있는 주제를 선택한다. 상대를 공격하는 네거티브 이슈인 경우 후보가 자신의 깨끗한 이미지를 훼손시키더라도 제기할 만한 가치가 있는지 검토한다.

③ 이슈와 관련된 자료와 정보를 수집 분석한다. 이슈 주제를 선정하기 이전부터 선거구나 경쟁후보에 대한 다양한 자료를 수집해 놓아야 한다. 이는 선거전략 수립 1단계인 상황분석에서 다룬 바 있다.

④ 이슈 내용을 확정한다. 수집 분석한 자료와 정보를 토대로 제기할 이슈의 내용을 확정한다. 경쟁후보의 반응을 예상하고 이에 대한 대응도 함께 검토한다. 이슈에 대한 현황과 문제점, 이슈와 관련한 경쟁후보의 과거 행적과 향후 예상되는 반응, 후보의 입장과 대책을 핵심만 간단히 정리하고 관련 통계나 자료를 덧붙여 이슈 브리프(issue brief)를 작성한다. 후보와 전략 참모는 이슈 브리프를 이슈 파이팅을 진행할 때 작전 교본으로 활용한다.

⑤ 이슈를 제기할 시기와 방법을 결정한다. 이슈를 제기하기 위해 기자회견, 보도자료 배포, 토론회나 간담회 개최, 이슈 관련 기관·단체·전문가·장소 방문, 집회·시위 전개, 인터넷·SNS 활용, 거리 연설, 전화홍보, 구전 퍼뜨리기, 선거홍보물, 현수막 등 다양한 방법을 총동원한다.

⑥ 이슈를 제기하고, 유권자와 경쟁후보의 반응을 평가하고 대응한다.

⑦ 이슈 파이팅의 지속 여부를 결정한다. 이슈를 언제까지 끌고 가고 언제쯤 그만둘 것인가를 결정한다. 하나의 주제로 이슈 파이팅을 하루 만에 끝낼 수 있고 선거기간 내내 지속할 수도 있다. 같은 주제의 이슈를 내용을 바꾸어 계속 제기하거나 다른 주제의 이슈를 잇달아 제기할 수 있다.

4) 이슈 전략

이슈 파이팅은 사전 준비를 철저히 하고 상황에 맞는 적절한 전략을 구사해야 한다. 그렇게 해야 기대하는 목표를 달성하고 자칫 발생할지도 모르는 역풍을 막을 수 있다. 지금부터 제시하는 10가지 이슈 전략을 유용하게 활용할 필요가 있다.

(1) 정책이 아니라 이슈다

선거는 훌륭한 정책을 내놓는 사람이 아니라 이슈를 장악한 사람이 이기는 게임이다. 정치평론가 박성민의 주장이다. 그에 따르면 유권자는 단순히 정책을 보고 지지를 결정하지 않는다. 자신과 이해관계가 있는 집 앞의 도로보다 그다지 이해관계가 없어 보이는 정치적 이슈에 더 강하게 반응한다. 유권자는 수많은 공약이 아니라 한두 가지 이슈에 따라 투표한다. 후보가 정책이나 공약과 관련하여 종종 착각에 빠지는 경우가 있다. 공들여 준비한 정책을 유권자에게 홍보하면 큰 반향을 일으킬 것으로 생각한다. 그러나 단순히 정책을 제시하는 것만으로 유권자의 호응을 끌어내기는 어렵다. 정책은 유권자가 멀찍이서 구경하기 좋은 그림에 불과하다. 그 그림에 유권자가 공감하고 호응할 수 있는 생명력을 불어넣으려면 정책이 이슈가 되어야 한다. 정책이 이슈가 되려면 유권자의 관심사이거나 잠재적 욕구를 끌어올리는 것이어야 한다. 특히 찬성과 반대가 분명히 나뉘어야 한다. 찬반이 분명해야 정책이 이슈가 되고, 이슈로 떠올라야 선거 판도를 흔들 수 있다. 이 점은 과거 선거에서 뜨거운 이슈였던 수도 이전, 무상급식, 종합부동산세를 되돌아보면 알 수 있다. 노무현, 박근혜는 이슈를 주도했고 결국 승리했다. 이들은 이슈를 장악함으로써 이겼지 정책으로 이긴 것이 아니다.

(2) 실행하기 전에 전략을 짜라

어린 소년 다윗이 키가 2.7미터가 넘고 중무장한 골리앗을 쓰러뜨릴 수 있었던 것은 싸움에 들어가기 전에 전투 계획을 세워두었기 때문이다. 그는 골리앗의 급소를 타깃으로 하여 단 한 번의 돌팔매질로 명중시켰다. 이슈 파이팅도 마찬가지다. 사전에 전략을 준비해야 한다. 타깃을 명확히 하고, 타깃을 명중시킬 수 있는 최선의 타이밍과 방법을 선택해야 한다. 또한 반격을 준비해야 한다. 후보의 이슈 공격이 합리적이고 신중하며 균형 잡힌 것이라고 하더라도 상대로부터 반격이 없을 것이라고 잠시라도 방심해선 안 된다. 공격할 때는 항상 자신에 대한 반격이 있을 것이라고 예상해야 한다.

(3) 자신 있는 주제를 선택하라

후보는 자신이 잘 아는 이슈에 대해 말할 때 가장 확신에 차 보인다. 이순신 장군은 미리 지형·지세를 파악해서 유리한 곳으로 일본군을 끌어들여 싸웠다. 유명한 군사 전략가인 클라우제비츠는 '수적 우위는 전투 결과에 영향을 미치는 중요한 요소'라고 했다. 자신이 우세한 힘을 갖는 전장에서 싸워야 한다는 뜻이다. 다윗은 자신 있는 무기를 선택해서 골리앗을 쓰러뜨렸다. 검도 창도 철퇴도 가져가지 않았다. 오직 자신에게 가장 숙달된 돌팔매만으로 거인과 맞섰다. 그 무기가 골리앗을 이기는 데 가장 적합하다는 것을 알고 있었다. 후보는 경제전문가인데 상대는 경제를 모르거나 경제 문제 입장 번복, 경영 실적 부진 등의 전력이 있다면 경제 이슈가 훌륭한 전쟁터이자 무기가 된다.

(4) 상대의 이슈를 선점하라

그냥 이슈를 선점하는 것이 아니라 상대의 이슈를 선점해야 할 때가 있다. 상대가 제기하였거나 제기할 것으로 예상되는 이슈를 자기 것으로 만들어야 한다. 상대의 이슈를 나의 대안과 비전으로 제기하라는 뜻이다. 딕 모리스는 "정당 간의 차이를 넘기 위해서는 덮어놓고 반대만 하는 방식은 좋지 않다. 상대의 이슈에 대해 나름의 해결책을 제시하는 식으로 대응하는 게 바람직하다"고 했다. 상대의 이슈에 대해 말하면서 "나도 마찬가지다" 식의 캠페인은 전혀 효과가 없다. 선거에서 승리하려면 단지 상대의 이슈나 선거공약을 흉내 내는 차원에 그치지 않고 새로운 해결책을 제시해야 한다. 1996년 미국 대통령선거에서 클린턴은 공화당이 전면적인 감세안을 추진하자 감세를 받아들이되 대상을 대학생, 어린아이를 둔 부모, 저소득 노동자 계층으로 한정하는 방안으로 대응했다. 클린턴의 감세 수용으로 공화당의 공격은 김이 빠져버렸다. 클린턴이 민주당이 주장했던 중산층에 대한 세금 감면 정책과 모든 국민을 대상으로 한 공화당의 세금 감면 정책, 이 두 가지 정책 중간 쯤의 입장을 제시함으로써 민주당의 입장도 배려할 수 있었다.[10] 우리나라 대통령선거에서는 원팀(one team), 원보이스(one voice)를 강조하기 때문에 대선 후보와 소속 정당의 입장이 거의 동일하다. 그런데 클린턴처럼 후보가 소속 정당과 다소 떨어진 포지션을 유지한다면 대선 후보로서 보수-진보 양대 정당의 입장을 조율하는 리더십을 발휘하여 유권자의 신뢰를 높일 수 있다. 대통령선거에서는 이러한 점까지 감안하는 정교한 전략이 요구된다.

(5) 첨예한 이슈로 상대를 분열시켜라

적을 분열시켜 꺾으려면 어떻게 해야 할까? 동서고금을 막론하고 이이제이(以夷制夷) 전략, 분할통치식 선수치기가 가장 효과적이다. 19세기 미국의 노예 해방을 이끈 공화당 링컨 후보가 대통령에 당선되는 데는 민주당을 분열시킨 책략의 힘이 컸다. 상대인 민주당은 노예제를 둘러싸고 남부는 찬성, 북부는 반대로 갈라져 있었다. 링

---

[10] 클린턴을 공화당과 민주당 양당 위에 존재하면서 삼각구도를 만들어낼 수 있는 제3의 위치로 포지션시킨 전략을 딕 모리스의 '삼각화 전략'이라고 한다.

컨은 노예제 폐지를 천명함으로써 온건 노선을 지키던 민주당의 유력 후보를 노예제 폐지로 이끌어 이에 반대하는 민주당 남부 세력의 탈당을 유도하였다. 당시만 해도 소수파 정당인 공화당 후보는 노예제 문제를 이용하여 다수파 정당인 민주당을 분열시켜야 승리할 수 있었다. 국민의힘은 민주당 이재명 대표의 '사법 리스크'를 지속해 이슈화하고 있다. '이재명 리스크' 이슈화가 민주당의 지지율을 떨어뜨리고 민주당 내 친이재명계와 반이재명계 간 분열을 조장할 수 있기 때문이다. 민주당은 국민의힘 내 강경 보수와 온건 보수, 친윤계와 비윤계의 갈등을 부추길 이슈를 이용할 필요가 있다. '이념 몰이'에 치중하는 정부·여당을 날카롭게 비판하고 '문제는 경제다, 바보야!'를 핵심 메시지로 앞세워 정부·여당을 몰아세워야 한다. 이것은 이념보다 경제를 중시하는 중도층을 끌어들이는 전략이기도 하다.

(6) 이미지를 바꾸려면 새로운 이슈를 제기하라

이미지 메이킹만으로는 지지율을 올릴 수 없다. 이미지 메이킹에 후보의 메시지를 실어야 한다. 이슈는 가장 확실한 메시지다. 이미지를 바꾸고 싶다면 새로운 이슈를 제기해야 한다. 박근혜는 2011년 2월 사회보장기본법 전면개정안을 발의하여 모든 국민에게 생애주기별로 사회안전망을 제공하는 생활 보장형 복지국가의 비전을 제시하는 등 복지 이슈를 지속해 끌고 나갔다. 2012년 대선을 앞두고 박근혜가 복지 이슈를 제기한 것은 따뜻한 이미지를 만들고 독재자의 딸이라는 이미지를 벗어나는 데 도움이 되었다.

(7) 이슈 조직을 활용하라

이슈와 연관된 조직을 활용해야 한다. 이슈 조직을 활용하면 이슈의 파급력이 커지고 이들을 적극적인 지지 세력으로 만들 수 있다. 그러기 위해서는 상대보다 이슈를 먼저 발굴하고 제기하여 이슈 조직과 끈끈한 연대를 쌓아놓아야 한다. 대형마트 영업시간 규제 문제로 소상공인과 연대하거나, 고속도로 통행료 무료화 문제로 지역주민과 함께 행동한다. 그러나 이런 문제는 대부분의 후보가 입장을 같이 하게 된다. 또한 이슈 조직이 자신들의 영향력 확대를 위해 특정 후보만의 지지를 꺼릴 수 있다. 그렇더라도 진정성 있게 이슈 파이팅을 하는 후보가 결국 이슈 조직의 인정을 받게 된다.

(8) 1위 후보 전략 : 방어전을 펴라

1위 후보는 이슈를 만들 필요가 없다. 무쟁점(issueless) 선거로 가야 한다. 방어전을 펴야 하는 것이다. 이슈를 먼저 제기하지 않으며 상대가 제기하는 이슈에 적절하게 대응만 하면 된다. 상대의 이슈를 아예 무시하거나 최소한의 대응으로 그친다. 이슈를 제기하더라도 상대가 아니라 국민 전체를 대상으로 하는 이슈를 제기한다. 또한 자신이 '1등'이라는 것을 굳이 강조할 필요가 없다. 누가 보더라도 1등으로 인정받고 있는 후보가 스스로 1등을 강조하면 유권자들은 1위 자리를 위협받고 있다고 의심하거나 겸손하지 못하다고 비판한다. 파이 주인이라면 자기 몫을 늘리려 하기보다 파이 전체의 크기를 늘리려고 노력해야 한다. 같은 원리로 판세가 유리한 현역의원이 정치신인과 대결하고 있다면 이슈 파이팅을 하지 않는 것이 바람직하다. 이슈를 제기하더라도 동네의 조그마한 문제를 다룰 필요는 없다. 국가적 차원의 이슈나 지역 이슈이더라도 중앙정부를 통해 해결할 수 있는 이슈를 활용하여 큰 정치인으로 포지셔닝해야 한다.

(9) 2위 후보 전략 : 위험을 감수하라

안전한 방법으로는 선두를 쓰러뜨리지 못한다. 선거나 정치에서는 욕먹을 각오를 하고 큰 이슈를 내걸고 추진하는 힘이 있어야 한다. 맞는 것을 두려워하지 않아야 제대로 때리게 된다. 반대하는 사람이 있어야 지지하는 사람이 생긴다. 김영삼과 김대중은 군사독재에 맞서 민주화에 목숨을 걸었다. 노무현은 엄청난 공격을 받으면서도 조선일보와 싸워 대통령이 될 수 있었다. 이명박은 청계천 개발을 반대하는 사람과 싸워 대통령의 길을 닦았다. 윤석열은 권력의 외압에 굴하지 않는 강직한 검사였다. 2위 후보가 기득권의 반대, 여론의 역풍, 이런저런 비난을 무서워한다면 1위를 향해 한 발도 전진할 수 없다.

(10) 경쟁자의 전략 : 상대가 없는 틈새 영역을 점령하라

상대 후보와 경쟁이 치열할 때 상대가 차지하지 못한 틈새 영역을 찾아내어 포지셔닝해야 한다. 상대가 차지하지 못한 빈틈으로 들어갈 수 있는 이슈를 개발해서 그 이슈로 공격을 감행한다. 예전에는 정치인이 한 쪽으로 강한 포지션을 갖는 것은 자살행위나 마찬가지였다. 그러나 오늘날에는 정치인이 확실한 포지션을 갖지 않으면 존재감 부족으로 정치생명까지 끊어질 수 있다. 경쟁 상대가 너무 많기 때문이다. 적을 만드는 것을 애써 피하고 모두에게 호소한다고 해서 승리가 보장되는 것은 아니다. 틈새 영역을 창출하여 성공한 대표적인 정치인이 노무현이다. 그는 어떤 정치인도 시도하지 못했던 지역주의 및 조선일보와의 정면 대결을 통해 독보적인 포지션을 구축했다. 현역 정치인으로는 이재명, 홍준표, 이준석 등을 꼽을 수 있다.

네거티브 공격과 대응

1) 네거티브, 득일까 독일까

네거티브 공격은 상대의 도덕성이나 정책에 대한 신뢰를 떨어뜨린다. 프레임 전쟁의 주도권을 장악할 수 있도록 한다. 특히 후보 간 접전이 벌어질 때 네거티브는 경쟁 후보의 지지층 확장을 막고 우리 지지층 결집에 결정적 도움이 되기도 한다. 20대 대통령선거는 최악의 네거티브 선거라는 평가를 받았다. "최선은커녕 차선도 아니고 차악을 선택해야 하나"라고 하는 한숨 소리가 곳곳에서 들렸다. 대장동 의혹 등 갖가지 네거티브가 이재명을 향해 퍼부어졌다. 이 때문에 이재명은 중도층으로 지지층을 확장하는 데 애를 먹었다. 결국 윤석열이 대선 사상 가장 작은 표 차이로 당선되었다. 네거티브는 선거 판세를 역전시키는 데 효과를 보이기도 한다. 칼 로브는 미국 대선에서 부시를 두 번이나 대통령에 당선시킨 뛰어난 선거전략가다. 그는 네거티브의 귀재로도 알려져 있다. 2004년 대선에서 민주당 대선 후보로 베트남 전쟁의 전쟁영웅 존 케리 상원의원이 출마했다. 존 케리는 부시의 안보관을 파고들었고 부시의 지지율은 케리에 비해 뒤처졌다. 칼 로브는 이를 뒤집기 위해 존 케리의 안보 경력을 흠집 내는 전략을 벌였다. SBVT(진실을 위한 참전용사 조직)이라는 정체불명의 집단을 만들어, 베트남 전쟁 참전용사들이 존 케리의 공적이 과장되었다고 주장하며 존 케리를 무공훈장을 따기 위해 미쳐 날뛰었던 '가짜 전쟁영웅'이라고 공격했다. 존 케리는 격분해 SBVT의 진상규명을 요구했다. 이 조직이 공화당과 연관된 것으로 드러나며 부시는 망신을 샀지만 이미 여론은 부시 쪽으로 기운 뒤였다.[11]

그렇지만 네거티브 공격만 하는 후보는 당선이 어렵다. 끈질긴 네거티브 공격이 박원순의 서울시장 당선을 막지 못했고, BBK 공격도 이명박에게 큰 상처를 주지 못했다. 네거티브 공격이 한계가 있는 이유는 그것이 단기적인 효과를 얻을 수는 있지만 자신의 강점을 인식시킬 기회를 놓칠 수 있게 하기 때문이다. 20대 대통령선거 후보 선출을 위한 민주당 경선에서 이낙연이 대장동 의혹으로 이재명을 공격했다. 그러나 그 자체가 자신이 민주당 대선 후보가 되어야 하는 이유를 설명하는 것이 아니었다. 오히려 자신의 장점을 당원과 유권자에게 전달하는 것을 방해하였다. 또한 당내 경선에서 불거진 의혹은 경선이 끝나더라도 소속 정당에 대형 악재가 될 수 있다.

---

11 나무위키 https://namu.wiki/w/%EC%B9%BC%20%EB%A1%9C%EB%B8%8C 검색일 : 2023년 10월 3일

2007년 한나라당 이명박·박근혜 후보의 대선 경선은 결국 두 전직 대통령의 처벌로 이어졌다. 2021년 민주당 대선 경선에서 제기된 대장동 의혹은 이재명에 대한 수사와 재판으로 이어지며 민주당의 발목을 잡고 있다.

2) 네거티브 공격법

(1) 선거 초기에 퍼부어라

선거 초반부터 상대 후보가 정신을 차릴 수 없을 정도로 공격을 퍼부어야 한다. 초기에 공격하면 언론 등을 통해 네거티브 이슈를 확산시킬 수 있다. 상대를 공격에 대응하도록 발목을 묶고 수세적 입장으로 몰아넣는다. 상대의 지지자와 선거운동원들의 사기가 떨어지고, 자신의 지지자와 선거운동원들은 사기가 올라간다. 그러나 여러 이슈를 동시에 제기해서는 안 된다. 차례대로 제기해야 한다. 처음에 한 가지 이슈를 제기하고 그 이슈에 대한 관심이 떨어질 때 두 번째 이슈, 두 번째 이슈의 약효가 떨어지면 세 번째 이슈를 제기한다.

(2) 불안감을 먼저 심고 희망을 제시하라

투표 행위의 핵심 동인은 두려움이다. 사람들에게 두려움을 안겨준 다음 대안을 내놓아야 한다. 이를 위해 유권자들이 두려워하는 것이 무엇인지 찾아야 한다. 2007년 대통령선거에서 이명박은 당시 정부·여당이 경제를 죽이고 있다고 사람들을 위협했고, 자신이 경제를 살릴 수 있다고 희망을 제시했다. 2022년 대통령선거에서 국민의힘은 민주당이 다시 집권하면 부동산가격 폭등이 계속된다고 유권자에게 불안감을 심어 주었다. 1996년 미국 대통령 재선에 도전한 클린턴은 공화당 밥돌이 대통령 되면 노인들의 건강보험이 삭감되고 극우 보수세력이 득세한다고 지속해 공격했다. 한국 국민들은 양극화와 불공정, 이로 인한 취업, 교육, 주거, 노후 문제 등으로 불안해하고 있다. 2024년 총선에서 어느 정당이든 상대 정당이 다수당이 되면 "나라가 큰일 난다." "당신의 생활이 더 어려워진다"는 두려움을 극대화해야 한다. 국회의원 후보들도 상대 후보가 당선되면 "부패하고 낡은 정치가 계속된다"라거나 "우리 지역이 계속 홀대받고 낙후된다"라고 불안감을 부추겨야 한다. 그리고 "내가 그 대안이다"라고 알리고 희망의 근거를 제시해야 한다. 네거티브로 상대의 상승세를 저지하고 깎아내릴 수 있지만 후보의 장점이 결합돼야 최종 승리로 이어질 수 있다. 상대의 도덕성 문제를 공격하면서 동시에 본인이 도덕적으로 깨끗하다는 점을 제시할 수 있어야 한다. 포지티브가 최고의 네거티브다.

(3) 1위 후보의 강점 속에서 약점을 찾아 공격하라

1위 후보를 꼼짝할 수 없게 만드는 공격법은 1위가 가지고 있는 강점 속에서 약점을 찾아 공격하는 것이다. 공격받는 후보는 약점을 부인하려다 강점까지 손상당할 수 있다. 이러지도 저러지도 못하는 딜레마에 빠지게 된다. 2000년 미국 대통령선거 초반 고어가 부시를 누르고 1위를 달렸다. 클린턴 밑에서 부통령을 지내며 많은 업

적과 행정 경험을 쌓았고 당시 경제 상황도 좋았기 때문에 주지사 경험이 전부인 부시를 앞서는 것은 당연했다. 그러나 부시가 토론에서 고어를 향해 '당신은 2인자야'라고 공격하면서 분위기는 달라졌다. 부통령 경력이라는 고어의 강점 속에 있는 '2인자'라는 약점을 공격한 것이다. 17대 대선에서 민주당이 BBK 사건으로 이명박의 도덕성 문제를 집중적으로 공격했다. 하지만 도덕성이 이명박의 강점이 아니었기 때문에 실패할 수밖에 없었다. 유권자는 이명박에 대해 도덕성은 문제가 있지만 경제를 살릴 능력을 기대하고 있었다. 당시 민주당이 이명박의 강점인 경제 능력 속에 있는 약점, 즉 경제 이슈에 대해 잘 모르거나 태도를 바꾸었다든가, 회사 경영에 문제가 있었다든가 등을 찾아서 공격했다면 상황이 달라질 수 있었을지도 모른다.

인기가 좋은 후보에 대해서는 그의 인간성을 직접 비판하지 않고 행적을 비판한다. 유권자들은 인기 있는 후보의 인간성을 공격하는 것은 확실한 물증이 없는 이상 믿지 않으려 한다. 이런 경우에는 특정 사안에 대한 입장 번복, 당적 변경 등과 같은 정책적·정치적 행적을 이슈로 제기함으로써 상대의 신뢰성을 허물어야 한다.

(4) 제3자를 내세워라

후보가 상대 후보를 직접 공격하지 않도록 한다. 우리 후보는 최대한 '좋은 사람'으로 부각해야 한다. 네거티브 공격은 제3자를 통한 미디어 광고가 효과적이다. 미디어 광고에서 후보가 아닌 아나운서를 활용하거나 제3자에 의해 메시지를 전달한다. 대부분의 경우 언론에 보도된 기사 내용이나 특정 분야 권위자의 의견을 내보냄으로써 공격의 신뢰감을 주거나 상대 후보가 말했던 내용들을 직접 보여줌으로써 내용이 사실임을 인식시킨다. 상대의 음해성 공격에 대응할 경우는 예외다. 이때는 후보가 직접 나서서 반박하는 게 신뢰를 높인다.

(5) 경쟁자의 전략 : 무차별 공격하라

지지도가 뒤처져 있거나 경쟁이 치열할 경우 경쟁 후보를 무차별 공격한다. 처음부터 네거티브나 여러 이슈로 상대에 대해 기관총 쏘듯이 줄기차게 공격해야 한다. 1번 아이템으로 공격하고 상대가 여기에 대응하기 시작하면 전혀 다른 2번 아이템으로 공격하고 2번 아이템에 대해 대응하기 시작하면 3번 아이템으로 다시 공격한다. 2~3개의 서로 다른 상대의 약점을 가지고 있을 때 이 전략을 구사한다. 때로는 상대의 신뢰성에 타격을 줄 만한 최후의 한 방을 상대에게 반격할 시간적 여유를 주지 않기 위해 투표일 직전에 결정적으로 가하기도 한다. 17대 대선에서 민주당은 이명박을 공격할 아이템을 BBK 이외에는 준비하지 못했다. BBK로 공격했으면 다른 아이템으로 줄기차게 공격했어야 하는데 처음부터 끝까지 BBK 하나만으로 공격했다. 이명박 측은 민주당 공격을 수월하게 방어할 수 있었다. BBK에 대한 유권자의 관심도 갈수록 떨어졌다.

3) 네거티브 대응법

네거티브 공격도 중요하지만, 대응도 잘해야 한다. 네거티브를 잘 대응하면 프레임을 전환하고 때로는 결정적인 승기를 잡을 수 있다.

(1) 이슈보다 이슈를 다루는 태도가 중요하다

유권자는 네거티브 공방이 일어나면 내용보다 후보의 태도를 본다. 네거티브 공격이 오면 정면 돌파보다 상대방의 허를 찌르거나 프레임을 바꿔 단점을 강점으로 전환해야 한다. 박성민은 "유권자는 비겁하고, 계산적이고, 기회주의적인 정치인이 아니라 언제 어디서나 어떤 이슈든 피하지 않고 당당히 맞서는 정치인을 바란다. 유불리를 따지지 않고 자기주장을 분명히 내세우는 정치인에게 열광한다."고 말한다. 노무현이 "반미주의자면 어떻습니까?"라고 당당하게 말하자 강연을 들으러 온 학생들이 우레와 같은 박수를 보냈다. 좌익인사의 딸과 결혼했다는 사실을 공격받자 "제가 이런 아내를 버려야 합니까. 여러분이 그런 아내를 가지고 있는 사람이 대통령 자격 없다고 판단하신다면 저는 대통령 후보 그만두겠습니다."고 연설하자 청중석에서 뜨거운 지지의 함성이 터졌다. 1997년 대선에 4번째 도전한 김대중은 대통령병에 걸렸다는 공격에 '준비된 대통령'이라는 구호로 프레임 전환에 성공했다.

(2) 메시지를 반박할 수 없을 때는 메신저를 공격하라

메시지를 반박할 수 없다면 메신저를 공격한다. 메신저에 흠집을 내서 그 주장의 신뢰성을 떨어뜨린다. 메신저 공격은 상대의 공격 내용을 반격하는 것이 아니라, 그 주장을 하는 사람의 인품, 성격, 직업, 정황, 과거의 행적 등에서 부정적인 것을 트집 잡아 비판한다. 달은 보지 않고 손가락만 보게 하는 전략이다. 교통사고 현장을 보고 블랙박스 영상을 제보했는데 제보자와 함께 동승한 사람이 의심스럽다며 제보자(메신저)를 공격하는 방식이다. 쇼펜하우어는 "상대방이 탁월한 사람이라 우리가 도저히 이길 수 없다는 생각이 들면, 인신공격이나 모욕 그리고 무례한 행동으로 공격해야 한다"고 말했다.

(3) 음해성 공격은 후보가 직접, 즉각 반박하라

상황이나 사안에 따라 후보가 유권자의 예상을 뛰어넘는 과감하고 선제적인 결단으로 대응함으로써 네거티브를 잠재워야 한다. 후보는 자신이 네거티브에 대응해야 한다는 부담이나 진흙탕 속에 함께 빠져야 한다는 점 때문에 상대의 주장을 반박하고 재공격하는 것을 주저할 것이다. 그러나 반박되지 않은 공격이 반복되면 유권자들이 이를 사실로 받아들일 위험을 안게 된다. 1988년 미국 대선에서 민주당 후보 듀카키스는 음해성 공격이 시작될 때 어처구니없는 공격이라는 이유로 일체 무시하고 지나갔다. 사태가 심각해진 후 대응하기 시작했는데 그때는 이미 늦었다. 2021년 대장동 의혹이 제기되던 초기에 이재명은 소극적으로 대응했다. 뒤늦게 해명에 나섰지만, 호미로 막을 것을 가래로도 막지 못하게 되었다. 이재명은 2021년 10월 민주당 대선 후보로 선출되던 날 후보 수락 연설을 통해 '대장동 특검법' 전면 수용 입장을 밝혔어야 했다. 전 국민의 관심이 집중되는 자리에서 대장동 문제는 특별검사에게 맡기고 지금부터 당당하게 정책 경쟁을 하자고 제안하여 국면을 전환했어야 했다. 그러나 특검에 대한 입장을 미루다가 뒤늦게 그것도 조건부 수용 입장을 밝혀 유권자에게 '뭔가 있구나'하는 의구심을 계속 심어 주었다. 이후 특검을 무조건 받겠다고 했지만 때는 늦었다. 이것은 윤석열의 부인 김건희가 네거티브 공격을 계속 받자, 김건희 본인이 직접 나서 국민에게 사죄하고 해명한 것과 비교되었다. 음해성 공격에 대해서는 후보나 후보의 가족이 직접, 즉각, 진솔하거나 과감하게 대응하는 것이 좋다.

(4) 무시 전략

공격하는 측의 지명도가 매우 낮거나 일일이 대응하지 않아도 대세에 지장이 없는 경우 상대 공격에 아예 반응할 필요가 없다. 만약 맞상대를 해주면 이슈가 오히려 커지게 되고 상대의 노이즈 마케팅(noise marketing)을 도와주는 꼴이 된다. 19대 대선에서 선두를 달리고 있던 문재인은 상대의 비난에 일일이 대응하지 않는 전략을 구사했다. 당시 문재인의 높은 지지율은 박근혜 대통령 탄핵에서 표출되었듯이 '나라를 나라답게' 만들어달라는 국민의 요구가 컸기 때문이다. 문재인은 이 심리를 파악하고 묵묵히 자신의 장점만 강화해 나갔다. 그러나 지지도 차이가 크지 않을 경우 무시 전략은 위험하다. 후보 간 접전의 양상일 때 반응하지 않는다면 궁극적으로 비난을 인정하는 격이 되고 공격 측의 입지를 강화해 주게 된다.

(5) 우회전략

경쟁 후보의 공격에 대해 정면 대응하지 않고 우회적으로 대응한다. 정의 대 불의, 정직 대 거짓, 과거 대 미래, 낡은 것 대 새로운 것, 주류 대 비주류 등의 대비를 이용해서 상대가 제기한 논점을 분산시킨다. 16대 대선에서 노무현은 이회창의 네거티브 공격에 대응하여 이런 광고를 냈다. '희망을 보여주기도 바쁩니다. 낡은 폭로에는 일일이 대응하지 않겠습니다.' 또 다른 광고에서는 '한나라당 후보는 낡은 20세기와 상대하십시오. 노무현은 21세기와 상대하겠습니다.'고 했다. 네거티브를 낡은 공격, 낡은 행태로 몰아버리고 자신을 미래지향적인 정치인으로 위치시킨 것이다. 17대 대선에서 이명박의 대응도 마찬가지였다. 이명박 측은 BBK로 계속 공격받자, 광고에 욕쟁이 할머니를 등장시켜 "쓰잘데기 없이 싸움박질 그만하고 경제 좀 꼭 살려라잉"이라고 말하는 식으로 상대 공격을 우회 반격했다. 동시에 자신을 유권자의 욕구를 대변하는 인물로 포지셔닝했다. 상대 공격에 자신이 직접 말하지 않고 서민적인 할머니를 등장시켜 반격하게 하는 전형적인 우회 전략을 사용했다.

(6) 반박 전략

공격 대상이 되는 내용을 직접 부정한다. 반박 전략을 쓸 때는 유권자가 반박 내용을 인정할 수 있도록 합리적인 근거를 제시한다. 그렇다고 하더라도 이는 사후 전략이므로 상대에게 주도권을 내주는 것을 피할 수 없다. 특히 네거티브 공격은 시간이 지남에 따라 유권자가 공격 내용만을 기억하는 경향이 있어 반박의 효과가 크지 않다. 더욱이 선거일이 임박해서 시행되는 공격에 대해서는 반박이 무용지물이 될 가능성이 높다. 상대의 공격에 대한 반격은 시의적절해야 하며 합리적인 설득력을 지니고 있어야 한다. 반격의 효과를 높이기 위해서는 원래 받은 공격에 대한 반격과 동시에 공격자에 대한 새로운 공격도 담겨 있어야 한다.

맞불을 놓는 방법도 있다. '눈에는 눈, 이에는 이'로 대응하는 방식이다. 반박 전략으로 공격받는 초점이 물 타기되어 상대의 공격 의도가 통하지 않게 한다. 그러나 이런 물귀신 작전은 자칫 치고받는 두 후보 모두에 대한 유권자의 불신을 초래하여 제3의 후보에게 어부지리를 안겨줄 수 있다. 따라서 맞불 전략을 사용하더라도 네거티브 역공은 소속 정당이나 캠프 관계자에게 맡기고 후보는 긍정적 메시지만 말하는 식으로 역할을 분담한다.

(7) 김 빼기 전략

상대방이 공격하기 전에 선제공격해서 상대의 김을 뺄 수 있다. 김 빼기 전략을 위해 후보에 대한 사전 분석 결과 약점을 찾아내어 이를 긍정적으로 표현하는 방법을 이용한다. 상대방이 공격하기 전에 미리 자신의 취약점을 문제 삼아 그것이 전혀 결격사유가 되지 못함을 입증하는 선제적 방어라고 할 수 있다. 예를 들어 재산이 많은 후보의 경우 상대방이 '반서민적'이라고 공격할 것을 예상해서 낡은 소형차를 직접 몰고 다니거나 시장통에서 사람들과 막걸리 먹으며 이야기를 나누는 모습을 미리 보여준다. 당적을 변경한 후보는 철새 정치인, 기회주의자라는 비난을 받기 마련이므로 자신의 선택에 대한 정당성, 용기, 타당성을 설명하고 때로는 용서를 구한다. 루스벨트 미국 대통령은 소아마비라는 신체적 약점을 공격할 것을 대비해서 "훌륭한 정치인이 되기 위해서 공중회전 하는 체조선수가 될 필요는 없다"라고 미리 이야기했다. 레이건은 민주당 먼데일 후보가 나이가 많다는 점을 공격할 것을 감지하고 "나는 먼데일의 짧은 경륜을 이슈로 삼아서 이득을 취하지 않겠다."고 말하며 나이에 대한 이슈를 미리 피했다. 1997년 대통령선거에서 김대중은 고령 문제로 공격받을 것을 미리 알고 자신이 애송하는 시(詩)를 '청년'이라고 밝히고, 푸른 와이셔츠와 멜빵 등을 착용하였으며, TV 광고에서 DJ DOC의 노래를 따라 불렀다. 상대가 공격해 오기 전에 면역주사를 놓은 것이다.

유권자 사로잡는 메시지 작성법

선거 메시지는 후보가 단순히 괜찮은 사람이라고 이야기하는 것 그 이상이 되어야 한다. 상대 후보들 또한 괜찮은 사람으로 보일 수 있다. 선거 메시지는 후보가 중요 이슈에 관해 관심이 있다고 말하는 것 그 이상이 되어야 한다. 상대 후보들 또한 같은 이슈에 관해 관심을 가지고 있다고 말할 수 있다. 선거 메시지는 후보가 상대 후보들보다 더 적임자인 이유를 보여주는 것이다. 후보는 출마를 선언하면서 '출마선언문'을 발표한다. 출마선언문에는 자신이 출마한 이유 또는 유권자가 자신을 지지해야 하는 이유를 담는다. 출마 이유 또는 지지 이유에는 후보만이 말할 수 있고 상대 후보는 주장할 수 없는 내용을 담고 있어야 설득력이 있다. 이것이 선거 캠페인의 핵심 메시지가 된다. 핵심 메시지가 없는 출마선언문은 유권자의 관심과 신뢰를 얻기 어렵다. 후보들의 출마선언문을 읽어보면 후보 자신이 상대 후보보다 더 적임자인 이유가 분명하게 드러나지 않은 경우가 많다. 후보의 주장이 상대 후보의 그것과 비슷할 뿐만 아니라 후보가 그 주장을 실현할 수 있을 것이라는 구체적인 사실이나 근거를 제시하지 않기 때문이다.

유권자에게 호소력 있는 메시지는 어떻게 만들 수 있을까? 지금부터 유권자의 마음을 사로잡을 수 있는 메시지 작성 방법에 대해 알아보자.

1) 유권자에게 착 달라붙는 메시지 작성법

(1) 상대의 약점을 부각하는 나의 강점을 찾아라

이영작 박사는 『이영작 리포트: 1997 김대중 선거전략 보고서』에서 가장 이상적인 선거운동은 우리 후보를 위한 포지티브 캠페인이 상대편에 대해서는 네거티브 캠페인의 효과를 내는 것이라고 했다. 우리 후보의 강점을 선전하는 것 자체가 상대 후보의 약점을 홍보하는 것이다. 미국에서는 이것을 '상대편을 반대로 비추는 거울(mirror opposite)'이라고 한다. 따라서 가장 강력한 메시지는 '상대 후보의 약점과 정반대되는 나의 강점(mirror opposite strength)'에 근거하여 작성된 것이다. 현직 단체장이나 다선 국회의원이 정치 신인과 맞붙을 때 신인의 약점을 부각하는 강점은 '경험'이나 '경륜'이다. 반대로 정치 신인은 경험 많은 현역 후보에 맞서 '새로움'과 '변화'를 강력한 메시지로 제기할 수 있다.

이처럼 메시지 개발에서 가장 중요한 원칙은 자신의 강점들 가운데 상대 후보의 약점과 정반대되는 강점이 무엇인가를 찾는 것이다. 그러나 만약 상대 후보와 정반대되는 강점이 있지 않다면 차선책으로 강점들 가운데 '상대보다 월등히 우월한(stand alone)' 강점을 찾는다. 전직 단체장과 현직 단체장이 경쟁할 때 '경험'은 두 후보 모두의 강점이므로 어느 후보에게도 강력한 메시지가 되지 못한다. 만약 전직 단체장이 현직 단체장보다 월등히 뛰어난 도덕성을 인정받고 있다면 이 점이 전직 단체장의 메시지가 되어야 한다.

메시지는 상대 후보와 차별화하면서 동시에 후보의 이미지와 맞아야 설득력이 있다. '상대 후보의 약점을 드러내는 후보의 강점'으로 메시지로 만들면 상대 후보와 차별화하고 후보가 가지고 있는 이미지를 강화하는 일거양득의 효과를 거둘 수 있다. 2002년 서울시장 선거에서 이명박이 고가도로 철거와 청계천 복원을 공약으로 내걸었다. 유권자들은 건설회사 CEO 출신인 이명박이기에 그 공약을 믿었다. 또한 '말만 떠들지 않고 일하는 인물'이라는 이명박의 이미지를 강화해 주었다. 그 공약은 상대 후보였던 586 정치인 출신 김민석이 채택할 수 없는 것이었다.

(2) 선거를 규정하라

선거는 규정하기 게임이다. 메시지를 통해 나를 규정하고, 상대를 규정하고, 선거를 규정해야 한다. 2012년 대통령선거에서 박근혜는 문재인을 '친노 후보'로, 문재인은 박근혜를 '유신 공주'로 규정했다. 박근혜는 노무현 전 대통령의 비서실장 출신인 문재인에게 '민생에 무능하고 싸가지가 없는 친노세력'의 부정적 이미지를 덧씌우려고 했다. 이에 맞서 문재인은 박정희 전 대통령의 딸인 박근혜를 '유신 독재의 후계자'로 못 박으려고 했다. 그러나 문재인의 전략은 곧바로 폐기되었다. 선거가 '노무현 대 박정희의 대결'로 규정되면 불리하다는 점을 깨달았기 때문이다. 그러나 선거 초반 문재인 진영의 잘못된 메시지는 결국 선거 패배라는 결과로 이어졌다. 박근혜는 자신을 '신뢰의 정치인'으로 규정하는 데 성공하였다.

자신을 규정하는 메시지를 개발하라. 그것이 '상대 후보의 약점을 부각하는 나의 강점'에 근거한다면 상대를 규정하고 선거까지 규정하게 된다. 선거 승패를 좌우하는 파괴력 있는 메시지 개발에 성공하게 되는 것이다.

(3) 단순하게 만들어라

메시지를 성공시키려면 지나치다 싶을 만큼 단순화시켜야 한다. 유권자의 마인드에 파고들기 위해서는 메시지를 날카롭게 갈아야 한다. 애매하거나 불필요한 것을 없애야만 한다. 단순한 것이 강한 것이다. 메시지가 제대로 전달되는 것을 방해하는 장애물은 커뮤니케이션 분량이다. 정당과 후보들이 쏟아내는 메시지의 홍수 속에서 유권자는 하나의 메시지를 기억하는 것조차 쉽지 않다. 그런데 후보가 던지는 메시지가 둘이나 셋 이상이 되면 쉽게 기억할 사람이 거의 없다. 여러 가지 메시지들을 한꺼번에 담으려다보면 핵심 메시지를 제대로 전달하기 어렵다. 따라서 후보는 너무 많은 것을 말하려는 욕심을 버려야 한다. 듣는 사람이 고도로 집중해야만 이해할 수 있는 메시지는 절대 사용해서는 안 된다. 햇빛을 한군데에 모으지 않으면 아무것도 태우지 못한다.

베스트셀러 『스틱』의 저자인 히스 형제는 사람의 마음을 움직이는 메시지에 대해 6가지 법칙을 제시했다. 단순성(simplicity), 의외성(unexpectedness), 구체성(concreteness), 신뢰성(credibility), 감성(emotion), 스토리(story)를 탁월한 메시지의 여섯 가지 요소라고 하면서 이 단어들의 영어 첫 글자를 따서 성공이라는 의미의 SUCCESs'라고 불렀다. 히스 형제는 6가지 메시지 법칙 중 단순성을 첫 번째로 강조했다. 그들에 따르면 단순의 정확한 개념은 메시지의 핵심을 찾는 것이다. 핵심을 찾으라는 말은 메시지를 한 꺼풀 한 꺼풀 벗겨내어 그 한가운데 숨어 있는 본질을 발견하라는 뜻이다. 핵심에 이르기 위해서는 남아돌거나 불필요한 요소들을 모두 제거해야 한다. 히스 형제는 단순한 메시지의 성공 사례로 1992년 빌 클린턴의 선거 슬로건을 예로 든다. 빌 클린턴은 정책에 관한 질문을 받을 때마다 거의 모든 사항에 대해 자기 생각을 구구절절 늘어놓곤 했다. 클린턴의 핵심 정치고문이었던 제임스 카빌은 클린턴이 핵심에 집중할 수 있도록 모든 선거운동원이 볼 수 있는 화이트보드에 세 문장을 적었다. 즉석에서 지어낸 이 슬로건 중 하나가 바로 "경제라니까, 이 멍청아(It's the economy, stupid!)"였다. 이 문장은 선거 기간 내내 클린턴의 가장 성공적인 핵심 캠페인이 되었다. 나머지 두 문장은 '변화 대 변화 없음'과 '의료보험을 잊지 말 것'이었다.

(4) 구체적인 출처나 사례를 제시하라

메시지는 신뢰성이다. 후보의 말을 믿게 만들어야 한다. 현대 사회에는 지나치게 많은 메시지가 흘러넘치고 있기 때문에 사람들은 그 출처를 궁금해하고 신빙성을 의심한다. 메시지의 출처와 전달자가 믿을만해야 한다. 사람들은 정보를 접하게 될 때 정보 출처가 믿을만한가, 그리고 정보를 전달하는 사람이 믿을만한가로 신빙성을 판단한다. 따라서 메시지의 출처나 근거를 명확하게 제시해야 한다. 출처가 그 분야 권위자의 논문일 수 있고, 정부 통계자료나 언론 기사일 수 있다. 유명인이나 전문가가 후보를 대신하거나 보충하여 설명한다면 신뢰성이 높아진다. 세제 광고에서 화학 전공 교수나 제품을 직접 써본 주부가 출연하여 제품의 우수성을 설명하는 것도 같은 원리다. 메시지에 세부적인 묘사나 상세한 사례 등이 담겨 있으면 메시지에 신뢰성을 부여하게 된다. 후보가 시장을 방문하고 나면 의례적으로 "재래시장을 찾아가 상인들과 요즘 경제 상황을 놓고 이야기 나눴다"라는 글을 SNS에 올린다. 그런데 "몽골시장 한자리에서 20년간 채소 장사를 하시는 올해 예순 일곱살의 여사장님과 오늘 배추가 몇 포기 팔렸는지 이야기 나눴다"고 좀 더 구체적으로 묘사하면 그 글이 훨씬 믿음을 얻는다.

(5) 감성을 자극하라

메시지에 감성을 담아야 한다. 감성이 담긴 메시지가 사람을 행동하게 만든다. 상업 광고는 개인의 이익에 관심을 집중시켜야 성공할 수 있다. 이에 비해 정치 광고는 공동의 이익에 초점을 맞춰야 한다. 유권자는 후보에게 개인의 이익이 아니라 공동의 이익을 기대한다. 후보를 선택할 때 "나한테 뭐가 좋지?"보다 "우리한테 뭐가 좋지?"

라고 묻는다. 후보의 메시지는 유권자에게 '공동체의 이익'이라는 핵심 가치를 상기하도록 해야 한다. 공동체가 추구하는 가치와 정체성에 호소해야 한다. 영화 <한산>을 보면 이 싸움의 의미가 무엇이냐고 묻자, 이순신 장군은 조선과 왜의 나라 사이 싸움이 아니라 불의(不義)와 의(義)의 싸움이라고 했다. 영화를 보며 이 대사를 들으면 가슴 속에서 뭔가 끓어오르는 감정을 느낄 수 있다.

메시지에 스토리를 담으면 사람의 감성을 자극할 수 있다. 스토리로 머릿속에 생생히 그려지도록 말해야 한다. 스토리는 그 무엇보다도 강력하고 효과적인 메시지 도구다. 권력의 탄압에 굴복하지 않고 신념을 지킨 스토리, 학력도 재산도 없는 사람이 역경을 이겨내고 성공한 스토리 등은 사람에게 감동을 준다. 김대중, 노무현, 박근혜의 인생 역정에는 사람을 감동하게 한 스토리가 있다.

(6) 비유법을 활용하라

비유법은 사람이 이미 알고 있는 개념을 연상시킴으로써 간결한 메시지를 더욱 이해하기 쉽게 만든다. 훌륭한 비유는 엄청난 위력을 발휘한다. 십수 년 전 어떤 방송국 가요 프로그램에서 사회자가 얼굴이 낯선 재즈 가수를 소개했다. 웅산이라는 이름만 소개했더라면 그냥 지나쳤을 텐데 '재즈계의 김혜수'라고 소개하는 것을 보고 지금도 그녀를 기억하고 있다. 그녀는 지금 아시아를 대표하는 최고의 재즈 보컬리스트로 활동하고 있다. 1995년 서울시장 선거에 출마한 조순은 자신을 '포청천'에 비유했다. '포청천 시장'은 당시 폭발적인 인기를 끌던 대만 드라마 '판관 포청천'에서 따온 슬로건이다. 조순은 선거운동 초기 40%대에 달하는 지지율로 선두를 달리던 박찬종 후보에게 역전승을 거두고 최초의 민선 서울시장이 되었다.

(7) 쉬운 말을 사용하라

앞에서 강조했듯이 '상대 후보의 약점을 부각하는 나의 강점'을 찾아 메시지 주제를 설정했다면, 다음 할 일은 그 테마를 표현할 적절한 단어나 문장을 찾는 것이다. 그런데 정치인이나 후보가 쉬운 말을 두고 굳이 어려운 말을 찾아 쓰는 좋지 않은 습관을 갖는 경우가 있다. 예를 들면 '새술은 새부대'가 훨씬 쉬운 표현이지만 '세대교체'나 '시대교체'를 사용한다. 2012년 대선에서 문재인은 TV 광고에 출연하여 "기회는 평등할 것입니다. 과정은 공정할 것입니다. 결과는 정의로울 것입니다"라고 말했다. 말 자체는 아름다운 표현이다. 그러나 국민이 이해하기에는 너무 복잡하고 어려운 말이어서 그 메시지는 아무것도 기억에 남을 수 없었다. 반면에 박근혜의 "잘살아 보세"는 훨씬 쉽고 단순해서 기억하기 좋은 메시지였다.

메시지는 유권자가 공감할 수 있어야 한다. 대중과 공감하기 위해서는 대중이 알아들을 수 있게 대중적인 표현으로 전달해야 한다. 연설문, 광고, 홍보물 등은 50대 중학교 졸업 학력의 여성이 쉽게 알아들을 수 있도록 만들어야 한다. 언론사에 배포할 보도자료는 필요할 경우 전문용어를 사용할 수 있지만 전체 문장은 쉬운 표현으로 작성한다. 시장이나 복덕방 등의 가게에 들러 설정된 '메시지 주제'에 대해 상인들이 자연스럽게 이야기를 나누도록 유도하여 대화 중에 나오는 대중적인 표현을 찾을 수 있다. 인터넷이나 사전을 뒤져서 속담이나 명언을 찾아 인용하는 것도 좋은 방법이다. 표적 유권자에 해당하는 6~10명 정도의 소그룹을 대상으로 심층 면접(FGI)을 하면 생생한 표현을 찾아낼 수 있다.

2) 효과적인 메시지 전달 방법

잘 만든 메시지라도 전달하는 방법에 따라 그 효과가 완전히 달라질 수 있다. 이제부터 메시지를 효과적으로 전달하는 방법을 알아보자.

(1) 후보와 조직 전체가 메시지를 따라야 한다

메시지가 전달되기 위해서는 제일 먼저 후보가 메시지를 따르고 복종해야만 한다. 그래야 선거운동의 기율이 서고 조직이 움직인다. 후보 자신이 메시지를 만들어 놓고 순간적으로 바꾼다면 그 메시지는 아무도 믿지 않는 메시지가 될 것이다. 후보가 자신이 만든 메시지를 따르기 위해서는 그 메시지를 믿고 확신해야 한다. 선거운동 조직 전체도 후보의 메시지를 따라야 한다. 후보의 주장을 선거운동원들이 이해하지 못한다면 그 메시지는 실패한다. 선거운동원조차 이해하지 못하는 메시지는 어떤 유권자도 설득하기 어렵다. 후보와 선거운동원의 말이 다르면 메시지의 전파력이 떨어지고 유권자에게 혼란을 일으킨다. 후보는 이슈를 제기하기 전이나 제기하는 즉시 선거운동원부터 메시지를 이해시켜야 한다. 후보가 제기하는 메시지에 대해 모든 선거운동원이 입을 맞추어서 반복해야 한다.

(2) 반복 반복 반복하라

메시지가 전달되려면 반복되어야 한다. 잠깐 이야기하다가 다른 것으로 바꿔버려서는 안 된다. 효과를 발휘할 수 있을 때까지 설득 작업이 계속되어야 한다. 많은 후보가 같은 이야기를 반복하는 것을 좋아하지 않는다. 그러나 선거 홍보의 본질은 정의를 내리고 반복하는 것이다. 똑같은 말을 되풀이하는 데 싫증을 느껴서는 안 된다. 유권자는 단순한 메시지를 반복하는 후보만 기억한다. 정보의 홍수 속에서 살아가는 유권자들은 메시지를 한 번 듣는 것으로는 기억하지 못한다. 듣는 사람이 지겨워할 정도로 끊임없이 반복에 반복을 거듭해야 메시지를 기억하는 사람들이 생겨난다. 입장이 바뀌거나 한 번 제기한 것으로 그친다면 유권자는 그 메시지를 아예 듣지 못하거나 들었더라도 기억하지 못한다. 메시지를 100번 반복해야 대중은 겨우 1번 듣는다는 속설이 있다.

 나치의 선전장관 요제프 괴벨스가 주장한 대로 거짓말도 큰 소리로 반복하면 대중이 믿게 된다. 같은 메시지를 계속해서 반복하는 후보는 진정성을 인정받는다. 또한 그 메시지에 대한 일종의 저작권까지 인정받게 된다. 후보가 특정 메시지 하면 바로 떠오르는 확실한 이미지를 구축한다면 엄청난 자산을 갖게 된다. 박근혜는 대통령이 되기 전 '신뢰'라는 메시지를 반복하여 그의 정치적 자산을 쌓았다.

 하나의 메시지 안에서는 전달하고자 하는 핵심 내용과 후보의 이름을 3번 반복해야 한다. 커뮤니케이션 학자인 허버트 크루그먼은 사람들이 메시지에 대해서 3단계 반응을 보인다는 광고 이론을 주장했다. 사람들이 첫 번째 단계에서는 "어! 저게 뭔까?"하고 주의(attention)를 기울인다. 같은 메시지를 두 번째 접하게 되면 "무슨 내용일까?"하고 이해(comprehension)하려고 한다. 같은 메시지를 세 번째 듣게 되면 "맞아, 그거지!" 하며 상기(reminding)하게 된다. 선거 광고나 홍보물을 제작할 때 핵심 내용과 후보 이름이 3번 반복되도록 한다.

(3) 메시지는 타이밍이다

선거에서는 타이밍이 매우 중요하다. 메시지도 타이밍이다. 때로는 메시지 그 자체보다 메시지를 언제, 어떻게 전달하느냐가 더 중요하다. 특정 메시지를 너무 일찍 활용하면 효과가 사라지게 되고, 너무 늦게 내보내면 파급력이 떨어진다. 완급 조절이 중요한 것이다. 메시지 전달의 타이밍을 결정할 때 시의성, 상대 후보 동향 등을 중요하게 고려한다. 하지만 가장 핵심적인 고려 요소는 그 메시지가 후보의 캠페인 전략과 일관성이 있는가이다. 전략과 충돌하는 메시지는 사용하지 않는 것이 바람직하다. '새 정치'를 앞세우는 후보가 상대 후보에 대해 인신공격을 퍼붓는 것은 부동층은 물론 지지자들마저 등을 돌리게 할 수 있다. 메시지가 주는 후보의 이미지가 형성되어 있지 않을 경우 메시지를 전파하기에 앞서 정지작업이 반드시 이루어져야 한다. 메시지는 제대로 만들었는데 그것을 전달하는 후보가 신뢰를 얻지 못한다면 메시지의 효과를 기대할 수 없다. 재력가 출신 후보가 '서민을 위한 후보'를 주장할 수 있으려면 오래전부터 허름한 가게에서 막걸리를 마시며 사람들과 어울리거나 소형차를 이용하는 모습 등을 유권자에게 보여주어야 한다.

기자회견, 보도자료 배포 등 메시지를 발표하는 요일이나 시간도 세심하게 고려해야 한다. 인터넷과 SNS를 활용하면 굳이 요일과 시간을 따질 필요가 줄어든다. 하지만 언론보도를 생각한다면 기자들이 쉬는 날인 토요일은 피해야 한다. 시간대로 따지면 오후보다 오전이 좋다. 기자들이 기사를 마감하기 전인 오전에 메시지를 전달해야 한다.

(4) 시청각을 활용하라

메시지는 이미지와 리듬, 소리를 가미하여 전달하면 더욱 기억하기 쉽다. 메시지를 전달할 때 도표, 사진, 동영상 등의 시각 자료를 이용한다. 예를 들어 공단에서 폐수방출사건이 발생하여 현직 단체장의 책임을 물으려고 할 경우 검게 오염된 강이나 오염물질로 뒤범벅된 철새를 찍은 현장 사진을 제시한다면 파급 효과는 수십 배 더 커질 것이다. 언론에서 기사로 다뤄질 확률도 높아진다. 후보들이 출마 선언, 선거 대책기구 발족식, 연설 등을 할 때 메시지 주제와 관련된 사람들을 참석시키는 것도 시청각을 활용하는 좋은 사례이다. 미국 대통령은 법안이 시행될 때 구체적인 혜택을 보게 되는 사람들을 참석시키고 그들에게 법안의 효과를 설명하게 한다. 그만큼 미국 정치인들은 효과적인 메시지 전달법을 전방위적으로 활용하고 있다.

소리는 사람들의 관심을 집중시키는 효과를 낸다. 특히 청각에 의해 전달받는 메시지는 더욱 쉽게 인지되고 기억에도 오래 남는다. 사람들이 광고 메시지를 인지하고 기억할 때 청각에 의존하는 비율이 75%나 되며, 청각을 제외한 나머지 감각에 의존하는 비율은 25%밖에 되지 않는다고 한다. 출판기념회, 선거사무소 개소식, 기자회견, 유세 등의 이벤트를 진행할 때 행사 주제나 분위기에 맞는 배경음악을 적절하게 활용하면 메시지 전달 효과가 훨씬 높아질 것이다.

(5) 일일 메시지와 주간 메시지를 만들어라

하루에 하나의 핵심 메시지만 전달해야 한다. 이를 위해 일일 메시지를 만든다. 그리고 후보와 모든 선거운동원이 매일 매일 그 메시지를 따르도록 해야 한다. 1968년 미국 대통령 선거에서 닉슨은 하루에 하나씩 초점이 분명한 연설만 하였다. 반면 험프리는 하루에 여러 차례 연설하였고, 그 결과 메시지가 분산되었다. 기자들은 기사에 내보낼 험프리의 메시지를 짤막하게 정리하는 데 골탕을 먹었다. 반면, 단 하나의 닉슨 연설에서 핵심을 찾아내는 것은 식은 죽 먹기였다.

후보와 참모들은 일주일에 한 번씩 정해진 시간에 만나 그 주일의 메시지를 검토하고 다음 주의 메시지 기조와 발표 계획을 세워야 한다. 매주 월요일 아침 회의에서 그 주의 메시지와 내용을 발표한다. 기회가 있을 때마다, 또 어떤 일이 벌어질 때마다 주간 메시지 기조에 맞춰서 연설하고 논평해야 한다. 주의할 점은 일일 메시지든 주간 메시지든 전체 메시지와 충돌하면 안 된다는 것이다. 전체 메시지는 일일 메시지나 주간 메시지를 통해 반복 강화되어야 한다. 핵심 메시지를 '새 정치'로 설정해 놓고 어느 날에는 '변화'를 주장하다가 어느 날에는 '경험'을 강조하는 등 우왕좌왕해서는 안 된다. 새로운 이슈를 제기하거나 돌발적인 상황에 직면하더라도 늘 '새 정치'의 메시지와 연계시켜야 한다.

강력하고 매력적인 슬로건 만드는 법

1) 강력한 슬로건은 승리를 좌우한다

슬로건은 선거 메시지를 전달하는 강력한 표현이다. 메시지를 이해하고 기억하기 쉽게 압축적으로 표현한 것이다. 슬로건은 단순하고 명확한 언어와 짧은 문장으로 선거를 규정한다. 후보의 강점을 돋보이게 하고 상대 후보의 약점을 지적하면서 복잡한 선거 메시지를 핵심적으로 간결하게 나타낸다. 좋은 슬로건은 후보를 기억에 더 오래 남게 하고, 선거의 쟁점을 부각한다. 유권자에게 깊은 인상을 남기고 유권자의 마음을 사로잡아 결국 유권자의 마음을 움직인다. 최고의 선거슬로건에는 대중을 열광시키는 진실한 이야기가 담겨 있다. 대중의 마음을 사로잡는 이야기는 후보를 하나의 차별화된 브랜드로 표현하기 때문에 대중들은 그 후보에게 이끌리고 그를 지지하게 된다. 잘 만든 슬로건에는 캠페인의 가치와 비전, 후보의 아이덴터티가 한 묶음으로 녹아있다. 그래서 좋은 슬로건은 선거 캠페인에서 순풍의 돛 역할을 한다. 반면에 준비 없이 급조된 슬로건은 후보의 정책과 아이덴터티와 삐걱거리며 이미지를 분산시켜 선거 캠페인의 효과를 잠식하게 된다. 오늘날 대부분의 선거슬로건은 독창성이 없고 진부하거나 무미건조하여 유권자의 관심을 끌지 못하고 있다.

좋은 슬로건은 다섯 가지 요건을 갖추고 있다. 첫째, **상대 후보의 약점을 부각하는 후보의 강점이 드러나야 한다.** 둘째, **후보의 약속이 담겨 있어야 한다.** 유권자의 삶이 어떻게 개선되는지 표현되거나 구체적인 행동이 제안되어야 한다. 셋째, **대중적인 표현이어서 쉽게 이해되어야 한다.** 넷째, **독특한 문구로 차별화되어야 한다.** 신인일수록 과감하게 독창적인 표현으로 슬로건을 만들어야 한다. 다섯째, **오래 유지되어야 한다.** 가능한 한 변경되어서는 안 된다. 슬로건이 수시로 교체되면 후보의 강점과 신념이 유권자들에게 전달되지 못한다. 슬로건이 오래 유지되고 반복해서 노출되어야 유권자의 기억에 오래 남게 된다.

반면에 다음과 같은 슬로건은 유권자의 주목을 끌어내는 데 실패한다. 첫째 일반적이다. 매우 흔하고 포괄적이어서 후보만의 이점이나 특별한 비전이 드러나지 않는다. 둘째, 상투적이다. 이미 사용되고 있는 진부한 말이어서 독창적이지 않다. "누구나 다 아는 진부한 말로는 단 한 사람의 마음도 사로잡지 못한다." 미국 대통령 선거에서 두 번이나 패배한 애들레이 스티븐슨이 한 말이다. 그의 슬로건 '경험 많은 후보자'는 핵심이 보이지 않고, 진부한 단어들로 이루어져 있다. 셋째, 과장되거나 억지스럽거나 심지어 명백한 거짓이다. 이러한 슬로건에서는 신뢰성이 느껴지지 않는다. 넷째, 의미가 분명하지 않다. 무슨 뜻인지 정확히 알 수 없어서 유권자가 그 뜻을 고민하다 무시하게 된다.

2) 슬로건 작성 방법과 검증기준

슬로건을 만들기 위해서는 먼저, 어떤 내용의 메시지를 슬로건으로 전달할 것인지를 결정한다(What to say?). 내용이 결정되면 문장 표현의 단계로 넘어간다(How to say?). 유권자가 각종 매체를 통해 만나는 '단 한 줄의 슬로건'을 만들어 내기 위해서는 끈질긴 노력과 열정이 필요하다. 슬로건 작성 과정을 세 단계로 구분할 수 있다.

첫째, **핵심어 결정 단계**이다. 슬로건에 사용될 핵심어를 고르고 결정한다. 대부분의 경우 유권자에게 전달해야 하는 핵심 메시지 안에 슬로건의 핵심어가 들어 있지만, 때로는 전혀 새로운 핵심어가 탄생하기도 한다. 핵심어를 고르고 결정하는 일은 슬로건 창작의 요체라 할 수 있다.

둘째, 슬로건 **구성 단계**이다. 핵심어가 결정되면 그 핵심어를 중심으로 슬로건을 만든다. 잘 다듬어진 슬로건에는 불필요한 글자가 한 자도 없어야 한다. 다소 긴 문장의 슬로건으로 시작해서 군더더기를 없애 한 문장으로 줄이고, 다시 이것을 단순 명쾌한 한 줄로 줄여 나간다.

셋째, 슬로건 **세공 단계**이다. 앞 단계에서 만들어진 슬로건을 더 갈고 다듬는다. 단어의 순서를 바꿔보고, 문체나 어투를 달리해 본다.

슬로건을 작성한 다음에 사후 테스트를 거쳐 좋은 슬로건인지 여부를 검증한다. 검증할 때 다음과 같은 기준을 적용한다.

첫째, **표적 유권자에 호소력이 있는지다.** 모든 사람에게 호소력을 갖는 슬로건은 누구의 마음도 움직이지 못한다. 후보가 공략하고자 하는 타깃(target) 유권자의 요구와 정서에 적중하는 슬로건만이 호소력을 발휘한다.

둘째, **슬로건이 후보의 강점과 상대의 약점을 대비시키고 있는가이다.** 앞에서 가장 강력한 메시지는 '상대 후보의 약점과 정반대되는 나의 강점(mirror opposite strength)'에 근거하여 작성된 것이라고 했다. 슬로건을 통해 우리 후보를 좋게, 상대 후보를 나쁘게 만드는 것이다.

셋째, **차별성이다.** 슬로건이 오직 후보 자신만이 쓸 수 있는 것인가이다. 슬로건이 너무 일반적이어서 아무 후보나 사용할 수 있다면 유권자가 기억하지 못할 뿐 아니라 우리 후보를 지지하고 당선시켜야 하는 이유를 알 수 없게 된다. 슬로건은 후보 자신만이 내세울 수 있는 명분과 스토리를 담고 있어야 한다. 슬로건은 그 내용과 의미뿐만 아니라 표현 문구나 방식에 의해서도 차별화할 수 있다. 의미가 같더라도 표현이 독창적이면 슬로건으로 전달하고자 하는 후보의 이미지와 메시지가 유권자의 마음속에 확실히 자리 잡을 수 있다.

넷째, **슬로건이 빅이슈(Big Issue), 큰 메시지를 담고 있는가이다.**

미국의 선거컨설턴트 제임스 카빌은 선거는 전쟁 대 평화, 안정 대 개혁, 정직함 대 부정직함 등과 같이 '큰 이슈'와 '큰 메시지'를 바탕으로 승리한다고 말했다. 그는 "선거는 음악과 같다. 튜바(큰 것)가 클라리넷(작은 것)을 항상 이긴다. 후보는 큰 이슈, 큰 사안들을 가지고 크고 웅장하게 선거운동을 해야 한다"고 말했다. 그러나 일부에서는 "큰 바퀴가 구르면 잘 느껴지지 않는다"는 비유를 들며 거대 담론 메시지에 대해 반박한다. 유권자가 소확행(소소하지만 확실한 행복)을 추구하는 분위기로 바뀌면서 큰 이슈보다 구체적인 삶의 질과 관련한 이슈가 중요하다는 것이다. 1996년 클린턴은 학부모들을 겨냥한 청소년 교복 착용, 대학생 자녀를 위한 세제 혜택, 남편들에게 출산 휴가 부여, 총기 안전 강화 등 구체적인 정책을 쏟아내며 가정의 행복과 안정 등 사회정책에 눈 돌리기 시작한 미국 가정에 호응을 얻었다. 2022년 20대 대통령선거에서 이재명은 탈모 치료와 임플란트 건강보험 적용 확대 등 소확행 공약을 내놓아 화제를 일으켰다. 그러나 20대 대선에서 확인하였듯이 대통령선거나 총선 등 전국적 선거는 결국 선거 전체를 관통하는 프레임(정권 안정 대 정권 심판, 정권 유지 대 정권교체)과 이 프레임에 충실한 큰 메시지에 의해 판세가 결정된다.

3) 슬로건의 종류

선거 슬로건은 소재나 표현 방식에 따라 몇 가지 종류로 나눌 수 있다.

첫째, **현역과 도전자의 슬로건**이다. 현역과 신인의 경우 대개 '경험' 대 '변화'를 슬로건의 키워드로 삼는다. 신인의 슬로건은 대부분 '변화'에 집중된다. 유권자들이 현 정권이나 현역의원을 심판하려고 할 때 변화는 훌륭한 슬로건이다. 그러나 변화가 항상 만병통치약인 것은 아니다. 변화는 현 정부나 현역의원이 인기 있으면 받아들여질 수 없다. 현역의원이 다시 출마하는 선거의 경우 '경험'이 슬로건의 핵심이 된다.

둘째, **상대와 확실히 대비되는 슬로건**으로서 **인간적 특성을 활용**한다. 후보의 개성이나 성격 등을 표현하는 슬로건이다. 정직, 청렴, 공정, 강인, 능력, 경륜 등의 단어들이 사용된다. 그렇지만 후보나 상황에 맞지 않고 단지 공허한 미사여구에 불과한 슬로건이 종종 목격된다. 후보 이름의 발음을 활용하는 슬로건도 있다. 특이한 이름의 성(姓)을 강조하거나 운율과 리듬, 두운(頭韻)[12]을 갖춘 문구를 슬로건으로 사용한다. 천정배 전 의원이 2000년대에 사용했던 '희망천배 천정배', 2010년 6·29 지방선거 인천 연수구의원 유상균 후보의 '건강엔 유산균! 연수구엔 유상균!' 등이 여기에 해당한다.

셋째, **부정적 슬로건**이다. 슬로건은 후보가 무엇이 아닌지를 강조하기도 한다. "단순히 또 한 명의 정치인이 아닙니다"는 슬로건은 기성 정치인에게 도전하는 정치신인에게 유행한다. 백만장자와 맞붙었을 때 "경험은 돈으로 살 수 없습니다"는 슬로건을 사용한다.

---

12 문구의 첫머리에 규칙적으로 같은 운의 글자를 다는 것

넷째, 일반 대중에게 호소하는 슬로건이 있다. 유권자와 연관시켜 호소하는 슬로건이다. 예를 들면 '서민의 대변자 홍길동', '시민후보 홍길동', 과거 민주당의 슬로건이었던 '중산층과 서민의 정당', 한나라당이 사용했던 '서민 먼저' 등이 있다.

다섯째, 지역에 대한 자부심을 이용하기도 한다. '부자 동네'인 서울 강남에서 사용된 '일등강남 일등인물', 강원도의 청정한 환경과 연관시킨 '깨끗한 강원 깨끗한 인물', 유서 깊은 지역의 자부심을 담은 '종로의 자존심' 등이 대표적이다.

4) 슬로건 사례 분석

● "준비된 대통령"

15대 대통령선거에서 김대중 후보의 슬로건 '준비된 대통령'은 김대중을 당선으로 이끄는 데 혁혁한 공을 세웠다. IMF 사태로 국가 경제가 난파에 휩쓸린 상황에서 김대중의 경륜과 경제 전문성은 정치 경험이 짧고 리더십이 검증되지 않은 이회창의 약점과 뚜렷하게 대비되었다. '준비된 대통령'은 이회창의 약점과 대비되는 김대중의 장점을 탁월하게 표현한 슬로건이었다. 또한 김대중만이 사용할 수 있었던 슬로건으로 위기에 빠진 국민에게 든든한 리더의 존재를 알리는 데 큰 효과를 발휘했다. 김대중에게 적대적이던 보수층마저 준비된 대통령감으로서의 김대중을 부인할 수는 없었다. '준비된 대통령'은 이후 수많은 선거에서 '준비된 여성대통령', '준비된 국회의원', '준비된 도지사', '준비된 구청장', 심지어 '준비된 구의원', '준비된 청년 후보' 등으로 모방되고 있다. 좋은 슬로건을 베껴 쓰는 것은 어쩌면 인간의 모방 성향에서 비롯되는 자연스러운 행동일 수 있다. 모방은 슬로건 결정을 위해 쏟아야 하는 시간과 인지적 노력을 절약하게 해준다. 그러나 모방하려는 슬로건이 과거 선거에서 효과가 있었더라도 후보에게 딱 들어맞는지는 꼼꼼하게 따져봐야 한다. 슬로건이 타깃 유권자의 요구와 정서에 부합하는지, 출마한 후보들 사이에서 후보 자신만이 사용할 수 있는 것인지, 특히 상대의 약점과 대비되는 후보의 강점을 표현하는 것인지 등의 기준을 두고 검증하는 일은 선거전략 수립에서 가장 핵심적인 과제이다.

● "저녁이 있는 삶"

2012년 민주통합당의 대선후보 경선에서 손학규가 사용했던 슬로건이다. 선거슬로건으로서는 유례없이 직장인들의 회식 자리에서 화제가 될 정도로 호평받았다. 야근이 일상화된 직장인들의 노동강도와 그로 인한 가정의 해체라는 현실을 잘 집어냈다는 평가를 받았다. 특히 서정적이면서도 시각적인 이미지를 통해 여유로운 일상과 정상적인 가정생활에 대한 유권자의 동경을 감성적으로 잘 표현했다는 평가가 많았다.

● "당신은 4년 전보다 잘살고 있습니까?(Are You Better Off Than You Were Four Years Ago?)

로널드 레이건의 1980년 선거 슬로건이다. 지미 카터는 1980년 선거에서 재선을 노렸지만, 물가와 주택대출 금리가 하늘 높은 줄 모르고 치솟았다. 레이건은 텔레비전 토론에서 카터를 향해 최후의 일격을 날렸다. "4년 전보다 당신은 잘살고 있습니까? 4년 전보다 손쉽게 물건을 사고 있습니까? 4년 전보다 취직이 잘 됩니까? 미국이 과거처럼 부강합니까? 4년 전보다 우리의 국가안보가 튼튼하다고 생각합니까?"

우리나라 대통령선거에서 레이건의 슬로건과 비슷한 뉘앙스를 가진 메시지가 사용된 적이 있다. "국민 여러분, 살림살이 좀 나아지셨습니까?" 2002년 16대 대통령선거에서 권영길 민주노동당 후보가 TV 토론에서 던진 이 말 한마디가 많은 국민의 공감을 받았다. 20년이 지난 지금도 사람들 입에 오르내린다. 국민 소득 몇만 불 시대와 같은 정치 슬로건은 하루하루 고단한 삶을 살아야 하는 국민에게는 숫자놀음으로만 들릴 수 있다. "살림살이 좀 나아지셨습니까?"는 이해하기 쉬운 간결한 문장으로 노무현 민주당 후보, 이회창 한나라당 후보에 맞서 진보정당의 존재 이유를 알리는 데 성공했다.

● "미국에 다시 찾아온 아침(It's Morning Again in America)"

1984년 재선에 도전한 레이건의 슬로건이다. 미국 정치평론가들이 사상 최고의 슬로건으로 극찬한다. 레이건이 첫 번째 대통령 임기를 수행하는 동안 경제가 되살아났고 미국인들은 자부심을 되찾았다. 대중들은 앞으로 좋은 날들이 계속되기를 바랐고, 레이건 역시 낙천적인 인물이었다. "미국에 다시 찾아온 아침"은 이러한 대중의 정서와 레이건의 긍정적인 세계관을 잘 표현하고 있다. 그래서 후보의 개성과 후보의 약속이 조화를 이룬 드문 슬로건으로 평가받는다.

● "모든 냄비에 닭을, 모든 차고에 차를(A Chicken in Every Pot and a Car in Every Garage)"

1928년 허버트 후버의 대선 슬로건이다. 후버는 전임 쿨리지가 이룬 번영을 잘 유지한다는 정책 기조를 내세웠다. 대다수 미국인이 차를 운행할 수 있을 정도로 경제를 안정된 상태로 유지한다는 것이었다. 후버의 슬로건은 대중의 마음 그 자체였다. 경제 성장과 민생 안정이라는 국가적 과제를 안고 있는 우리나라 선거에서 참고할 만한 슬로건이다.

● "더 나은 △△△을 위한 더 나은 후보"

최근 각종 선거에서 자주 등장하는 유형의 슬로건이다. 이런 슬로건은 개성 없는 슬로건이다. 눈에 띄는 독특한 단어를 찾아볼 수 없다. 슬로건에 눈을 사로잡는 무언가나 새로운 생각이 담겨 있지 않다면 그 누구의 관심도 끌지 못한다.

● "따뜻한 보수주의"

유권자는 이런 슬로건의 문구가 무엇을 의미하는지 한참 고민하다가 결국에는 말도 안 되는 소리라고 결론지을 것이다. 유권자들이 문구의 의미나 숨겨진 뜻을 고민하게 되는 슬로건은 이미 슬로건으로서의 가치를 잃은 것이다.

온라인으로 소통하라

온라인 홍보가 대세다. 그렇다고 유권자를 직접 만나는 오프라인 홍보를 무시할 수 없다. 온라인과 오프라인을 통합한 온라인과 오프라인의 크로스 미디어(crross media)전략이 필요하다. 온-오프 크로스 미디어 전략은 방송, 라디오, 신문, 잡지 등 기존의 오프라인 미디어와 포털, SNS, 메신저 등 온라인 채널을 연계하여 홍보 효과를 극대화하는 것을 말한다. 예를 들면 후보가 라디오 방송국의 아침 시사 프로그램에 출연하여 인터뷰한 내용이 해당 라디오 프로그램에 보도되고, 또 몇 시간 지나지 않아 라디오 방송국 홈페이지에 게재된다. 신문 등 오프라인 매체에서 인터뷰 내용이 기사화되면 이것이 뉴스 포털에 올라온다. 후보 측은 온-오프라인 미디어에 보도된 내용을 기사 원문을 그대로 살리거나 카드 뉴스, 인포그래픽 등으로 따로 제작하여 SNS, 개인 메신저 등을 이용해 퍼뜨린다. 거꾸로 유권자에게 배포하는 홍보물, 후보와 선거운동원이 들고 다니는 피켓, 선거사무소·거리에 게시하는 현수막도 등 오프라인 홍보물을 SNS, 메신저 등 온라인을 통해 확산할 수 있다.

온라인을 이용하면 시·공간과 선거법의 제약을 받지 않고 무궁무진한 홍보 기회를 창출할 수 있다. 온라인 홍보는 공직선거법상 규제가 거의 없다. 예비후보 등록 전에도 상시로 이용할 수 있다. 허위사실이나 명예훼손의 소지가 없다면 다양한 내용과 형식으로 콘텐츠를 생산 전파할 수 있다. 따라서 정치 신인에게 가장 훌륭한 홍보 수단이 된다.

그런데 정치와 이념의 양극화가 심화하면서 가짜뉴스나 확증편향의 문제가 심각하다. 포털, SNS 등 온라인 공간에서 인공지능과 알고리즘의 추천을 받아 자신의 믿음에 부합하는 가짜뉴스를 편식하는 현상이 발생한다. 후보는 온라인 콘텐츠를 만들거나 퍼뜨릴 때 가짜뉴스에 주의를 기울여야 한다. 자칫 확인되지 않은 기사나 정보를 콘텐츠에 담아 전파하는 경우 허위사실 유포나 명예훼손 등 정치적·사법적 논란을 일으킬 수 있다.

지금부터 온라인 캠페인의 주요 방법을 살펴보자.

1) 포털·SNS에 후보의 프로필을 등록하라

온라인 캠페인은 네이버, 다음 등 포털(portal) 사이트와 페이스북 등 SNS에 후보의 프로필을 등록하는 것에서 시작한다. 프로필을 등록해야 후보에 대한 정보가 온라인에 노출된다. 네이버, 다음에는 개인 인물정보 등록 양식에 따라 프로필을 입력하게 되어 있다. 페이스북 등 SNS에 등록된 후보들의 프로필을 보면 대개 자신의 직업과 경력을 무미건조하게 나열하고 있다. 후보의 정치적 견해와 특별한 경력을 강조하거나 재치 있게 표현하는 등 온라인 유권자에게 호소력 있는 프로필을 작성할 필요가 있다. 2016년 미국 대통령 선거에 민주당 후보로 출마했던 힐러리 클린턴은 트위터에서 자신을 "아내, 엄마, 할머니, 여성 및 아동 인권 옹호자, 대통령의 부인, 상원의원, 국무장관, 헤어스타일의 아이콘, 바지정장 마니아, 2016년 대통령 후보"라고 소개했다. 힐러리의 프로필 초안은 "엄마, 아내, 변호사, 아칸소 주지사의 부인, 대통령의 부인, 여성 및 아동 인권 옹호자, 작가, 강아지 주인, 헤어스타일의 아이콘, 바지 정장 패셔니스타, 미국 상원의원, 유리 천장을 깬 사람"이었다.

2) 온라인 채널과 온라인 커뮤니티를 활용하라

모든 선거 캠프 관계자가 카카오톡, 텔레그램, 네이버밴드 등 개인 온라인 채널에 지역 내 지인들을 초대하여 단체방을 개설하도록 한다. 단체방을 통해 후보의 메시지, 공약, 뉴스 등을 홍보한다. 메신저 단체방이 거미줄처럼 뻗어있을 때 후보의 콘텐츠를 유권자에게 재빠르게 전파할 수 있다.

네이버, 다음, 페이스북 등에는 지역 카페, 부동산 카페, 맘(mom) 카페, 아파트 카페 등 지역과 관련된 커뮤니티가 개설되어 활동하고 있다. 수천 명, 수만 명의 주민이 가입한 대형 커뮤니티는 지역 내 여론 형성에 지대한 역할을 한다. 또한 진보 또는 보수 성향의 온라인 정치 커뮤니티가 전국을 단위로 하여 활발하게 활동한다. 클리앙, 뽐뿌, 더쿠, 엠엘비파크(약칭 엠팍), 일간베스트 저장소(약칭 일베) 등 대형 커뮤니티는 정치 여론을 선도하거나 후보에 대한 평판을 전국에 순식간에 퍼뜨릴 수 있다. 온라인 지역 커뮤니티와 전국 커뮤니티의 여론 동향을 지속해서 파악해야 한다. 커뮤니티 안에서 제기되는 주요 이슈, 후보와 경쟁 후보에 대한 평판을 모니터링하고 대응할 필요가 있는지 신속하게 판단한다.

3) 인기 있는 검색 키워드를 추출하라

온라인 홍보에서 가장 중요한 일은 검색 키워드를 추출하는 것이다. 그리고 추출된 키워드를 포함하는 콘텐츠를 생산, 배포, 확산하는 것이다. 유권자는 포털 검색창에 키워드를 입력하고 검색 결과에 나타난 콘텐츠를 클릭한다. 서울 영등포구에 거주하는 유권자가 포털 검색창에서 '영등포 축제'를 검색한다고 가정하자. 후보 측이 생산한 콘텐츠가 '영등포 축제'라는 키워드를 포함하고 있다면 유권자가 검색한 포털 사이트에 나타날 것이다. 이때 유권자의 눈에 잘 띄는 포털 상위에 노출되어 있거나 유권자가 관심을 가질만한 제목이 달려 있으면 유권자가 후보의 콘텐츠를 클릭하게 된다. 유권자가 콘텐츠를 살펴보는 과정에서 후보의 이름이나 사진, 글을 자연스럽게 접한다. 이런 과정들이 지속되면 후보의 인지도와 선호도가 올라가게 된다. 후보가 목표로 하는 브랜드 이미지가 유권자에게 형성되고 강화된다.

유권자들이 찾으려는 키워드를 파악하려면 연관검색어, 자동완성 키워드, 네이버 검색광고 관리자 시스템, 네이버 데이터랩 등을 이용한다. 관련 키워드의 검색량과 키워드를 주의 깊게 살피면 유권자의 관심도와 추이를 파악할 수 있다.

4) 콘텐츠를 포털 상위에 노출하라

키워드가 추출되면 그 키워드를 포함하는 글, 이미지, 동영상 등 콘텐츠를 카테고리별로 생산하고 노출해야 한다. 네이버, 다음 등 포털 사이트는 검색 결과를 카테고리별로 구분해 보여 준다. 그 카테고리는 블로그, 카페, 웹 문서, 사이트, 뉴스, 이미지, 동영상, 지도, 지식인, 책, 전문정보, 인물정보 등 다양하다. 후보 이름을 검색하면 대체로 인물정보, 뉴스, 웹 문서, 블로그, 카페, 이미지, 동영상 등의 순서로 나타난다. 온라인 홍보 담당자는 콘텐츠를 카테고리별로 상위에 노출하도록 해야 한다.

이를 위해 꾸준한 모니터링이 필요하다. 모니터링을 잘해야 후보에게 부정적인 콘텐츠가 검색 상위에 올라오거나 이슈가 되고 있을 때, 빠른 조처를 할 수 있다. 다른 콘텐츠를 이용해 문제가 되는 콘텐츠의 검색 순위를 낮추는 등의 작업을 해야 유권자들에게 부정적인 콘텐츠가 계속해서 노출되는 것을 막을 수 있다.

5) 온라인 채널 4가지에 집중하라

온라인 홍보를 위해 최대한 많은 종류의 채널을 이용하는 것이 좋겠지만 인력과 비용이 한정되어 있으므로 가장 중요한 채널을 선정하고 시간과 노력을 투자하는 것이 효과적이다. 각 채널의 특성을 파악하고 캠페인을 진행해야 한다. 먼저 집중해야 할 온라인 홍보 채널로 온라인 언론, 블로그, 페이스북, 유튜브 등 4가지를 꼽을 수 있다.

● **언론홍보**
신문이나 TV 뉴스가 아닌 인터넷 언론사(오프라인 신문, 라디오 등의 인터넷판 포함)를 통한 뉴스 기사 홍보를 말한다. 후보에 대한 홍보 기사를 작성 후 이를 언론사에 배포함으로써 네이버, 다음 등 포털 사이트 검색 시 뉴스 검색란에 노출되도록 하는 방법이다.

● **블로그**
블로그는 포털 검색 결과에 가장 많은 영향을 주는 온라인 홍보 수단이다. 블로그를 만들 때 카테고리가 많아지면 전문성이 떨어지는 인상을 주기 때문에 카테고리 수는 4~5개가 적당하다. 포스팅 분량은 최대 1,000 단어 이내로 제한하는 것이 좋다. 포스트의 제목은 10 단어 내외가 적당하다. 블로그 제목을 잘 쓰면 검색엔진에서 오랫동안 노출되는 검색엔진 최적화(SEO) 효과가 있다. 제목에는 검색량이 많은 키워드를 사용하는 것이 좋다. 인포그래픽, 동영상, 카드 뉴스, 웹툰 등 다양한 멀티미디어를 블로그 포스팅에 활용하면 이미지가 없는 글보다 검색엔진에서 더 상위에 노출된다.

● **페이스북**

많은 이용자가 인스타그램으로 이동했다고는 하지만, 페이스북은 여전히 많은 사람에게 콘텐츠를 노출할 수 있는 효과적인 매체다. 특히 페이스북은 20~50대가 많이 이용하는 SNS 중 하나이다. 영상과 글, 링크 등 모든 내용을 자유롭게 등록할 수 있기 때문에 페이스북을 잘 이용한다면 빠른 파급력을 기대해 볼 수 있다.

● **유튜브**

유튜브는 가장 높은 관심을 끄는 동영상 홍보 수단이다. 한국지능정보사회진흥원의 「2022년도 인터넷이용실태조사」에 따르면, 동영상 서비스 이용자의 88.9%가 유튜브를 시청한다. 또한 동영상 서비스를 통해 정보를 획득하는 비중이 계속 증가하여 2022년 54.3%로 전년 대비 7.3%포인트 늘어났다. 유튜브는 전 연령대에서 고르게 이용된다. 50대 이하의 이용률은 90%가 넘고, 60대 87.7%, 70세 이상 77.2% 등 고령층에서도 80~90%가 이용한다. 유튜브 채널을 개설 운영하는 것이 선거 캠페인의 필수 요소가 되고 있다. 그러나 유튜브 채널을 개설해 놓고 개점휴업을 하는 경우가 많다. 채널 운영에 만만치 않은 시간과 노력이 요구되기 때문이다. 그러나 제대로만 운영한다면 가성비가 높은 홍보 수단이다. 후보의 정치 비평과 인생 스토리, 지역 명소 소개, 지역 상품이나 가게 소개, 지역민들의 일상 등 지역 홍보에 초점을 맞춰서 자신의 이야기를 담아 유튜브를 운영해 보라. 처음 몇 번으로 좋은 결과를 얻기는 어렵지만 이러한 콘텐츠가 축적되면 상당한 효과를 얻는다.

유튜브 동영상을 제작하여 업로드(upload)할 때 영상 길이는 20분을 넘지 않도록 한다. 한 조사에서 유튜버가 선호하는 유튜브 동영상의 길이는 편당 16분 정도로 나타났다. 또한 영상 제목과 영상 섬네일(thumbnail)[13]이 조회수에 큰 영향을 준다. 유튜버들을 단번에 사로잡는 제목과 섬네일을 만드는 것이 중요하다. 요즘에는 보수 진영이나 진보 진영에서 인기 있는 시사 유튜브 채널들이 운영되고 있다. 후보가 인기 있는 시사 유튜브 채널에 출연하여 정당 지지층을 대상으로 인지도를 높이는 기회로 이용한다.

---

[13] 섬네일은 동영상의 내용을 압축적으로 전달하기 위해 사진, 제목 등을 디자인하여 영상 초기 화면에 띄우는 것을 말한다.

인공지능과
빅데이터 활용법

정보통신 기술의 발전으로 선거 캠페인에 인공지능(AI) 기술이 폭넓게 활용되고 있다. 미국, 영국 등은 물론 우리나라에서도 AI 기술을 활용한 딥페이크(deepfake) 영상물, 챗GPT 등 생성형 AI, 빅데이터를 활용한 마이크로 타깃팅(micro-targeting) 등이 도입되고 있다.

　미국에선 이미 인공지능(AI)이 정치 캠페인의 도구로 자리 잡고 있다. 미국 정치컨설팅 업체들은 유권자 데이터와 여론조사 결과 등을 AI로 분석해 투표 결과를 예측하는 프로그램을 개발하여 후보에게 투표할 가능성이 있는 유권자나 부동층을 식별하고 이들에게 선거운동을 집중하는 마이크로 타깃팅 전략에 AI를 활용하고 있다. AI를 여론조사에 활용하면 더 많은 유권자를 대상으로 조사할 수 있어 유권자의 마음을 더 정확하게 읽어낼 수 있다. 또한 AI 챗봇으로 후보의 정책과 공약을 빠르고 정확하게 유권자에게 전달하는 등 후보와 유권자의 쌍방향 소통을 늘릴 수 있다. 미국에서는 AI가 2024년 대통령선거 결과에 결정적인 영향을 끼칠 것이라는 전망까지 나온다. 그러나 국내에서는 AI 기술의 선거운동 도입이 아직 초기 단계에 있다.

1) 딥페이크(deepfake)

딥페이크는 AI 기술을 활용해 정교하게 만들어진 영상물이다. 다양한 형태의 콘텐츠를 반복 학습한 AI로 사진, 영상, 음성 등을 합성하는 기술이다. 과거에는 포토샵과 같은 이미지 편집 도구를 이용해 사진을 편집해서 후보의 이미지를 교정할 수 있었다. 컴퓨터 성능이 좋아지고 AI 기술이 발전함에 따라 사진을 포함한 영상물을 정교하게 조작하는 것이 가능해졌다.

딥페이크 영상물을 활용하면 후보의 장점을 효과적으로 부각할 수 있다. 또한 정해진 내용을 일방적으로 전달하는 것을 넘어 유권자와 쌍방향으로 소통할 수 있다. 2022년 20대 대통령선거에서 딥페이크 기술을 활용한 선거운동이 도입되었다. 윤석열 후보와 이재명 후보는 자신과 똑같은 모습의 아바타를 만들어 공약을 설명하고 유권자 질문에 답변하는 데 활용하였다. AI 윤석열은 '위키윤'이라는 별칭을 가졌다. AI 윤석열은 코로나19로 인해 어려워진 대면 선거운동을 보완하고, MZ 세대 등 젊은 유권자를 공략하기 위해 만들어졌다. 'AI 재밍'이라고 불린 AI 이재명도 비슷한 목적에서 제작 활용되었다.

👉 AI 윤석열, '위키윤'

출처: 유튜브 윤석열 채널 캡처

딥페이크 영상물이 네거티브 공격이나 가짜뉴스 도구로 이용될 수 있다. 영상물을 편집하는 AI 기술이 도입되면서 진짜와 가짜를 구분하기 어렵게 되었다. 지금까지는 텍스트와 이미지 형태로 유통되던 정보가 사실을 구분하기 힘든 수준의 영상물로 제작되어 유포될 수 있다. 특정 인물이 하지 않은 행동과 발언을 사진과 영상으로 조작할 수 있게 되었다. 진위를 빠르게 판단할 수 없다는 사실을 활용해 선거일에 가까워질수록 네거티브의 수위가 높아지고 유권자 사이에서 허위 정보가 쉽게 제작되고 공유된다. 후보가 선거 2~3일 전에 가짜 영상으로 공격받는다면 돌이킬 수 없는 타격을 받을 수 있다. 2023년 5월 튀르키예 대선에서 분리주의 무장단체가 야당 후보를 지지하는 가짜 영상이 확산하였고, 그 여파로 여당 후보인 레제프 타이이프 에르도안 대통령이 연임에 성공했다. 미국에서는 2023년 1월 바이든 대통령이 백악관에서 성소수자를 혐오하는 연설을 하는 가짜 영상이 유포되었다. 이 영상은 바이든의 백악관 연설 영상에 그의 목소리와 흡사한 가짜 음성과 입 모양을 AI로 합성해 만들어졌다. 3월에는 도널드 트럼프 전 대통령이 수갑을 차고 연행되는 가짜 사진이 유포되었다.

2) 챗GPT 등 생성형 AI

2022년 미국에서 등장한 챗GPT는 방대한 데이터를 학습한 대화형 AI 서비스다. 국내 기업인 네이버와 카카오도 한국판 챗GPT를 공개했거나 할 예정이다. 네이버는 2023년 8월 하이퍼클로바X를 출시했고, 챗봇 AI 검색 엔진 서치GPT를 출시할 계획이다. 하이퍼클로바X는 챗GPT보다 한국어를 6,500배 더 많이 학습한 초대규모 AI 서비스다. 카카오도 한국어에 특화된 초거대 AI 언어모델 코GPT의 업그레이드 버전과 챗GPT에 대응한 AI 챗봇 서비스 코챗GPT 출시를 준비하고 있다.

 챗GPT는 누구나 쉽게 사용할 수 있다. 그러나 잘못 사용하면 오히려 큰 낭패를 볼 수 있다. 따라서 챗GPT의 유용성과 한계를 잘 이해할 필요가 있다. 챗GPT가 제공하는 답변의 질(quality)은 질문을 얼마나 잘 구성했는가에 따라 달라진다. 챗GPT로부터 정확한 답변을 얻기 위해서는 질문을 구체적으로 던져야 한다. 좀 더 구체적으로 답변을 듣고 싶을 때는 '5가지 이유' 등 답변의 개수를 요구하는 문장을 붙여서 질문한다. 불분명한 질문이나 모호한 정보를 입력하면 원치 않는 결과가 나올 수 있다. 또한 허위 정보나 잘못된 가정에 관한 질문으로는 정확한 답변을 제공받을 수 없다. 챗GPT가 학습한 지식은 2021년 9월까지의 데이터를 바탕으로 한다. 따라서 최신 정보나 업데이트가 필요한 경우 다른 출처를 찾아야 한다. 챗GPT의 가장 큰 한계는 환각 오류(hallucination)다. 질문하면 잘못된 답변을 너무 당당하게 답을 해주기도 한다. 제대로 학습되지 않은 역대 한국 대통령, 청담동 맛집을 질문하면 잘못된 답변을 사실처럼 답하는 경우가 환각 오류에 해당한다. 최근 출시된 GPT-4는 기존의 GPT-3.5에 비해 환각 오류를 40% 개선했다고 한다. 그러나 환각 오류가 완전히 해결되기는 어렵다고 본다. AI는 인간처럼 '설명'이나 '판단'을 하지 못하고 '경험'으로 배울 수 없기 때문이다.

    이러한 한계에도 불구하고 챗GPT 등 AI로 인해 정보와 지식에 대한 접근성에 혁명적인 변화가 이루어지고 있다. 이미 챗GPT는 미국의 의사 면허 시험과 변호사 자격시험, 와튼 스쿨의 MBA 시험까지 통과했다고 한다. AI의 등장은 선거 캠페인에도 엄청난 영향을 미치게 될 것이다. 그러나 챗GPT가 제공하는 정보의 정확성이 떨어지는 경우가 있으므로 아직은 선거 캠페인에 이용할 수 있는 분야가 제한적이다. 현재는 제한된 정보의 검색·조사, 전략 아이디어 개발, 연설문이나 보도자료 작성 등에 이용할 수 있다.

● **제한된 정보의 검색 및 활용**

챗GPT는 포털에서 정보를 검색하여 찾는 것보다 훨씬 더 구체적인 자료를 제공해 준다. 특히 서구에 잘 알려진 지식에 대한 정확도가 높다. 챗GPT에 선거전략 수립에 필요한 아이디어를 묻고 제공받을 수 있다.

● **연설문, 보도자료, 블로그 게시물 작성**

인공지능을 이용하여 연설문, 보도자료, 블로그 게시물, 소셜 미디어 게시물, 홍보 메시지 등을 작성할 수 있다. 챗GPT가 작문한 도서인 '삶의 목적을 찾는 45가지 방법', '챗GPT에게 묻는 인류의 미래' 등의 책이 출간되어 있다. 이처럼 인공지능은 글을 작성하는 데 도움을 주고 다양한 주제에 대한 콘텐츠를 빠르게 생성할 수 있다. 또한 이미 작성된 콘텐츠를 인공지능에 검토나 수정을 요구하면 문법, 스타일, 일관성 등을 개선하는 데 도움을 받을 수 있다.

● **자료의 요약 정리 및 번역**

챗GPT에 긴 글을 주고 그 글을 요약해달라고 하면 아주 쉽게 수행해 낸다. 챗GPT는 무려 26개의 언어를 사용할 수 있으므로 번역에 활용할 수 있다. 영문 자료를 번역하거나 해외 홍보가 필요한 경우 다양한 언어로 콘텐츠를 생성하고 번역하는 데 이용할 수 있다.

3) 빅데이터 활용 맞춤형 선거 캠페인

빅데이터란 대용량의 정형 및 비정형 데이터 속에서 지금까지 알지 못했던 규칙이나 패턴들을 찾아내어 새로운 가치를 추출하는 것을 뜻한다. PC와 스마트폰 보급, 인터넷과 SNS 이용 확대, 클라우드 컴퓨팅 기술 확산 등으로 빅데이터의 생성과 수집이 가능해졌다. 또한 빅데이터 속에서 사람의 행동 유형을 분석하고 예측할 수 있게 되었다. 비즈니스 영역에서는 빅데이터를 통해 고객의 소비 패턴과 선호도, 정보 등을 분석하여 구매 가능성이 높은 고객에게 맞춤형 마케팅이 가능해졌다. 트렌드나 행동 유형 분석을 통해 시장 동향 파악, 사업 계획 수립, 예상 매출액 추정, 상권이나 입지 분석 등에 이용한다.

민주주의 발전에 따라 유권자의 정치적 의견과 요구가 다양화, 세분되고 있다. 지역주의가 약화하고 세대 요인의 중요성이 커지고 있다. 20대 대통령선거에서 드러났듯이 같은 20~30대에서도 남성과 여성에 따라 정치 성향이 다르게 나타난다. 이처럼 다변화되고 있는 유권자를 수십, 수백 개의 특성화 그룹으로 분류하여 이들을 겨냥한 맞춤형 선거운동이 필요하다. 2012년 미국 대선에서 등장한 가장 주목해야 할 선거전략이 바로 오바마 후보 측에서 구사한 마이크로 타깃팅(micro-targeting) 전략이다. 마이크로 타깃팅 전략이란 빅데이터 기술을 활용하여 유권자 한 명 한 명마다 특성을 파악하고 그에게 맞는 개인 맞춤형 선거운동을 하는 것을 말한다. 우리 후보를 지지할 가능성이 높은 유권자, 아직 지지 후보를 결정하지 못한 유권자, 특정 이슈에 대해 깊은 관심을 가지는 유권자, 투표일에 투표하러 갈 유권자 등이 누구인지 분석하여 과학적인 선거전략 수립, 효과적인 선거 캠페인, 체계적인 선거운동을 진행할 수 있다. 미국에서 10여 년 전부터 선거 캠페인에 빅데이터(big data) 기술을 활용할 수 있었던 이유는 크게 세 가지를 꼽을 수 있다. 첫째, 빅데이터의 생성, 수집, 저장, 분석이 가능한 기술, 인프라, 전문인력을 갖추고 있었기 때문이다. 둘째, 미국에서는 개별 유권자 정보가 담긴 빅데이터의 수집과 거래가 자유롭고, 유권자의 집이나 사무실 방문 등으로 개인 맞춤형 선거운동이 가능하기 때문이다. 셋째, 정당과 후보가 빅데이터 활용의 필요성을 인식하고 있었기 때문이다.

한국에서는 빅데이터를 활용한 마이크로 타깃팅 전략이 활성화되지 못하고 있다. 한국도 빅데이터 기술과 인프라는 충분한 수준에 도달해 있다. 그러나 개인정보가 제삼자에게 제공되는 것이 불법으로 규정되어 있어 빅데이터를 수집하기가 어렵다. 설사 개별 유권자에 대한 데이터를 갖고 있다고 하더라도 개별 유권자를 자택이나 사무실 등으로 직접 방문하여 지지를 호소하는 것이 금지되는 등 이를 활용할 구체적인 수단이 별로 없다. 무엇보다 정당이나 후보가 빅데이터의 필요성을 제대로 인식하지 못하고 있다. 필자는 거의 30년 전에 마이크로 타깃팅 전략을 활용했던 경험이 있다. 1990년대에는 후보가 유권자에게 자필로 편지를 작성해서 유권자에게 우편으로 발송할 수 있는 제도가 있었다. 또한 선거관리위원회가 CD(compact disc)로 배부하는 유권자 명부에 유권자의 성명, 주민등록번호, 주소가 기재되어 있어서 유권자의 성명과 주소는 물론

나이, 성별, 출신지를 추출할 수 있었다. 휴대전화가 거의 보급되지 않던 시절이어서 대부분의 유권자는 집이나 가게에 설치된 유선전화를 사용했다. 매일 유선전화를 상대로 ARS 조사를 실시해(당시 필자는 운 좋게도 ARS 기계를 마음껏 사용할 수 있었다) 상당수 유권자의 개인별 정치 성향을 파악했다. 그리고 ARS 로데이터(raw data)를 선관위에서 받은 유권자 데이터와 매칭시켜 개별 유권자의 성명, 나이, 성별, 출신지, 주소, 정치 성향을 확인했다. 이렇게 확보한 개별 유권자 정보를 활용하여 그 유권자의 특성에 맞게 자필 편지를 작성해서 발송했다. 가령 호남 출신의 50대 남성이고 민주당을 지지하는 유권자와 충청 출신의 40대 여성이고 지지 후보를 결정하지 못한 유권자에게 호소하는 내용을 각각 다르게 작성해서 편지를 보냈다. 거의 30년 전에도 가능했던 마이크로 타깃팅이 선거제도, 개인정보보호제도, IT 환경의 변화 등으로 인해 오히려 퇴보한 것 같아 매우 안타깝다.

(1) 오바마는 '당신보다 당신에 대해 더 잘 알고 있다.'

사단법인 한국선거정보원이 2014년 9월 중앙선거관리위원회의 연구용역보고서로 작성한 『한국형 선거 빅데이터 구축방안』에 나와 있는 2012년 오바마 캠프의 빅데이터 선거전략 사례를 인용해본다.

> 선거를 몇 주 앞두고 오바마 캠프는 근심스러운 통계수치를 보고 받았다. 경합지역 주들의 유권자 중에서 특히 오바마의 지지기반인 29세 이하 유권자들 중

거의 절반이 전화번호부에 등재되어 있지 않은 것이다. 그들은 '휴대폰의 어둠 지대'에 살고 있어서 전통적인 유권자 등록이나 투표 독려 활동의 대상에서 빠져 있었다. 하지만 이미 1년 전부터 준비해 온 오바마 캠프의 페이스북 앱 덕분에 이것으로 오바마 홈페이지에 로그인한 100만 명의 지지자들이 가지고 있는 페이스북 친구들에게 접근할 수 있었다. 전화번호부에 등재되지 않은 유권자 명단 중에서 거의 85%를 지지자들의 페이스북 친구 리스트에서 찾아낼 수 있었다. 게다가 이 젊은이들은 선거운동이나 언론매체를 신뢰하지 않지만, 친구들을 신뢰하였다. 선거운동 기간에 오바마 캠프에서는 페이스북으로 로그인한 이들 100만 명의 지지자들의 담벼락에 홍보물을 게시하면서 "공유하기" 버튼을 눌러서 친구나 그룹의 담벼락에 해당 게시물을 게시하여 공유하도록 촉구하였다. 웹사이트의 배너 광고보다 이러한 타켓티드 쉐어링으로 보낸 링크의 클릭 횟수 비율이 2배 이상 높았다.

이미 선거전문가들은 음성녹음 홍보 전화 < 콜센터 직원의 홍보 전화 < 자원봉사자의 홍보 전화 < 자원봉사자의 가가호호 방문 < 이웃 또는 아는 사람의 권유 순으로 유권자를 행동으로 연결하는 데 더 효과적이라는 것을 알고 있었다. 2010년 중간선거 당시 6,100만 명의 페이스북 사용자들을 대상으로 한 연구보고서는 투표일에 친구들의 투표 인증샷을 본 페이스북 사용자는 그렇지 않은 사람들보다 투표를 더 많이 할 가능성이 높다는 것을 증명하였다. 유권자 등록 기간, 조기투표 기간에 오바마 지지자들의 페이스북 담벼락에는 오바마 페이스북 앱이 자동으로 "○○주에 사는 당신의 친구 AA, BB, CC, DD가 아직 유권자 등록(또는 조기투표)을 하지 않았습니다. 이 친구들에게 늦기 전에 등록(또는 투표)하도록 권유하시기를 바랍니다"라는 글이 친구들의 사진과 함께 게시되었다. 친구들 사진 옆의 버튼을 누르면 등록이나 투표를 권유하는 말을 메신저로

보낼 수 있도록 하였다. 투표 당일에도 이와 비슷한 게시물이 등록되었다. 오바마 선거운동본부는 페이스북 친구로부터 등록, 투표, 또는 기부나 자원봉사 등 참여를 권유받은 사람 중에서 약 20%가 실제로 행동으로 옮겼다는 통계를 언급하였다.

당시 오바마 캠프에는 다른 정치권이나 후보 캠프에서는 찾아볼 수 없는, 비즈니스 업계에서 사용하는 직책 명칭인 CTO(Chief Technology Officer, 최고 기술 책임자)와 CIO(Chief Integration & Innovation Officer, 최고 통합·혁신 책임자)를 두었다. 그리고 마이크로 타깃팅 전략을 수행하기 위해서 선거를 1년 반 앞둔 2011년 7월에 일찌감치 분석팀, 디지털팀, 테크놀로지팀 등 3개의 팀으로 구성된 IT 조직을 설치했다. IT 조직에만 수백 명이 근무했고, 각 팀에는 해당 분야의 전략기획을 담당하는 책임자와 실제 팀을 운영하는 책임자를 두었다. 당시 미국 언론은 기사 제목으로 '오바마는 당신보다 당신에 대해서 더 잘 알고 있다'로 하였다.

(2) 후보에게 가장 필요한 유권자 정보는 무엇일까?

가장 핵심적인 선거 빅데이터는 개별 유권자에 대한 정보다. 유권자 개인별 특성, 즉 정치 성향(특정 정당 지지 여부), 선호 이슈(관심 있는 정책이나 이슈), 투표 참여도 등을 분석하여 선거운동 타깃을 설정하고 그 특성에 맞는 맞춤형 선거운동 전략이나 기법을 사용하여 지지를 호소할 수 있도록 하는 정보가 필요하다. 그런데 한국선거정보원의 연구 보고서에 실린 조사에 따르면, 지방선거 출마자들이 선거에서 가장 많이 활용한 '개별 유권자 정보'는 유권자들의 휴대전화 번호였다. 후보가 전화번호를 알아 선거운동용 문자메시지를 보내는 것을 가장 효과적인 선거운동 방법이라고 생각했다. 다음으로는 당원 여부 및 소속 정당, 유권자 주소, 집 전화번호, 출신 지역 등 순이었다. 전자우편주소(e-mail)는 10위를 차지했다. 휴대전화 번호를 입수한 방법에 대해서는 대부분이 '평소 선거구민과의 접촉'과 '선거구 내의 기관·단체·모임'을 꼽았다. 후보가 선거운동에 필요하다고 응답한 데이터를 분류하면 △ 유권자 개인별 데이터(휴대전화 번호, 집 전화번호, 전자우편 주소), △ 집합적 유권자 데이터(유권자의 성별, 연령대별, 직업별, 거주 형태별, 출신지별 유권자 데이터), △ 조직 관련 데이터(기관·단체·모임 등 관련 데이터), △ 역대 선거 결과 데이터[지역별(시·도별, 구·시·군별, 읍·면·동별, 투표구별)·성별·연령대별 득표수 및 득표율과 투표율 데이터], △ 선거운동 데이터(정책·공약·홍보물 제작, 선거유세 관련 데이터 등), △ 선거 진행 과정에서 생성되는 다양한 소셜 데이터(SNS 데이터)가 있다.

(3) 한국형 빅데이터 선거전략을 활용하자

개인정보를 활용한 마이크로 타깃팅은 유권자의 필요에 따라 맞춤형 선거 캠페인을 전개할 수 있다. 그러나 한국에서 개별 유권자 정보를 수집하는 것은 쉽지 않다. 다만 일부 집합적 유권자 데이터를 이용하여 맞춤형 공약을 수립할 수 있다. 20대 대통령선거에서 이재명 민주당 후보는 마이크로 타깃팅 전략을 제한적으로 이용한 것으로 보인다. 집합적 유권자 데이터로 유권자를 세분화하고, 세분된 유권자 집단을 겨냥하여 생활밀착형 소확행(소소하지만 확실한 행복) 공약을 쏟아냈다. 전자제품 수리권 확대, 대중 골프장 일방적 요금 인상 억제, 전세 사기 근절, 학자금 대출 상환 유예제도 확대 등을 발표했다. 탈모 치료제의 건강보험 적용 공약은 뜨거운 반응을 얻었다.

선관위가 공개하는 역대 선거 결과 데이터와 통계청에서 제공하는 인구센서스 데이터를 결합하면 통(統) 단위14까지 유권자의 투표 성향과 인구통계학적 특성을 분석할 수 있다. 우리 동네 어느 골목에 지지자와 반대자가 어느 정도 있으며 이들의 특성이 어떠한지 파악할 수 있다. 통 단위까지 적극 지지, 소극 지지, 미결정, 소극 반대, 적극 반대의 5단계 투표 성향과 성, 나이, 직업, 자녀 유무 등의 특성을 분석한다. 이를 통해 지역별·계층별 타깃과 우선 공략지역 선정, 세밀한 선거운동 계획 등 정밀한 선거전략을 수립할 수 있다. 이렇게 되면 반대층이 많은 골목에 낭비될 인력, 비용, 시간을 절약하여 지지층이나 스윙 보터가 많은 골목에 투입할 수 있다. 지지층이 밀집된 골목에서 당원을 모집하거나, 의정보고서나 예비후보자 홍보물을 타깃 유권자가 많이 거주하는 골목에 정확하게 배포할 수 있다. 통 단위까지 전략지도를 작성하여 후보와 유세차의 동선(動線), 메시지, 공약, 현수막의 내용과 위치, 선거운동원 배치, 조직책의 담당 구역 배정, 투표 독려 운동의 동선 등을 통 단위까지 맞춤형으로 준비할 수 있다.

---

14 한 통에 유권자가 600~800명 가량 거주한다.

 한국형 마이크로 타깃팅 사례

민주당, 승리의 지도 '마이크로 타깃팅'으로 압승 노린다

2018년 지방선거에서 더불어민주당은 선거구를 인구수 150~200명 단위의 소지역으로 세분화하여 소극적 지지자 등 유동층이 많은 지역을 시각적으로 쉽게 알아볼 수 있게 표기한 유세 지도를 작성하였다. 마이크로 타깃팅 유세 지도를 활용하여 유동층이 많은 지역에 유세를 집중하는 등 맞춤형 선거 캠페인을 벌였다. (출처 : 한국일보 2018년 6월 5일)

(4) 정당이 빅데이터 수집·활용에 적극 나서야 한다

선거의 승리는 유권자와의 접촉 기회를 가장 많이 그리고 효과적으로 이용할 수 있는가에 따라 좌우된다. 따라서 후보는 유권자 정보 확보에 모든 역량을 집중해야 한다. 그러나 우리 현실에서 유권자에 대한 데이터를 수집 활용하는 것은 한계가 명확하다. 규제 위주의 선거제도, 엄격한 개인정보보호제도, 빅데이터 시스템 구축에 드는 막대한 인적·물적 자원과 지속적인 시스템 관리 문제 등 때문이다. 또한 후보들이 선거운동 데이터의 중요성을 제대로 인식하지 못하고 있기 때문이기도 하다. 데이터를 기반으로 출마할 선거구에 대한 체계적인 분석을 통해 선거전략을 수립하고 그에 따라 정밀하고 효율적으로 선거운동을 해야 선거에서 승리할 수 있다는 것을 제대로 인식하고 있지 못하다. 그나마 국가기관 등이 제공하고 있는 정보의 종류나 위치, 활용 방법 등을 아예 모르고 있는 경우가 많다. 선거운동을 위한 다양한 데이터를 이해하고 사용할 수 있는 능력과 경험을 가진 선거전문가도 턱없이 부족하다. 후보와 참모들이 선거 데이터가 어떤 중요한 의미를 내포하고 있는지를 잘 모른다. 선거전략에 대한 전문적이고 체계적인 지식이 별로 없으므로 데이터를 어떤 식으로 활용해야 하는지 모른다. 데이터보다는 조직을 이용한 선거에 익숙하므로 조직을 통하여 득표하려 애쓴다. 돈과 조직에 의존하는 주먹구구식 선거운동 행태를 개선하기 위해서는 후보가 선거운동에 필요한 각종 데이터를 저렴한 비용으로 쉽게 접근할 수 있어야 한다. 또한 데이터를 바탕으로 과학적인 선거전략을 수립하고 그에 기반하여 효과적이고 체계적인 선거 캠페인을 할 수 있어야 한다. 이는 한국선거정보원의 연구보고서가 선거 빅데이터와 관련하여 지적한 핵심적인 내용이다.

후보가 독자적으로 데이터를 수집하는 데 어려움을 겪고 있는 상황에서 정당이 빅데이터 수집 활용에 적극 나설 필요가 있다. 정당이 아닌 지역단체나 기업이 수집한 개인정보가 제삼자에게 제공되는 것은 한국에서 불법이다. 예를 들어 일본 후쿠시마 오염수 방류 반대 서명운동이 벌어졌다고 치자. 이 서명에 참여한 지역 인사들은 야권 지지자일 가능성이 크다. 야권 출마 인사들이 기존에 가지고 있던 유권자 명부와 이 '데이터'를 결합한다면 강력한 마이크로 타깃팅이 가능하다. 하지만 단체가 서명운동으로 수집한 개인정보를 정당이나 후보에 넘긴다면 개인정보보호법 위반에 해당한다.

2017년 프랑스 마크롱 대통령이 앙마르슈(En Marche)를 창당하여 선거 혁명을 일으켰다. 당시 앙마르슈는 자신들의 정당 플랫폼을 이용해 '그랑드 마르슈'라는 국민 설문조사 캠페인을 진행했다. 프랑스는 우리나라와 마찬가지로 엄격한 개인정보보호법 때문에 유권자 성향을 분석할 수 있는 데이터를 자유롭게 구매할 수 없다. 이에 따라서 조사원이 유권자를 대상으로 일대일 면담을 통해 자료를 얻어내는 프로젝트를 진행했다. 마크롱의 선거팀은 5,000명의 자원봉사자를 모아 10만 명의 전국 유권자에게 설문조사를 실시하고, 그중 2만 5,000명에게는 심층 면담 결과를 끌어냈다. 차기 정권이 반드시 해내야 할 숙제와 관련된 조사였다. 한국 정당들도 앙마르슈의 국민 설문조사 캠페인을 벤치마킹할 필요가 있다. 국민 설문조사 캠페인 같은 프로젝트를 실시한다면 유권자 데이터 수집, 유권자 여론 파악 및 전략 근거 확보, 소통하는 정당 이미지 구축, 당 조직 활성화 등의 다목적 효과를 기대할 수 있을 것이다.

참 고 문 헌

가상준, 『투표 참여를 통해 본 한국 무당파 유권자의 특징』, 현대정치연구 제15권 제3호, 2022.

경북대학교 사회과학기초자료연구소, 『인공지능기술 발전에 따른 선거운동 제도개선 방안 연구: 딥페이크, 메타버스, 빅데이터 활용 선거운동을 중심으로』, 2022년, 중앙선거관리위원회 연구용역보고서

고한석, 『빅데이터 승리의 과학』, 이지스퍼블리싱, 2013.

곽준식, 『브랜드 행동경제학을 만나다』, 갈매나무, 2012.

김윤화, 『세대별 SNS 이용 현황』, 정보통신정책연구원, KISDI STAT Report 권호22-11, 2022.

김준철, 『여론조사로 대통령 만들기』, 북앤피플, 2015.

김학량, 『선거전략의 이론과 실제』, 나남출판, 2000.

다니엘 시·마이클 존 버튼, 『정치캠페인』, 나남출판, 2006.

드니 린돈, 『정치마케팅』, 이성과현실, 1990.

딕 모리스, 『파워게임의 법칙』, 세종서적, 2003.

람 에마뉴엘·브루스 리드, 『더 플랜』, 리북, 2008.

로널드 A. 포첵스, 『정치캠페인 솔루션』, 나남, 2010.

리처드 탈러·캐스 선스타인, 『넛지』, 리더스북, 2009.

마크 팩, 『선거의 정석』, 사계절, 2017.

말콤 글래드웰, 『다윗과 골리앗: 강자를 이기는 약자의 기술』, 21세기북스, 2014.

박성민, 『강한 것이 옳은 것을 이긴다』, 웅진씽크빅, 2006.

반현·최원석·신성혜, 『유권자의 투표 선택과 뉴스 미디어의 점화효과 : 17대 총선의 선거 이슈를 중심으로』, 한국방송학회, 한국방송학보 제18-4호, 2004.

브루스 뉴만, 『대통령 선거 마케팅』, 나남출판, 2000.

사단법인 한국선거연구원, 『한국형 선거 빅 데이터 구축방안』, 중앙선거관리위원회 연구 용역 보고서, 2014.

서경선, 『선거전략 노하우』, 리딩라이프북스, 2012.

서범석, 『현대광고기획론』, 나남, 2010.

선우동훈·윤석홍, 『여론조사』, 커뮤니케이션북스, 1999.

선우영·이선주, 『선거와 여론조사』, 지식공작소, 1998.

송근원, 『공약과 선거전략』, 한국선거전략연구소, 1994.

스티브 콘, 『한 줄의 힘: 브랜드를 확장하고 고객을 사로잡는 파워라인』, 마젤란, 2009.

앨 리스·잭 트라우트, 『마케팅 전쟁』, 비즈니스북스, 2002.

원지성, 『행동경제학에 기초한 포지셔닝 개념의 분석』, 한국상품학회, 상품학연구 제32 권 5호, 2014.

이남훈, 『메신저: 마음을 움직이는 메시지의 창조자들』, 알에이치코리아, 2015.

이영작, 『이영작 리포트: 1997 김대중 선거전략 보고서』, 나남출판, 2002.

이영직, 『행동 뒤에 숨은 심리학』, 스마트비즈니스, 2018.

이창우·김상기·곽원섭, 『광고심리학』, 성원사, 1989.

장순옥, 『홍보도 전략이다』, 책이있는마을, 2005.

정은희 외, 『2022년 한국복지패널 조사·분석 보고서』, 한국보건사회연구원, 2022.

잭 트라우트·앨 리스, 『포지셔닝』, 을유문화사, 2002.

제임스 하딩, 『알파독』, 부키, 2010.

조지 레이코프, 『코끼리는 생각하지 마』, 삼인, 2006.

죠셉 나폴리탄, 『정치컨설턴트의 충고』, 리북, 2003.

중앙선거관리위원회, 『제20대 국회의원선거 유권자의식조사』, 2016.

중앙선거관리위원회, 『제21대 국회의원선거 유권자의식조사』, 2020.

중앙선거관리위원회, 『제8회 동시지방선거 투표율 분석』, 2022.

채진원, 『무당파·SNS 유권자의 등장 배경과 특성 및 대안 정당모델 탐색』, 한국정치평론학회 추계 심포지엄, 2011.

최인철, 『프레임: 나를 바꾸는 심리학의 지혜』, 21세기북스, 2007.

최한수·이현출·김학량·구경서, 『현대사회와 여론』, 건국대학교출판부, 2000.

칩 히스·댄 히스, 『스틱』, 엘도라도, 2007.

토머스 프랭크, 『왜 가난한 사람들은 부자를 위해 투표하는가』, 갈라파고스, 2012.

폴 W. 플라워스, 『약자의 광고』, 브랜드업, 2009.

필립 존 데이비스·브루스 I 뉴먼, 『정치마케팅과 선거』, 시그마프레스, 2007.

한국지능정보사회진흥원, 『2022년도 인터넷이용실태조사 요약보고서』, 2022.

허석재·송진미, 『제20대 대통령선거 분석』, 국회입법조사처, NARS입법·정책 제110호, 2022.

허석재·송진미·신해, 『제20대 대선 결과 분석』, 국회입법조사처, NARS info 제18호, 2022.

EBS 킹메이커 제작팀, 『킹메이커』, 다큐프라임, 2012.

W.러쎌 뉴먼, 『대중은 침묵하되 표는 던진다』, 두영, 1995.

김병관, 「유권자 성향 파악해 '핀셋 선거운동'… AI, 美대선도 쥐락펴락」, 세계일보,

2023.09.03.

시사직격, 「"사람에 충성하지 않는다" 특수통 출신 검사가 남겼던 말의 의미」, KBS, 2020.12.15. 〈https://www.youtube.com/watch?v=H0p-V_y.JwE8〉

오달란, 「'안철수는 MB 아바타' 누가 퍼뜨렸나」, 서울신문, 2018.04.19.

이동현, 「민주당, 승리의 지도 '마이크로 타기팅'으로 압승 노린다」, 한국일보, 2018.06.05.

구글 트렌드 https://trends.google.co.kr/home?geo=KR&hl=ko

나무위키 https://namu.wiki/w/%EB%8D%B0%EC%9D%B4%EC%A7%80%20%EA%B1%B8

나무위키 https://namu.wiki/w/%EC%B9%BC%20%EB%A1%9C%EB%B8%8C

중앙선거관리위원회 선거통계시스템 http://info.nec.go.kr/main/main_previous_load.xhtml

한국갤럽 데일리오피니언 https://www.gallup.co.kr/